PAIXÃO

COLEÇÃO NOSSO HOMEM, NOSSO TEMPO

ROBERTO MANGABEIRA UNGER
PAIXÃO
Um ensaio sobre a personalidade

Tradução de Maurício Torres Assumpção

Título original: *Passion: An Essay on Personality*
Copyright © 2024, Roberto Mangabeira Unger
Tradução para a língua portuguesa © 2024 Casa dos Mundos/LeYa Brasil, Maurício
Torres Assumpção

Todos os direitos reservados e protegidos pela Lei 9.610, de 19.02.1998.
É proibida a reprodução total ou parcial sem a expressa anuência da editora.

Editora executiva Izabel Aleixo
Produção editorial Andressa Veronesi e Karina Mota
Revisão Tomoe Moroizumi
Projeto gráfico de miolo e de capa Thiago Lacaz
Capa Bruna Parra
Diagramação Alfredo Loureiro

Dados Internacionais de Catalogação na Publicação (CIP)
Angélica Ilacqua CRB-8/7057

Unger, Roberto Mangabeira
    Paixão : um ensaio sobre a personalidade / Roberto Mangabeira Unger ;
tradução de Maurício Torres Assumpção. – São Paulo : LeYa Brasil, 2024.
    296 p. (Coleção Nosso homem, nosso tempo)

ISBN 978-65-5643-351-6
Título original: Passion: An Essay on Personality

1. Personalidade 2. Filosofia 3. Sociedade I. Título II. Série

24-4012   CDD 155.2

Índices para catálogo sistemático:
1. Personalidade

LeYa Brasil é um selo editorial da empresa Casa dos Mundos.

Todos os direitos reservados à
CASA DOS MUNDOS PRODUÇÃO EDITORIAL E GAMES LTDA.
Rua Frei Caneca, 91 | Sala 11 – Consolação
01307-001 – São Paulo – SP
www.leyabrasil.com.br

SUMÁRIO

Prefácio   7
Introdução   11

Paixão   97

Apêndice: Um programa para a psiquiatria do futuro   271

PREFÁCIO

Este livro apresenta uma visão especulativa e prescritiva da personalidade, sob o ângulo de um único aspecto, que, entretanto, permeia toda a nossa experiência: o desejo de sermos aceitos uns pelos outros e nos tornarmos, por meio dessa aceitação, mais livres para nos reinventarmos. A Introdução que precede este ensaio sobre a personalidade elucida e justifica o estilo de discurso no qual a visão, aqui defendida, é apresentada. O Apêndice, por sua vez, relaciona a explicação do eu ao trabalho da psiquiatria científica.

O livro tem duas preocupações principais: uma, substantiva, a outra, metodológica. A preocupação substantiva é oferecer uma crítica modernista e uma reformulação da imagem romântico-cristã do homem, que, no Ocidente, forma a tradição central do pensamento sobre a natureza humana. A preocupação metodológica é reconceituar e reconceber a prática antiga e universal de atribuir força normativa a concepções de personalidade ou sociedade, de modo que essa prática possa resistir melhor às críticas que a filosofia, desde Hume e Kant, tem lhe feito.

Os leitores que começarem pela Introdução podem perder o interesse por essa discussão abstrata das dificuldades que devem ser enfrentadas ao se tentar desenvolver teorias prescritivas de identidade humana quando não se tem um exemplo detalhado de tal teoria diante dos olhos. Aconselho esses leitores a passarem diretamente para o corpo principal do ensaio, retornando

Paixão

mais tarde à Introdução se desejarem considerar a abordagem do pensamento normativo que o argumento sobre a personalidade implica. Outros leitores mais respeitosos com os ensinamentos da filosofia moderna podem, entretanto, estranhar a maior parte do argumento do ensaio principal – a passagem rápida do descritivo ao prescritivo, a disposição para generalizar sobre as pessoas sem atenção às diferenças entre sociedades e culturas historicamente específicas e o apelo a uma linguagem de autorreflexão nem científica nem metafísica. Nesse caso, para esses leitores mais reverentes, recomendo que comecem a leitura pela Introdução.

A visão da personalidade trabalhada aqui encontra sua homóloga numa teoria da sociedade organizada em torno de um pequeno número de princípios. Nossos envolvimentos práticos e passionais geralmente se desenvolvem dentro de contextos institucionais e imaginativos que tomamos como naturais. Podemos agir, claro, como se essas estruturas não nos limitassem, mas, nesse caso, sua história não poderia ser entendida como uma sequência preestabelecida de mundos sociais. E se, como agentes individuais ou coletivos, nunca poderemos moldar contextos institucionais ou imaginativos de modo que faça justiça a todas as nossas capacidades, podemos, em compensação, inventar contextos que nos empoderem, principalmente pela facilidade com que os podemos reconhecer e reformar em meio à vida cotidiana.

Talvez tivesse sido melhor apresentar as visões do eu e da sociedade como um argumento único e indivisível e, assim, desencorajar as interpretações equivocadas às quais, uma vez separadas, as duas visões estão mais facilmente suscetíveis. Espero, porém, que essa interpretação e defesa da visão modernista, mesmo que um tanto truncada, ainda possa dar credibilidade a algumas ideias simples: que agora possuímos os elementos para formular tanto uma explicação mais convincente da identidade humana comum a todos nós quanto uma prática de argumento normativo melhor do que as anteriormente disponíveis; que a importância dos entendimentos, que agora estão ao nosso alcance, destaca-se ainda mais claramente quando tomamos o cuidado de não exagerar suas diferenças em relação a certas ideias da natureza humana e do juízo prescritivo, que há muito conhecemos; que ainda há

Prefácio

vida em alguns dos compromissos antigos e implausíveis de nossa civilização – o projeto de uma ética que veja o amor em vez do altruísmo como seu ideal máximo, a confiança em nossa capacidade de pensar e agir além das formas particulares de vida e discurso nas quais participamos e de reformulá-las para alargar nosso domínio sobre elas, a crença num elo entre a emancipação da sociedade, libertando-se de uma estrutura rígida de divisão e hierarquia, e o sucesso de nossos esforços de colaboração prática, de vínculo passional e de autoexpressão; que, para cumprir esses compromissos, devemos continuar a desvinculá-los de suposições injustificadamente restritivas sobre as possíveis formas de experiência pessoal e vida social; e que essa desvinculação forneça mais uma ocasião para redescobrirmos que o pensamento só fala com autoridade sobre quem somos e como devemos viver quando submete nossos ideais e autoconhecimento à fogueira do ceticismo e corre o risco do niilismo por amor à descoberta.

INTRODUÇÃO

Queremos viver no mundo como pessoas que não se enganam a respeito de suas identidades individuais, únicas. Não desejamos nos sentir – ou estar – desconectados de nossas ações como se elas melhor coubessem a outra pessoa. E, conscientes ou não disso, importamo-nos ainda com nossa identidade comum, aquilo que compartilhamos com todas as outras pessoas.

Claro, talvez não haja nada a que a ideia de identidade humana fundamental possa fazer referência, nada, a não ser a inacabada soma de nossas circunstâncias, crenças e desejos. Se pretendemos levar a sério a concepção de natureza humana, dependemos, em parte, de que essa concepção possa ser desenvolvida de maneira a iluminar nossa experiência imediata e de que ela seja capaz de sobreviver às surpresas das descobertas científicas, da inovação social e das decepções ou conquistas pessoais.

Suponha que tal identidade comum exista de fato e que ela não possa ser reduzida a fortes, embora indeterminados, condicionantes biológicos, e tampouco a traços culturais precisos, mas triviais. Isso talvez ainda não nos convença a lhe dar a importância necessária para que possamos escolher para nós mesmos, ou preconizar para a sociedade, um modo de viver a vida. Talvez não nos importemos o suficiente com essa definição e, mesmo se nos importássemos, não teríamos nenhuma razão imperiosa para o fazer. A tese deste ensaio, porém, é que, de um modo ou de outro, nós, de fato, nos importamos.

Paixão

Pois a atribuição de força normativa às concepções de identidade humana fundamental é tão tenaz como qualquer outra prática de nossa experiência. Os escrúpulos da filosofia moderna ocidental até conseguiram colocar na defensiva as expressões intelectuais mais contundentes dessa prática. Mas não a extirparam da controvérsia política e moral ou de nossos momentos de autoanálise mais reflexivos. Ainda que não haja argumentos seguros para dar continuidade à prática, tampouco há razões definitivas para repudiá-la.

Ao formularmos uma visão de nossa verdadeira identidade, somos inevitavelmente forçados a tomar posição diante de dois problemas relativos à nossa situação. Ainda que as duas questões não sejam subordinadas uma à outra, elas acabam por estar conectadas. Um problema diz respeito à nossa relação com os cenários habituais de nossas ações – as instituições e preconcepções coletivas e rotineiras, os hábitos pessoais estilizados na forma de caráter e os métodos e concepções fundamentais empregados na investigação da natureza – que, normalmente, são aceitos sem discussão. Definimo-nos, em parte, por nossa atitude perante esses cenários: perante suas origens, sua capacidade de transformação e pelos critérios através dos quais eles devem ser avaliados. Esse é o problema do contexto. A outra questão sobre a qual devemos tomar posição quando definimos uma concepção de identidade diz respeito à nossa relação uns com os outros. Aqui devemos lidar, principalmente, com a qualidade ilimitada de nossa dependência mútua e, ao mesmo tempo, do risco que representamos uns para os outros. Além disso, devemos lidar com a tendência dessas duas características de nossa experiência de nos empurrar em direções opostas em todas as áreas da vida prática, da emoção e do pensamento. Esse é o problema da solidariedade.

Os problemas de contexto e solidariedade não se apresentam, com toda a clareza, até que o indivíduo tenha alcançado um senso de sua própria e limitada personalidade, tendo perdido a convicção de ocupar o centro do mundo, crença que ele só abandona de maneira lenta, relutante e imperfeita. Os elementos dessa convicção continuam a marcar todos os aspectos de nossa vida consciente, do incomparável imediatismo de nossas percepções ao mal contido egoísmo da vontade. As questões de contexto e solidariedade representam dois lados do mesmo dilema. O dilema de uma particularidade conflituosa. Mesmo depois de ter sido desenganado da crença inicial em sua própria centralidade, o eu ainda vislumbra, naquela abandonada pretensão, um distorcido elemento de verdade.

Essa verdade tem sido descrita, às vezes, como a ideia de um infinito aprisionado dentro do finito. Ela pode ser menos controversamente caracterizada como a crença em que as capacidades e demandas do indivíduo são desproporcionais às suas circunstâncias. De certo modo, descobrimos essa desproporção quando reconhecemos o caráter provisório e parcial dos padrões sociais e pessoais. Esses padrões requerem justificativa especial porque são específicos, e nós, em relação a eles, não o somos. Redescobrimos esse mesmo desequilíbrio sempre que vemos a nós mesmos como seres que, por fazermos, uns aos outros, demandas práticas e espirituais potencialmente ilimitadas, estão sempre sob o risco de coexistir como o infeliz casal proverbial que não pode viver junto nem separado.

Considere, primeiro, o problema do contexto. Nossa vida mental e social tem normalmente uma qualidade estruturada ou formatada: atuamos dentro de limites aceitáveis que influenciam ou delimitam nossas ideias e ações habituais, ao mesmo tempo que resistem às perturbações que essas mesmas ações e ideias possam gerar. Esse contexto formativo pode ser social. Nesse caso, ele representa um conjunto específico de arranjos institucionais e preconcepções imaginativas que vêm ocupar o lugar das mais indefinidas oportunidades de associação humana. Por outro lado, o contexto pode consistir numa estrutura explicativa ou argumentativa – uma ontologia básica, um programa de pesquisa, uma série de considerações orientadoras, padrões de sentido, validade e verificação –, que o decurso normal de um questionamento ou discussão assume como natural. A força relativa de um contexto de atividade ou questionamento está em sua resistência em não ser abalado pelas ações não excepcionais que ele mesmo ajuda a formatar. Quanto mais arraigado o contexto, mais clara será a distinção entre o rotineiro e o extraordinário, entre os movimentos em sintonia com o contexto e as contendas

Paixão

a respeito dele. Essa distinção será sempre um fator de instabilidade. Pois os atos que reproduzem esses contextos, em circunstâncias inconstantes, geram uma corrente interminável de pequenos conflitos, que podem se desdobrar, a qualquer instante, em disputas mais fundamentais, que ameaçam o próprio contexto.

Qual é a nossa verdadeira relação com os contextos de nossa ação? A resposta mais simples, mais segura e talvez mais longeva que tem sido dada a essa questão na história de nossas teorias sobre nós mesmos é que nossa atividade mental e nossas relações sociais possuem um contexto natural ou absoluto. Um contexto de questionamento é natural se permite que aqueles que atuam dentro dele descubram tudo sobre o mundo que lhes é possível descobrir. Um contexto de vida social é natural se ele torna possível, para aqueles que dentro dele vivem, toda e qualquer forma de colaboração prática ou vínculo emocional que as pessoas possam legitimamente desejar.

A ideia do contexto natural é revelar os termos de equilíbrio entre o eu engajado e as formas de discurso e de associação que esse mesmo eu assume. O expoente de tal contexto alega descrever a verdadeira face da razão ou da sociedade: o modo de discurso (ou o conjunto de tais modos) que acomoda todas as descobertas que poderíamos fazer, o modelo de associação humana (ou o conjunto de tais modelos) que permite todas as formas de conexões humanas práticas ou passionais que nós, justificadamente, poderíamos querer estabelecer. Embora esse contexto natural possa sofrer um processo de alteração e regeneração, e ainda que só possa ser posto em prática de modo mais ou menos completo, ele jamais poderá ser fundamentalmente reinventado.

A busca pelo contexto natural caracteriza, numa versão ou outra, a maioria das doutrinas morais, políticas e epistemológicas que exerceram a mais larga influência sobre as civilizações do passado. A história do pensamento moderno sobre sociedade e ciência pode, porém, ser descrita, em grande parte, como rebelião cada vez mais violenta, ainda que raro totalmente, contra as premissas naturalistas, assim como busca por alternativas para elas. O repúdio às visões naturalistas só tem sido limitado pelo medo de que

14

o abandono total dessas visões nos deixaria sem base para a crítica de formas de vida e pensamento.

Assim, alguns têm negado que exista algum contexto absoluto de questionamento ou associação, mas têm, ao mesmo tempo, defendido suas teses afirmando a existência de leis e princípios de ordem superior. Supostamente, essas regras governam a evolução da sociedade ou do pensamento, ou especificam uma lista de cenários alternativos possíveis para o questionamento e a associação. Outros têm assumido a posição mais relativista sob a qual devemos escolher nossos contextos arbitrariamente (ou aceitar, pela força, que sejam escolhidos para nós) e, então, jogar de acordo com as regras estabelecidas. Tais pensadores, no entanto, têm encontrado dificuldade para explicar como essas estruturas são ou podem ser revisadas. E há outros, ainda, que menosprezam totalmente o problema do contexto, enfatizando a incerteza de todos os contextos e a fraqueza de suas forças restringentes. Os que tomam essa posição têm tido dificuldade, contudo, para se diferenciar daqueles que aderem às teses naturalistas. Pois alegar que se pode ter um contexto natural à disposição ou negar que haja algum problema especial na construção de seu próprio contexto dá praticamente no mesmo. Além disso, a abundância de modos de conceber nossa relação com nossos contextos é aumentada ainda mais por nossa capacidade em adotar diferentes teses para aspectos diferentes de nossa atividade. Podemos, por exemplo, revestir a estrutura explicativa da ciência de uma autoridade maior do que aquela que costumamos conferir ao conjunto formativo da vida social ou mesmo às pressuposições dos modos não científicos de pensar e se expressar.

Mas, além das variações que resultam da combinação de diferentes teses ou da escolha de diferentes versões para diferentes áreas de experiência, temos ainda outra opção. O desenvolvimento dessa alternativa adicional representa uma das mais importantes conquistas do pensamento moderno, que, aqui, vou chamar de posição modernista, ainda que o sentido preciso do termo modernismo só venha a surgir mais tarde nesta Introdução. As próximas páginas discutem, em detalhes, essa tese modernista de contextos porque ela forma, ainda que indiretamente, a concepção específica de identidade humana a ser definida na parte principal deste ensaio e porque fornece uma ponte essencial para o argumento favorável à visão de que concepções de personalidade ou sociedade podem, sim, ter força normativa.

O argumento modernista para nossa relação com os contextos de nossas ideias e ações é definido pela existência de três teses. A primeira é o princípio da contextualidade em si mesma: a crença de que nossa vida mental e social é normalmente formatada por pressupostos institucionais ou imaginativos. Não há contexto incondicional – nenhum conjunto de estruturas que possa fazer justiça a todas as nossas oportunidades de clarividência e associação –, nem mesmo nas áreas de experiência nas quais mais se pode esperar encontrar tais estruturas. Nem pode atividade alguma, em oposição àqueles que menosprezam a seriedade da contextualidade, avançar sem selecionar da gama indefinidamente vasta de possíveis estruturas aquela que ela irá, provisoriamente, assumir como garantida. Essa escolha de estruturas estabelece, pelo menos, um contraste provisório entre os procedimentos que preservam o contexto e as transformações que o revisam.

A segunda tese dessa visão modernista da contextualidade é a ideia de que sempre podemos ultrapassar todos os contextos de atividades práticas e conceituais. A qualquer momento, as pessoas podem pensar ou se associar umas às outras a fim de transcender os limites dos mundos condicionais nos quais elas atuam. Pode-se ver e pensar de maneiras que entrem em conflito com o contexto estabelecido de pensamento antes mesmo que se tenha deliberada ou explicitamente revisado o contexto. Uma descoberta pode ser impossível de ser verificada, comprovada, quiçá até impossível de fazer sentido dentro das formas disponíveis de explicação e discurso; ou ela pode entrar em conflito com as imagens fundamentais da realidade incorporadas nessas formas. Contudo, a descoberta pode ser verdadeira. Na colisão entre a visão incongruente e a estrutura estabelecida, a estrutura pode ceder, e os proponentes da visão podem descobrir retrospectivamente os termos que validam a ideia interdita.

O que é verdadeiro para diferentes áreas do pensamento, tomadas uma a uma, também é verdadeiro para o trabalho da mente como um todo.

Introdução

Coloque juntas, como num catálogo, todas as formas de discurso da ciência, da filosofia e da arte. Defina os contextos formativos delas como achar melhor. Desde que os defina com precisão suficiente para salvá-los do vazio, os poderes da mente jamais serão exaustivamente listados nesse catálogo de modos de discurso ou questionamento. Continuarão a existir ideias que não cabem em nenhum item do catálogo – e não somente ideias destacadas, acomodadas por ajustes casuais aqui ou ali, mas linhas inteiras de crença, explicação ou expressão. Nenhum equilíbrio final pode ser alcançado, seja na vida mental como um todo ou em algum segmento da vida, entre o que podemos descobrir ou comunicar e os modos disponíveis para o fazer. A oportunidade para descoberta e autoexpressão supera, em qualquer momento, todas as estruturas de pensamento e diálogo que, prospectivamente, poderíamos explicitar.

O mesmo princípio se aplica aos contextos de associação humana. As pessoas sempre poderão organizar suas relações umas com as outras, das formas mais práticas de trabalho coletivo aos tipos mais desinteressados de relação comunitária, de maneiras que entram em conflito com os termos estabelecidos de convivência mútua. A maior parte desse desvio, porém, será tão fragmentada que chegará ao ponto de parecer mera sombra de distração e incerteza ao redor dos princípios fundamentais da ordem social. Se, no entanto, os desvios se intensificarem o suficiente – generalizando-se ou radicalizando-se os experimentos locais –, até os pilares mais sólidos da ordem social poderão ser comprometidos pela disputa.

O que é verdadeiro para dada sociedade é verdadeiro para todas as sociedades juntas, independentemente de qualquer que seja nosso ponto de vista histórico. Não há catálogo de mundos sociais passados, ainda existentes ou constatáveis, que consiga incorporar todas as relações práticas e passionais que as pessoas podem querer ter de modo razoável, realístico e legítimo. Por isso, o poder de construir uma sociedade sempre vai além das sociedades que existem ou já existiram, assim como o poder de descobrir a verdade a respeito do mundo não pode ser limitado pelas formas de discurso que são os seus veículos.

Paixão

Esse segundo elemento na imagem modernista da atividade humana – a ideia de que todos os contextos podem ser violados – pode parecer incompatível com o primeiro elemento – a ideia de que toda atividade é contextual. Se, tendo violado o contexto no qual se encontram, as pessoas pudessem simplesmente permanecer fora de qualquer contexto, a tese de que toda atividade é contextual seria derrubada. Mas o paradoxo é meramente aparente. A violação do contexto permanece excepcional e transitória. Ou ela fracassa, deixando o contexto preestabelecido em seu lugar, ou gera um novo contexto que lhe pode dar sustentação, assim como às crenças ou aos relacionamentos aliados a ela. Uma nova ideia pode entrar em conflito com critérios estabelecidos de validade, verificação e sentido, ou com uma concepção já consagrada da realidade fundamental. Mas, se a ideia for digna de credibilidade, haverá, então, critérios que poderão ser retrospectivamente construídos com o objetivo de preservá-la. Do mesmo modo, uma forma de associação prática ou passional pode ser incompatível com os termos estabelecidos de convivência mútua. Mas salvo casos de irremediável violência contra uma insistente demanda de existência pessoal ou coletiva, sempre haverá um mundo reimaginado e refeito do qual a demanda poderá fazer parte. Tanto no contexto da associação como no contexto da representação, todo ato de ruptura de limites fracassa ou se torna um movimento rápido em direção a alterado mundo condicional.

A condicionalidade nunca é superada. Mas pode ser flexibilizada. Pois os contextos de representação e relacionamento diferem na severidade dos limites que eles impõem à nossa atividade. O reconhecimento dessa diferença é o terceiro elemento na imagem modernista da atividade humana.

Um contexto social ou conceitual pode permanecer relativamente imune às atividades que o colocam em questão e o tornam vulnerável à revisão e ao conflito. Dependendo da força dessa imunidade, um intenso contraste aparece entre dois tipos de atividade: as atividades normais, que operam dentro do contexto, e as ações extraordinárias transformadoras, que mudam o contexto. Esse contraste, porém, é tão verdadeiro quanto falso. Ainda que descreva uma realidade, ele também oculta o aspecto provisório da distinção entre as atividades que preservam o contexto e aquelas que o violam.

Introdução

Os pequenos ajustes e revisões requeridos pelas atividades de preservação podem sempre se desenvolver em conflitos menos contidos que impliquem a ruptura do contexto. Ignorada essa fragilidade da distinção entre rotina e transformação, pode-se facilmente esquecer a condicionalidade dos contextos. Pode-se, assim, confundir os modos estabelecidos de associação e pensamento humano com formas naturais de razão ou relacionamento: aquela planície infinita na qual a mente, o desejo e a formação de sociedade podem vagar livremente sem se chocar com nenhum obstáculo aos novos esforços.

Mas pode-se também imaginar o cenário de representação ou relacionamento sendo progressivamente aberto para oportunidades de visão e revisão. O contexto é constantemente exposto à luz e tratado pelo que ele realmente é: um contexto, e não uma ordem natural. A cada um de seus aspectos corresponde uma atividade que lhe furta a imunidade. Quanto mais uma estrutura de pensamento ou relacionamento fornece ocasiões e instrumentos para sua própria revisão, menos se deve optar entre mantê-la ou abandoná-la em favor das coisas que ela exclui. Pode-se simplesmente refazê-la ou reimaginá-la. Suponha, por exemplo, uma sociedade cujo sistema formativo de poderes e direitos esteja continuamente em xeque, um sistema que não seja invisível e tampouco protegido contra conflitos habituais; uma sociedade na qual a experiência coletiva de definir os termos de coexistência passe cada vez mais pelo ambiente da vida cotidiana; uma sociedade que, assim, possa se libertar das oscilações entre pequenas desavenças sem propósito e surtos revolucionários extraordinários; uma sociedade na qual as pessoas não tratem o condicional como incondicional, ajoelhando-se como idólatras do próprio mundo social no qual habitam. Imagine uma representação científica ou artística que aumente nosso poder de inovação nas práticas diárias da visão científica ou artística. Imagine, ainda, que esse aumento surja ao se fazer com que as próprias formas e métodos de representação sejam cada vez mais aparentes, controversos e corrigíveis.

A mudança cumulativa que descrevo nas condições de razão ou relacionamento não oculta nem elimina a qualidade condicional de nossos contextos. Ela reconhece essa qualidade com mais força ainda e, assim o fazendo, transforma sua natureza. Viver e agir no mundo condicional significa, então, ser lembrado constantemente de sua condicionalidade. Tornar-se mais livre do contexto é disponibilizar o contexto à vontade e à imaginação transformadoras em vez de trazê-lo para um ponto de repouso universal. Assim, o terceiro elemento no quadro da atividade humana confirma a complementaridade dos outros dois elementos – as teses de que tudo é contextual e de que todo contexto pode ser violado.

O caráter distintivo da doutrina modernista de contextos pode ser mais bem compreendido através do contraste com outra típica concepção moderna. Essa visão alternativa encontrou expressões tão diversas como as encontradas na filosofia tardia de Ludwig Wittgenstein e na teoria da hermenêutica. Como a argumentação que acabou de ser exposta, essa concepção também começa com a descrença em contextos naturais e em todos os seus substitutos mais equivocados da tese naturalista. Ela o faz, porém, de modo que combina ceticismo cognitivo e dogmatismo social.

De acordo com essa tese, a condição para sentido e valor é a participação numa forma compartilhada de vida social ou numa tradição compartilhada de discurso em vez de referência a fatos distintos no mundo. Assim sendo, por exemplo, não podemos seguir uma regra qualquer sem saber se, em momentos diferentes, estamos, todos nós, usando as palavras com os mesmos sentidos. E a única maneira que temos de saber se os sentidos são os mesmos é observando a resposta do grupo para o uso que cada um faz das palavras. Logo, a demanda pelo critério de uniformidade pressupõe consenso em vez de possibilitar o consenso. E o que assim funciona para a semântica age da mesma forma sobre os valores.

Essa doutrina parece ser o clímax do ceticismo: ela rejeita qualquer esperança de objetividade além das comunidades humanas e suas histórias contingenciais. Dessa proximidade com o niilismo, a doutrina facilmente recai na complacência, pois nos ensina que devemos assumir as comunidades de sentido e valor como nós, mais ou menos, as encontramos. Devemos escolher um mundo mental e social e viver de acordo com suas regras, sob pena de não termos regra alguma e sofrermos o caos cognitivo ou social.

Em contraste, a doutrina modernista de contextos, descrita anteriormente, oferece-nos a promessa de que podemos transformar o caráter das comunidades de sentido e valor (uma noção que deve ser tomada como vagamente equivalente à ideia de contextos de atividade). Fazendo-as cada vez mais abertas à revisão, também qualificamos ou transformamos a força de nosso compromisso para com qualquer uma delas. Porém, facilidade de revisão não significa necessariamente instrumento de correção. Por isso, a doutrina modernista de contextos precisa ser suplementada por ideias sobre as características que fazem determinada prática explicativa ou formadora de sociedade ser melhor do que outra. E essas ideias devem, por sua vez, originar-se no estudo das conquistas e fracassos dessas mesmas práticas, como nós, porventura, as herdamos. Essa é a única maneira de encontrarmos alguma luz.

Quando é combinada com certas crenças, a visão modernista da contextualidade pode demonstrar importantes implicações para a construção de teorias e ideais sociais, assim como para a compreensão de nosso lugar na natureza. Essas implicações, por sua vez, demonstram o quanto da visão de nossa identidade fundamental depende, em última instância, das crenças sobre o status de nossos contextos.

A invenção de contextos de vida social que sejam cada vez mais abertos à revisão é requerida por uma variedade de formas mais específicas de empoderamento prático, moral e cognitivo. Assim, somos empoderados pelo desenvolvimento de habilidades práticas que nos libertam da privação e, consequentemente, nos permitem alargar nosso horizonte e fortalecer a efetividade de nossa luta. O crescimento dessas habilidades práticas requer que a relação entre as pessoas no trabalho e no mercado não seja predeterminada por um cânone rígido de procedimentos. Dessa maneira, essas relações podem, cada vez mais, incorporar a agitada interação entre definição e solução de problemas. Para esse fim, não é suficiente que as pessoas sejam livres para recombinar fatores de produção; elas devem ser livres para rearranjar e renovar as práticas que definem os contextos institucionais de produção e mercado.

A elevada plasticidade da vida econômica pode ser garantida pelo traumático efeito de uma vontade central, coerciva, sobre a textura densa e resistente das relações sociais. Ou pode ser alcançada pela multiplicação dos agentes econômicos cujos negócios e empresas gerem novas relações, assim como novas técnicas e produtos. Do puro ponto de vista do desenvolvimento de habilidades práticas, a tarefa não se divide em optar entre economia de mercado e economia planejada, ou encontrar mistura ideal entre elas – como sugeriria um obtuso debate ideológico –, mas inventar as formas institucionais de economias planejadas ou economias de mercado que minimizem os impedimentos à plasticidade. Num caso, o obstáculo é a tendência do poder estabelecido de subordinar seu plano econômico ao seu interesse de autoperpetuação. No outro, trata-se da tendência de agentes econômicos descentralizados de exigir que vantagens transitórias sejam transformadas em direitos adquiridos, sendo incorporados ao controle absoluto e permanente das partes divisíveis do capital social. Em contrapartida, quanto mais uma forma institucional de vida econômica se torna receptiva a inovações permanentes, melhor ela exemplificará o ideal modernista de um contexto tão aberto a revisões que o contraste entre movimentos rotineiros dentro da estrutura e luta revolucionária perde sua força.

Outro modo de empoderamento consiste em nosso relativo sucesso na diminuição do conflito entre a necessidade de participação na vida social em prol da sustentação material, emocional e cognitiva e o impulso de se evitar a subjugação a outras pessoas. Considerando que não podemos superar esse conflito, devemos optar entre o desempoderamento provocado pelo isolamento e aquele provocado pela submissão. De todas as circunstâncias que agravam esse confronto entre os requisitos de autoafirmação, o mais influente na sociedade é a consolidação de mecanismos de dependência e dominação que transformam todas as interações sociais em ameaças de subjugação. Para frustrar esses mecanismos, é necessário evitar, ainda que talvez não seja suficiente, que qualquer aspecto da ordem institucional ou imaginativa da sociedade obtenha imunidade efetiva à contestação, ao conflito e à revisão; quer dizer, é necessário adotar o ideal modernista como forma de vida social.

Finalmente, empoderamo-nos ao livrar nossa compreensão de sociedade da superstição, tanto porque o esclarecimento, por si só, representa uma forma de empoderamento como porque ele torna as outras variedades de empoderamento possíveis. A forma mais característica de superstição que afeta a sociedade é aquela que chamamos de "falsa necessidade". Isto é, a facilidade com que confundimos as restrições impostas por um contexto formativo de vida social específico com imperativos psicológicos, organizacionais e econômicos inerentes à sociedade. Esse preconceito está tão enraizado que, tão logo parecemos tê-lo rejeitado, o restabelecemos sob novo disfarce. Assim, por exemplo, podemos negar a necessidade de certa forma de vida social antes de descrevê-la novamente como fase inevitável na trajetória da evolução histórica, ou como fase de uma lista bem definida de possíveis mundos sociais. A tenacidade desse preconceito não deve causar surpresa, pois ele está fortemente vinculado aos modos com os quais temos tradicionalmente entendido e praticado a generalização teórica. Somos levados a introduzir essa hipóstase de restrições locais em leis consolidadas, como instrumento inevitável do pensamento social geral.

A visão modernista da contextualidade pode servir como base para uma teoria social que generalize sem essa hipóstase. Teoria social essa que não negaria a qualidade estrutural da vida social – a influência dos contextos formativos institucionais e imaginativos –, mas tampouco recorreria à ideia de um conjunto de leis históricas que governam a evolução ou a variedade de modelos de organizações sociais. Um de seus temas centrais seria as condições e consequências de mudanças na relação entre agentes individuais ou coletivos e seus contextos, principalmente quando a mudança consiste na afirmação de maior domínio sobre esses contextos.

Formas de organização social que incorporam, de modo mais completo, o ideal modernista de elevada plasticidade podem frequentemente ser criadas por razões que nada têm a ver com devoção a esse ideal ou com a compreensão de seus requisitos. Mas o repetido desenvolvimento e a operação bem-sucedida de tais experimentos sociais demandam uma arte de incessante recombinação social. Uma teoria social construída sobre linhas modernas deve ser, entre outras coisas, a transformação dessa arte num discurso sistemático.

Paixão

Mesmo depois que essa teoria houvesse sido elaborada, ela ainda careceria de força normativa até que tivéssemos legitimado a autoridade do ideal de empoderamento e estabelecido o sentido no qual concepções substanciais de personalidade e sociedade possam exercer autoridade normativa. Mas é importante reconhecer, desde o princípio, que a teoria modernista de contextos representa menos uma visão dos meios para a conquista da autoafirmação individual e coletiva do que uma tese sobre o sentido em si da autoafirmação.

Que concepção de nosso lugar na natureza é compatível com a tese modernista de nossa relação com os contextos? Imagine essa concepção como se ela fosse apresentada por um esboço de três tipos de ordem que podem ser encontrados na natureza. Embora nós, humanos, participemos em todos os três tipos, somente o terceiro nos é característico, e sua descrição equivale à reafirmação da doutrina modernista da contextualidade. Como se verá, esse argumento atende a vários propósitos: ele enfatiza a visão de nossa relação com os contextos; fornece ocasião para reformular a visão específica abordada nas páginas anteriores; e sugere como essa visão pode ser conciliada com o entendimento da realidade, descrita pela ciência contemporânea.

Imagine, então, uma série de maneiras sobrepostas através das quais as coisas podem ser ordenadas na natureza. Sempre que uma ordem se dissipa, outra emerge para ocupar o seu lugar. Cada uma dessas variedades de ordem natural requer um tipo diferente de explicação. Cada ordem sobrevinda apresenta oportunidades de explicação que compensam as dificuldades criadas pelo esvaecimento das ordens anteriores. Essas descontinuidades nos tipos de ordem e explicação não coincidem, de modo algum simples, com os limites entre a matéria viva e a inanimada, ou entre o biológico e o social. Tampouco poderão as ordens sobrevindas de forma e explicação substituir inteiramente as enfraquecidas ordens anteriores.

No decorrer dessa sobreposição de formas de ordem e explicação, há declínio da distinção entre o que deve ser aceito como dado (através das condições iniciais ou do valor das variáveis) e o que pode ser racionalmente explicado. O contraste entre ordem e desordem é suavizado, juntamente ao

Introdução

contraste entre a natureza da ordem na teoria e nos fenômenos que a teoria explica. Assim, nossa concepção de relações inteligíveis se torna cada vez mais sutil e abrangente.

Uma teoria científica se abstrai dos fenômenos. Ela foca em certos aspectos de uma região da realidade. Dentro dessa área destacada para o estudo, ela distingue o que pode ser determinado pela explicação e o que deve ser aceito como meramente dado. A teoria simplifica o argumento, de modo que se possa realçar os aspectos estruturais e funcionais de uma complexa realidade básica. Um processo semelhante, presente na própria natureza, gera um tipo de ordem em meio ao que, contrariamente, seriam fenômenos desorganizados e ininteligíveis.

Esse aspecto característico desse primeiro tipo de ordem é o surgimento de um esquema restringente que simplifica a matéria e, através de sua simplificação, permite que as estruturas sejam especificadas, e as funções, coordenadas. Desse modo, o esquema também cria oportunidades para novas transformações. Restrição, coordenação e emancipação (se o termo pode ser usado para a descrição da criação de oportunidades de desenvolvimento) aparecem vinculados. A ligação química, por exemplo, pode ser compreendida como estrutura simplificada desse tipo, segundo a descrição quântica, microscópica, da matéria. Seja qual for a derradeira razão dinâmica para o surgimento dessas restrições, o efeito delas sobre a organização e a história da natureza é inconfundível.

Para desempenhar papel coordenador em níveis "mais altos", uma estrutura simplificadora pode requerer uma quantidade ideal de detalhes. Ela não pode especificar detalhes demais (como um cristal, cuja estrutura é altamente coordenada), ou de menos (como um gás, que não tem estrutura definida). Direcionando-se ao reino da matéria viva, descobre-se que os traços simplificadores adquirem certas características das quais, anteriormente, eles só tinham vestígios. Essas características prenunciam algumas marcas determinantes do simbolismo humano. Um desses traços é a conexão arbitrária entre a constituição física da matéria escolhida para desempenhar certo papel pela estrutura coordenativa (por exemplo: a função do aminoácido

Paixão

no mecanismo genético) e o papel em si mesmo: o elo entre o significante e o significado. Outra característica é a capacidade da estrutura restritiva de se referir a si mesma, de conter mensagens sobre sua própria ordem. Essa capacidade é indispensável para a autorreplicação e para a regulação do desenvolvimento da matéria viva. Estruturas simplificadoras com esses dois aspectos de significação arbitrária e autorregulação têm tantas propriedades em comum, e criam tantas dificuldades e oportunidades distintas de explicação, que elas podem, justificadamente, ser consideradas um segundo tipo de ordem na natureza, sobrepondo-se ao primeiro tipo.

O surgimento dessas novas estruturas de restrição-coordenação-emancipação decorre paralelamente à crescente importância da historicidade: a qualidade de se estar imerso em muitas sequências causais, livremente conectadas, que resistem à redução a um único processo dominante. Essa desarticulação pode aumentar antes que tais estruturas coordenativas tenham surgido inteiramente. Assim, a historicidade pode, em alguns casos, ir longe, sem ter mais do que um modesto desenvolvimento das estruturas coordenativas: tome, por exemplo, os fenômenos geológicos mais dependentes de história, tal como a composição e transformação de rochas sedimentares.

Esse segundo tipo de ordem abre possibilidades de explicação que compensam as dificuldades causadas pela marcha da historicidade. Processos deterministas ou probabilistas agem sobre e através dessas estruturas simplificadoras em vez de agirem diretamente (lembre-se, por exemplo, da influência da seleção natural sobre os programas genéticos). O que parece, a princípio, pura casualidade e especificidade é parcialmente consequência da imposição de um nível intermediário de ordem entre as forças probabilistas e deterministas do mundo físico e os resultados dessas forças, tal como o organismo e sua vida. Na ciência contemporânea, as operações desse tipo intermediário – as estruturas coordenativas ou "programas" – têm sido vistas através de analogias de propósito e de programação, inspiradas num cenário humano, adequadamente ajustadas e reinterpretadas. No estudo dessas estruturas autorreguladoras, diminui-se o contraste entre o que é dado arbitrário, como as condições iniciais, e o que é explicado racionalmente por

Introdução

afirmações categóricas. Propósito e acidente são reunidos, como na relação entre significante e significado. As ocasiões e os dispositivos de estrutura limitante e oportunidade de desenvolvimento se cruzam.

Pode ser tentador imaginar que o segundo modo de ordem – e o estilo de explicação que se apoia nele – estenda-se à sociedade e à história. Pois nossos contextos mentais e sociais lembram, pelo modo como determinam conduta, o segundo tipo de ordem natural, embora não o lembrem na identidade das forças determinantes. Há, porém, uma objeção básica a essa analogia. As pessoas agem como se seus pensamentos e ações fossem governados por estruturas restritivas-coordenativas-liberadoras do tipo que acabou de ser descrito (assim como por um resíduo bruto de influências materiais não assimiladas ou subjugadas por essas estruturas) e, ao mesmo tempo, como se seu pensamento e conduta não fossem regulados por estrutura alguma. Ora um, ora o outro aspecto de sua situação parece preponderante. Mas nenhum dos dois estará, jamais, inteiramente ausente. Além do mais, como agentes individuais ou coletivos, podemos alterar o próprio caráter das estruturas que formam nosso contexto, inventando variedades de discurso e vida social sobre as quais exercemos um domínio sem precedentes, progressivamente suavizando, desse modo, o contraste entre ações de rotina dentro de uma estrutura e ações revisionistas a respeito da mesma estrutura. O poder de operar tanto dentro como além de um sistema restritivo-coordenador e diminuir o contraste entre estar dentro e além dele define o terceiro tipo de ordem.

As estruturas de pensamento que são assumidas como naturais numa dada linha de questionamento ou conversação, ou o conjunto de arranjos institucionais e preconcepções imaginativas que permanecem relativamente intocados no decorrer de atividades rotineiras que elas ajudam a formar, parecem-se com o segundo tipo de ordem. De fato, essas estruturas de pensamento e esses contextos institucionais e imaginativos de vida social possuem, num grau ainda maior, as propriedades de autorreferência e simbolismo livre que caracteriza a segunda variedade de ordem na natureza. Mas o poder que tais estruturas discursivas ou contextos sociais exercem sobre a atividade humana é limitado de duas maneiras.

Paixão

Um limite surge da existência de forças que têm origem independente. Essas forças incluem o apanágio biológico da humanidade e o fato da escassez material. Elas também englobam a totalidade dos eventos pelos quais a humanidade atravessou, seja a humanidade vista como uma só espécie ou como uma coleção de nações e classes separadas. Essa história meio esquecida forma as disposições e as esperanças das pessoas, mesmo quando suas manifestas crenças e práticas falham abertamente em refletir sua influência.

Há outra limitação, muito diferente, para a influência das estruturas explicativas ou do contexto formativo de vida social. Esse limite adicional é a nossa habilidade em agir de maneiras que demonstram nossa capacidade de descobrir e fazer mais do que pode ser acomodado por qualquer lista definitiva de possíveis sistemas mentais e sociais. Essa capacidade, tanto de sofrer como de superar a influência das restrições que representam o equivalente social do segundo tipo de ordem, *é* o terceiro modo de ordem. A doutrina modernista de nossa relação com os contextos de nossa ação pode agora ser reconhecida como uma descrição desse terceiro tipo de ordem, o único tipo que, sendo exclusivamente humano, encontra-se em íntima conexão com as questões que devemos abordar ao formular uma autoconcepção.

Um paradoxo especial caracteriza nossas relações. Esse paradoxo é o problema da solidariedade. O modo como resolvemos esse problema representa, assim como a maneira como vemos nossa relação com os contextos de nossa atividade, um segundo elemento crucial na concepção de nossa identidade fundamental. Representamos, mutuamente, tanto infinita necessidade como perigo infinito, e os mesmos recursos que utilizamos para atender aquela necessidade acentuam este perigo.

Para obter os meios de nos manter materialmente, devemos assumir um lugar na divisão social do trabalho. Quando assim agimos, as formas institucionais de produção e troca podem nos enredar nos laços de subjugação e dominação. Pois nenhum esquema de divisões e hierarquias sociais pode ser tomado como estável até que ele seja constantemente reproduzido e reforçado pelas pequenas transações da vida cotidiana.

Introdução

Para satisfazer nosso desejo de aceitação e reconhecimento, para que nos sintamos intimamente seguros de que temos um lugar no mundo, e, através dessa segurança, tornarmo-nos livres para uma vida de ação e encontros, precisamos nos abrir para as relações interpessoais e para os engajamentos comunitários. O problema é que não podemos predefinir os termos desse engajamento, e tampouco podemos controlar seu desenrolar. Por isso, cada uma dessas iniciativas de abertura pessoal, pautadas pelo constante desejo por outras pessoas, ameaça criar uma covarde dependência, submergindo nossa identidade individual em identidades de grupos e papéis sociais.

Não podemos alcançar as formas de pensamento que nos permitam descrever nossa situação e refletir sobre nós mesmos sem que compartilhemos tradições específicas de discurso, historicamente condicionadas, que nenhum de nós concebeu individualmente. Sem essas formas de pensamento, a imaginação não pode funcionar. Mas, com elas, dificilmente poderíamos evitar nos tornarmos reprodutores inconscientes de uma visão compartilhada do mundo. Por outro lado, se nos afastarmos do roteiro coletivo, indo longe demais ou depressa demais, acabaremos sem um meio de conversação.

Essas experiências apresentam menos conflito entre a afirmação da individualidade e a participação na vida social do que choque entre as condições que possibilitam a autoafirmação. Pois nossos esforços de autoafirmação – ao tentarmos marcar uma presença sustentável no mundo – podem ser prejudicados tanto pela falta de envolvimento social como por esses mesmos envolvimentos.

Terá o choque entre esses dois grupos de condições facilitadoras implicações claras para a prática e o pensamento social? Ou será que, sendo tão vago em sua concepção e tão indeterminado em seu alcance, ele pode levar a conclusões muito diferentes para a crítica e para a justificação dos arranjos sociais e da conduta pessoal? Haverá uma rígida relação inversa entre esses dois requisitos de autoafirmação, de modo que o ganho de um lado provoque, inevitavelmente, a perda do outro? Ou haverá algumas formas de encontros pessoais e organizações sociais que intensifiquem o conflito entre esses

Paixão

requisitos enquanto outras o eliminem? Poderíamos nós, em outras palavras, criar para nós mesmos situações que ajam melhor do que outras sobre a satisfação de ambas as condições de autoafirmação? As respostas, implícitas ou explícitas, que damos a essas questões definem nossa solução para o problema da solidariedade; e a ideia de solidariedade, quando combinada com uma tese sobre nossa relação com os contextos de atividade, fornece-nos uma imagem de nós mesmos.

Este ensaio aposta na ideia de que podemos desenvolver uma explicação de nossa identidade humana básica que não é nem superficial, nem fatalmente dependente das concepções de uma cultura particular. O ensaio chega mesmo a sugerir que podemos, de modo limitado, justificar a prática de impor consequências normativas a visões substanciais de sociedade e personalidade, ainda que somente depois de ter submetido essa prática a profundas revisões.

A concepção de identidade humana é desenvolvida aqui a partir de uma perspectiva limitada e limitante do problema da solidariedade. Além disso, a discussão foca no aspecto emocional, e não nos aspectos práticos e cognitivos do problema: na experiência do desejo mútuo, em vez de focar naquela de participação na divisão do trabalho ou na tradição de discurso compartilhado. Mas, aqui, esse aspecto do tema solidariedade é tratado de maneira que implica os outros aspectos. E todo o argumento deste livro pressupõe, elabora e, em certa medida, apoia a tese modernista sobre o status de nossos contextos.

Não temos por que nos surpreender ao constatar que as visões de nossa relação com os cenários da ação sejam tão intimamente ligadas à ideia de solidariedade. Pois nossas suposições sobre o quanto, e as maneiras através das quais, as demandas conflitantes de autoafirmação podem ser conciliadas são influenciadas pelo como vemos nossa capacidade de evitar e revisar as estruturas sociais e imaginativas dentro das quais lidamos uns com os outros. Assim, a crença num contexto natural de vida social anda provavelmente ombro a ombro com as convicções de que existe equilíbrio ideal, fixo, entre as necessidades de engajamento e de solidão, e que um conjunto específico de arranjos sociais – quase invariavelmente uma versão idealizada da sociedade atual – instaura esse equilíbrio. Quanto mais nos afastamos dessa tese naturalista, aproximando-nos da visão modernista de contextualidade, mais provável será que vejamos a relação entre as duas condições de autoafirmação como transformáveis em si mesmas. Não é à toa que uma abordagem modernista da qualidade contextual da experiência ajuda a formar, ainda que não a defina inteiramente, uma visão da solidariedade.

A concepção de identidade humana trabalhada na parte principal deste ensaio pode ser lida como interpretação e desenvolvimento do que é frequentemente visto como duas tradições diferentes e até mesmo antagônicas, quando chegam a ser consideradas tradições coerentes. Um desses elementos é a central tradição romântico-cristã de refletir sobre a natureza humana. A imagem do homem produzida por essa tradição constituiu, até recentemente, o pensamento central de nossa civilização. A outra fonte da visão de identidade humana, defendida por mim, é o modernismo – a visão concebida pelos artistas e pensadores revolucionários do início do século xx. Quanto à parte da concepção modernista que lida com o caráter de nossos contextos, ela já foi descrita nas páginas anteriores.

Por um lado, o modernismo é um momento na transformação – eu diria até na purificação – da ideia romântico-cristã de identidade humana. Nesse papel, o retrato modernista da personalidade pode ser muito bem comparado à ética feudal-aristocrática da cavalaria e à ética burguesa-sentimental da devoção ao trabalho prático e à legítima subserviência. Como elas, o retrato modernista representa uma transação entre os indistintos, mas poderosos, impulsos da tradição romântico-cristã e os interesses autojustificativos e autodefensivos de certas classes em certas sociedades.

Mas o modernismo também tem outro papel. Ele é o fiador do tipo peculiar de ceticismo sugerido pela doutrina modernista de contextos: ceticismo sobre os muitos subterfúgios através dos quais tentamos esconder de nós mesmos as implicações completas da não existência de contextos naturais de vida e discurso. Nesse segundo papel, o modernismo coloca em xeque as herdadas concepções de personalidade e sociedade, forçando-nos a lhes expurgar de

Paixão

suas pressuposições arbitrariamente restritivas sobre os limites da experiência pessoal e social, ou sobre as maneiras com as quais podemos moderar os conflitos entre as circunstâncias que possibilitam a autoafirmação.

Há forte correspondência entre a qualidade da base social original de cada um dos grandes movimentos de pensamento e opinião que têm sucessivamente reformulado a visão romântico-cristã do homem e a medida em que a visão moral dominante tem dependido de pressuposições naturalistas de sociedade. A intelligentsia livre e periférica do modernismo não pertencia a uma camada social tão claramente definida como a burguesia, assim como esta tinha identidade mais indistinta e papel social menos institucionalizado do que a casta de guerreiros e proprietários de terras da Europa pré-burguesa. Assim, antes que uma pessoa possa assumir integralmente a atitude modernista de sociedade, ela deve ver, diante de seus próprios olhos, o enfraquecimento da tirania que as categorias sociais de divisão e hierarquia exercem sobre a vida, e deve, ainda, sentir em si mesma uma identidade humana que não pode ser limitada por sua posição social.

Há duas razões para tratar as visões romântico-cristã e modernista como contínuas: uma, explicativa, a outra, admoestatória. Ao estudarmos esses pontos de vista como complementares em vez de antagônicos, podemos descobrir fatos sobre eles que, de outra forma, poderiam facilmente nos escapar. Além disso, quando as ideias modernistas e romântico-cristãs da personalidade são vistas dessa forma, ambas estão mais facilmente protegidas dos equívocos aos quais o modernismo, sem esse fundamento, ou a visão romântico-cristã, sem essa crítica, estão constitucionalmente sujeitos. Mas, claro, o modo como podemos cometer erros sobre tais coisas não estará bem definido até que o estilo de argumentação que atribui força normativa às compreensões de personalidade e de sociedade tenha sido elucidado e justificado.

Dois grandes temas estabelecem a unidade da tradição romântico-cristã sobre a personalidade: a primazia do encontro pessoal e do amor, como seu momento de redenção, e o compromisso com uma iconoclastia social que expressa o inelutável desabrigo do homem no mundo. Esses temas, obscuramente relacionados, são apresentados aqui com ênfase em sua forma especificamente cristã. Mas logo se tornará claro que eles têm paralelos próximos com a visão semelhante que chamo de romance, ainda que, nessa intersecção de tradições, os elementos cristãos e românticos não sejam idênticos.

Evoluímos em autoconhecimento e bondade ao nos abrirmos a toda uma vida de encontros pessoais, e não através da procura de comunhão com uma realidade impessoal, não humana. Até mesmo a forma como a humanidade se dirige a Deus, nas versões explicitamente teológicas dessa imagem, é concebido no modelo de relacionamento entre indivíduos. Nossas relações mútuas devem assumir a qualidade descrita pelo conceito de amor e por suas ideias afins de fé e esperança. Amor, fé e esperança são distinguidos das virtudes pagãs de coragem, prudência, moderação e justiça, tanto por um impulso característico como por uma ideia animadora. O impulso é a disposição de desenredar as relações pessoais e sujeitá-las a riscos e expectativas extraordinários, exatamente da mesma maneira com que a crescente mobilização coletiva expõe os rígidos termos da vida social ao experimento e à revisão. A ideia é que, através de tais iniciativas, poderíamos dar e receber gestos de aceitação mútua. Esses gestos conciliam as demandas conflitantes de autoafirmação e, portanto, alargam o escopo da ação individual, pois nos livram da solidão sem nos livrar da opinião coletiva. De maneira geral, seu poder sobre nós deriva de nossa incapacidade de encontrar satisfação em lugar algum, a não ser na presença de outros seres, como nós mesmos, insaciáveis e transcendentes de contexto. Nossa procura pelo bem impessoal nos diminui, em vez de nos emancipar, porque tudo que é impessoal é também contextual, enquanto o aspecto-chave de toda pessoa é que ela nunca se encaixará inteiramente no cenário concreto de sua existência.

O segundo grande tema no lado cristão dessa imagem romântico-cristã do homem é sua atitude iconoclasta perante certas ordens sociais. A identidade mais profunda de uma pessoa não é definida por seu pertencimento a uma camada ou divisão social. A lógica dos requisitos estabelecida por um conjunto de categorias sociais qualquer deve ser ignorada sempre que ela entrar em conflito com a oportunidade de estender à expressão pessoal ou à prática social as qualidades que são mais bem realizadas na fé, na esperança e no amor. Alguns tipos de vida social podem até se desenvolver melhor do que outros sob esse aspecto. Mas santificar uma versão específica de sociedade é transferir para um objeto secular limitado – uma ideia de civilização – uma lealdade que pertence, com propriedade, ao outro humano ou divino e ao princípio de personalidade em si mesmo. É confundir o que a linguagem do idealismo filosófico e da teologia moderna descreve como a desproporção do infinito em relação ao finito. Quanto mais um plano social se torna reticente às revisões, mais ele decreta e impõe uma imagem insuportavelmente restrita de nossa identidade fundamental e de nossas oportunidades de conexão prática e passional.

O iconoclasmo social da tradição romântico-cristã pode ser mais bem compreendido como variação da ideia de que o homem jamais se sente em casa no mundo: que nada, a não ser outra pessoa, também desabrigada, pode satisfazer as necessidades ilimitadas de seu espírito. O conceito de desabrigo é simplesmente o lado reverso do medo da idolatria, o medo de que o homem possa aceitar um objetivo mundano limitado como meta adequada para sua luta. Essa apreensão, contudo, é equilibrada na doutrina cristã pela crença de que devemos responder a nossa vocação sobrenatural fazendo nossa existência mundana mais aberta ao amor. A ideia de desabrigo e o compromisso de mudar o mundo não devem ser vistos como um conjunto especializado de crenças morais. Eles simplesmente revelam as implicações, no âmbito do encontro pessoal, da intervenção de Deus na história, culminando no evento decisivo da Encarnação.

A relação entre os temas do amor e da iconoclastia pode ser esclarecida ao se perguntar como o mundo poderia ser mudado para que ele seja mais aberto para o amor. No mínimo, as pessoas devem ver atendidas suas necessidades básicas. Nessa circunstância de segurança básica, elas poderão tolerar mais facilmente a acrescida vulnerabilidade que a fé, a esperança e o amor demandam. A partir desse momento, porém, duas direções diferentes podem ser tomadas pelo que é requerido para que o mundo seja mais aberto para o amor. Essas alternativas representam opiniões recorrentes dentro da

Introdução

história do ensinamento cristão e reaparecem como uma das muitas distinções entre as fases inicial e tardia do romance.

Segundo uma visão, o requisito básico é que a sociedade se atenha a sua forma canônica: um sistema legítimo de hierarquias e posições claramente definidas. Colocando-se dentro dessa ordem e cumprindo com as responsabilidades que lhe cabem, o indivíduo se livra da hipertrofia auto-obsessiva do desejo e da ambição, que afeta sua capacidade de amar e ser amado. A linha alternativa que a transformação da sociedade pode seguir é a ruptura de todos os papéis, divisões e hierarquias sociais estabelecidos. A melhor ordem social é aquela que, ao se fazer completamente aberta aos desafios reais, evita que um esquema rígido de papéis, divisões e hierarquias se consolide. Dessa maneira, as pessoas podem mais prontamente lidar umas com as outras como indivíduos concretos em vez de como substituíveis lugar-tenentes no grande esquema de contrastes entre nações, classes, comunidades e gêneros. Como resultado, elas podem também ser protegidas dos perigos da conciliação humana, que surgem sempre que lealdades pessoais se misturam com dependências sociais. Pois essa mistura coloca invariavelmente os antagônicos estratagemas do controle e da resistência no lugar da busca pela aceitação mútua.

A escolha de uma dessas duas respostas à questão "Como pode uma sociedade ser inteiramente aberta ao amor?" depende de pressuposições factuais a respeito de sociedade e história. Essas pressuposições não formam nenhuma parte intrínseca da fé cristã. Mesmo assim, somente quando chegamos à segunda resposta, a que subverte autoridades, é que o tema da iconoclastia social toma sua dimensão completa e que sua relação com a primazia do encontro pessoal se torna clara.

Já o papel do elemento cristão na tradição romântico-cristã requer um pouco mais de explicação. As mesmas ideias básicas sobre encontro e iconoclastia podem ser encontradas em religiões próximas, como o judaísmo e o islamismo. Ainda assim, por uma questão de fato histórico, foi largamente em sua forma cristã que essas ideias serviram primeiro como inspiração e, só depois, como interlocutoras do romance secular, o outro elemento principal em nossa tradição dominante.

Paixão

Mais importante ainda, a aderência a essa visão romântico-cristã do homem não exige nenhuma fé religiosa. Reconhecer que certas crenças devem muito de seu desenvolvimento original aos ensinamentos do cristianismo e suas religiões irmãs não implica que a justificação dessas crenças inclua a aceitação da Revelação divina. Pois a mesma imagem de nossa identidade comum pode estar sujeita a duas leituras.

Numa leitura – que podemos chamar de feuerbachiana –, falar sobre Deus representa um modo alongado e distorcido de se falar sobre o homem. O uso de linguagem teológica pode ser mais bem explicado pela procura de metáforas capazes de expressar a qualidade infinita, desregrada e transbordante que distingue subjetividade e intersubjetividade através do contraste com as formas específicas de vida social nas quais elas estão parcialmente inseridas. Feita essa tradução feuerbachiana, a origem religiosa da crença se torna irrelevante, a não ser como alerta para que nada deixe de ser traduzido, e que os resíduos intraduzíveis sejam postos de lado.

Numa leitura alternativa – vamos chamá-la de analógica –, a psicologia do encontro pessoal prefigura a teologia da Redenção. Nossas confrontações com Deus e outros seres humanos fornecem tanto pistas para o sentido de cada um quanto recursos para a satisfação de cada um de nós. Na história do cristianismo, a ideia de uma relação analógica entre os níveis secular e sobrenatural de nossa experiência de personalidade representa a continuação da concepção tomista da razão natural, que seria capaz de chegar independentemente a algumas das verdades da Revelação. Mas essa continuação acaba por substituir a razão natural, como primeiro passo paralelo em direção a um maior esclarecimento, pelo conhecimento pessoal – uma mudança que, simplesmente, estende para a epistemologia a ascendência normativa do pessoal sobre o impessoal.

Para os propósitos de uma visão secular de identidade humana, não precisamos optar entre as leituras feuerbachiana e analógica da presença cristã na tradição romântico-cristã. Essas leituras podem fazer diferença crucial somente nos pontos mais extremos da especulação e da conduta, do mesmo modo que duas teorias científicas podem convergir em suas conclusões

Introdução

desde que suas aplicações permaneçam limitadas a certas dimensões de magnitude. Mesmo o crente pode não ter motivo algum para objetar a essa limitada equivalência, vendo a fé mais facilmente como orientação de identidade do que como profissão de crença.

Considere agora o elemento romântico na visão romântico-cristã. Mas atenção: aqui, o termo romântico não se refere ao movimento romântico do século XIX, a não ser na medida em que o que descrevo como "romance tardio" teve, de fato, importante papel no romantismo. Neste ensaio, "romântico" designa o romance secular, talvez o mais influente modo de visão moral na história de nossa cultura. Com raízes tanto pagãs como cristãs, o romance tem seu próprio caráter, e não pode ser adequadamente compreendido como simples secularização do cristianismo. Ainda assim, sua afinidade com o ensinamento cristão é inegável.

Pode parecer estranho falar de literatura e religião, juntas, como fonte para a definição de ideias existenciais. E, no entanto, há poucos outros lugares onde se possa encontrar um propósito, tão claramente expresso, de se tratar a mente como repositório de conhecimentos íntimos, captados em meio a densos encontros pessoais, em vez de se tratar a mente como agente conceitual que procura, em especulações abstratas, salvar-se das demandas pessoais.

Há uma distinção a ser feita entre os períodos inicial e tardio do romance, uma distinção qualificada pelo entendimento de que a versão inicial tenha sobrevivido, pelo menos na cultura popular, por muito tempo, mesmo depois do surgimento da versão tardia. O mais conhecido protagonista do romance inicial é o jovem aventureiro, ao mesmo tempo super-homem e homem-comum, que tenta remover um obstáculo específico à felicidade humana, geralmente um obstáculo que se encontra no caminho de sua própria felicidade e, mais especificamente, de seu casamento com a mulher que ele ama. Seu autoconhecimento e autotransformação vão depender de confrontações pessoais que escapam dos limites de qualquer cálculo instrumental.

O herói (ou heroína) pode ser a vítima de usurpação ou de desgraça que o lança num mundo de identidades confusas e poderes obscuros, um mundo de força e de farsa. Ele luta contra os representantes desse mundo e, finalmente, consegue dele escapar. Nas versões mais paganizadas do romance, sua salvação é alcançada através da paciência e da astúcia, com os quais ele vira os instrumentos desse submundo contra si mesmo, e de fortuna favorável, a ajuda e a oportunidade concedidas às pessoas que têm engenhosidade e vitalidade diante da vida. Nas versões mais cristianizadas do romance, a determinação do herói colabora com a graça, representada pelo amor divino ou humano que responde a seus esforços.

A confrontação com o universo da violência o guia, através da fuga ou de uma série de momentos transformadores, a patamar mais alto de sabedoria e reconciliação. Verdadeiras identidades são reveladas; casamentos, celebrados; e novas ordens de vida social, estabelecidas. O herói é, então, capaz de sentir-se em casa na terra renovada. As provações pelas quais passou, mais do que um lapso de sofrimentos inúteis, ajudam-no a aceitar o mundo de maneira mais ampla e, ao mesmo tempo, nele distinguir o mal e a ilusão. Ele teve que tropeçar numa jornada de confusão e conflito agravados, a fim de romper falsos impedimentos a sua visão e a sua ação. Só então sua sabedoria ou seu amor são capazes de aceitar as outras pessoas e a própria realidade, sem superstição ou subserviência.

Os temas característicos do romance da fase inicial são o verdadeiro amor e a busca enobrecedora: sendo o valor daquele amor confirmado pela dignidade dessa busca. O protagonista luta e ama dentro de sua própria esfera social. Se ele consegue ultrapassá-la, superando todos os obstáculos, a aparente ascensão social pode ser dissipada pela descoberta retrospectiva de que a nova posição conquistada é, na verdade, uma na qual ele havia nascido, sem que ele mesmo soubesse. E essa devoção à ordem hierárquica em sociedade vai lado a lado com a manifesta confiança na moralidade convencional e em suas hierarquias de valor. Sobre essa ordem mundana e espiritual, a graça e a fortuna prevalecem. Essa fortuna que elege o herói, escolhe seu companheiro, produz suas provações, e lhe concede seu prêmio.

O romance tardio resulta de uma transformação sofrida pelo romance inicial sob a pressão da ansiedade a respeito da viabilidade do verdadeiro amor e da luta digna. Tudo que, antes, era garantia, agora se torna problema. A

Introdução

preocupação com a busca e com o encontro permanece. Mas a questão, agora, não é mais tanto o sucesso dessa busca e desse encontro numa determinada circunstância, mas, sim, se essa busca e esse encontro podem, de fato, existir em qualquer circunstância (um exemplo: Flaubert). A fonte dessa ansiedade controladora no romance tardio pode ser descrita, em categorias já mencionadas anteriormente, como a crescente perda da fé na existência de um contexto natural para o pensamento e para a vida social.

O romance tardio talvez represente a mais importante corrente literária ocidental, na poesia e na prosa ficcional, do meio do século XVII até o século XX. Ele tem, entretanto, coexistido com as mais sofisticadas e as mais populares expressões de seu predecessor. Pois é o romance inicial, carregado com ambivalência a respeito dos princípios da sociedade burguesa do século XIX, que encontramos em grandes artistas, generosos e populares, como Giuseppe Verdi ou Victor Hugo, enquanto um poeta como Alexandre Pushkin pode, às vezes, apresentar uma versão mais pura, mais infantil, dessa mesma tradição, combinada ou sobreposta a uma irônica antecipação da temática do romance tardio.

Assim como o romance inicial, o romance tardio se inspirou na cultura popular ao mesmo tempo que a permeou. A permeação foi ainda mais profunda porque o período em que essa visão moral surgiu foi também o tempo no qual uma cultura popular relativamente independente deixou de existir, vítima da mesma desorganização das divisões e das hierarquias sociais que ajudaram a enfraquecer as pressuposições sociais do romance inicial.

Apesar do escopo de seus antecedentes e influências, o romance tardio tem origens literárias específicas. Uma de suas principais fontes é a elegia pastoral, gradualmente afastada de sua forma e situação clássicas. O elo entre a visão mais ampla e a forma literária mais estreita torna-se aparente no tema da perda do paraíso idílico, episódio tipicamente provocado ou exemplificado pela perda do verdadeiro amor, cuja presença dava sustentação ao agora desesperado protagonista em sua luta. A imagem do Éden secular é facilmente reconhecível como variação da ideia do contexto natural. E o desaparecimento desse Éden é corretamente percebido como o começo de um tempo de dolorosa incerteza em nossas relações.

Paixão

Nas circunstâncias da separação que se seguem à ruptura do jardim mundano, o herói é exposto a uma longa série de contratempos e ilusões. Uma desgraça – que tem ocupado mais o pensamento político do que a literatura – é a tentação de interpretar o mito idílico como a descrição de um passado recuperável em vez de como a expressão onírica da restrição e da insuficiência do momento presente. Essa errônea identificação encoraja fantasias antimodernistas de integração comunal e de permanente militância cívica, que, simplesmente, invertem a realidade a qual elas não são capazes de reimaginar ou reconstruir com credibilidade. A contraparte literário-psicológica da política do pretenso retorno ao contexto natural é o esforço de recuperar o momento de epifania visionária. Mas, mesmo quando mais firmemente ancorado em biografia do que seus análogos políticos o são em política, esse momento acaba por se revelar ou insustentável ou estéril, não restando de si nada mais do que uma lembrança no conto de sua própria derrocada.

Uma outra resposta à nossa expulsão do paraíso idílico tem representado papel muito mais proeminente na literatura, pois ela lida diretamente com os problemas do encontro pessoal. Em sua circunstância de afastamento, o protagonista procura uma missão que seja digna dele, digna, sobretudo, de sua identidade, que transcende contextos, e de suas capacidades de transformação de contexto. Mas essa procura por uma missão justificada – que também é a busca por uma comunidade confiável – é assaltada por uma dúvida constante. Afinal, cada atividade candidata pode extrair sua aparente dignidade dos preconceitos injustificados de uma cultura particular. Ou ela pode ser nada mais do que o símbolo arbitrário de uma necessidade sentida de ação justificada.

Tanto no amor como no trabalho, o protagonista do romance tardio tenta escapar dos perigos do solipsismo e da auto-obsessão. Mas em momento algum ele consegue saber, com certeza, se o ser amado que ele vê é realmente outra pessoa, ou se é meramente parte projetada de sua própria personalidade, fragmento que permanece, como imagem ilusória, entre ele e o objeto aparente do seu amor. A relação entre o amor verdadeiro e a missão digna sofre aqui uma mudança radical. Deixamos de encontrar a ideia de uma missão que é empreendida a fim de que o herói se mostre como merecedor do amor: aquela fé numa tarefa impessoal como aprendizado para a fé no indivíduo. Ao invés disso, o amor se torna luta para que o herói saia de si mesmo; luta pelo respaldo dos outros em meio às decepções e opressões da sociedade. Mas o irremido mundo social sempre volta a atacar, entorpecendo as faculdades das pessoas e negando-lhes os meios através dos quais poderiam imaginar umas às outras.

A execução da missão digna em nome do verdadeiro amor é substituída pela voluntária exposição à provação que consiste precisamente na incerteza sobre se existe amor para além do narcisismo, e se existe trabalho para além da ilusão, que possa tirar o indivíduo de dentro de si mesmo e transformar essa sua autodivisão em empoderamento. A complexidade moral e epistemológica do romance tardio resulta de sua relutância em resolver essa questão com clareza, seja no amor ou no trabalho. Assim como a perspectiva modernista, que de tantas maneiras ele ajudou a formar, o romance tardio sofre a tentação de escapar dessa busca por acesso pessoal e atividade transformadora através da fascinação com arte e artefatos. O palácio de espelhos e ilusões é glorificado como a realidade dominante em contraste com o mundo resistente e desagradável que não nos sentimos mais capazes de reconstruir, ou mesmo de imaginar.

Por conta da conexão explícita que ele estabelece entre a primazia do encontro e o sentimento de desabrigo, o romance tardio se aproxima mais do que o romance inicial do elemento distintamente cristão da tradição romântico-cristã. Ele o faz, porém, de maneira que enfatiza a inexistência de contexto natural para a vida social e a falta de claro ordenamento de valores e emoções que acompanharia tal contexto. Essa maneira de descrever a tradição deixa claro a continuidade entre as visões cristã e modernista da solidariedade, continuidade a qual o polêmico conceito de secularização não consegue fazer justiça.

Considere agora o modernismo e sua relação com a visão romântico-cristã do homem. Os termos "modernismo" e "modernista" são usados aqui para designar um movimento específico de opinião e sentimento em vez de um vago senso de contemporaneidade. O modernismo que tenho em mente

Paixão

foi iniciado pelos grandes romancistas e poetas do início e de meados do século XX – por escritores como Proust, Joyce e Virginia Woolf, Karl Kraus e Samuel Beckett, Bely, Kafka, Musil e Céline, Eliot e Montale. As exposições mais ricas da visão modernista, por filósofos como Heidegger e Sartre, costumam ser menos includentes. Exemplificam a interpretação radical do modernismo que, mais à frente, descreverei. (Encontra-se interpretação mais equilibrada da visão modernista em Kierkegaard, em Hegel, quando ele trata da auto-divisão, ou até mesmo em Pascal.) Devido a essas origens, o modernismo pode parecer ainda menos capaz que a tradição romântico--cristã de produzir uma imagem coerente do homem. Pois, ainda que seu contexto histórico seja muito mais específico, suas ideias permanecem profundamente inseridas em obras de arte, das quais não nos parece possível separá-las sem que sejam trivializadas nesse processo.

Mesmo assim, o caráter específico da visão modernista se torna claro quando a comparamos com as tradições de reflexão sobre a personalidade contra as quais ela se rebelou. Uma dessas tradições foi a psicologia cética e mecanicista que, já articulada por Thomas Hobbes, conseguiu permear a psicologia científica, o naturalismo literário e as teorias sociais progressistas e revolucionárias do século XIX. A outra perspectiva contra a qual o modernismo se rebelou foi a versão sentimentalizada dos ensinamentos cristãos e do romance secular que alardeava sua confiança na conciliação humana e no conhecimento de outra pessoa, tratando, ao mesmo tempo, os arranjos e convenções da sociedade burguesa europeia como cenário inquestionável da vida emocional. Aos olhos dos modernistas, essas duas tendências de pensamento – a mecanicista e a sentimental – falharam em reconhecer que a personalidade se faz e se descobre através da experiência de não se encaixar num dado cenário de sua existência, e através de seu fracasso em não conseguir, jamais, escapar completamente de seu isolamento cognitivo e emocional. Não nos surpreende, então, que os modernistas tenham encontrado seus precursores imediatos em românticos como Friedrich Hölderlin e Stendhal, que já haviam abordado as provações da divisão do eu e da rebelião contra a sociedade.

Introdução

Há muito tempo o modernismo deixou de levar uma vida meramente livresca. Hoje, em vez de lermos sobre modernismo, podemos encontrá-lo a nosso redor, espalhado por toda parte. Ele refletiu, antecipou e ajudou a formar a prática cultural-revolucionária de nossos dias: a política de relações pessoais que procura recombinar as formas de experiência tradicionalmente associadas com distintos papéis sociais ou de gênero. Desse modo, as ideias centrais do modernismo impregnaram uma cultura popular de alcance global. Nessa versão popularizada, elas se tornaram a ideologia da política cultural-revolucionária.

No entanto, nem o tipo sofisticado nem o popular dessa ideia modernista conseguiu desenvolver uma visão de sociedade reconstruída. Ambos pecam pela falta de imaginação política. Ambos confundem facilmente as deficiências de uma ordem social particular com as limitações inerentes da sociedade. E ambos, repetidamente, descobrem que a procura pela experimentação e pela autossatisfação pessoal acaba em decepção quando não é atrelada à vasta solidariedade social ou a um projeto histórico maior que possam resgatar o indivíduo de seu fútil e obsessivo interesse por si mesmo. Contudo, modernistas e esquerdistas radicais compartilham, pelo menos, uma ideia básica: a crença de que todo arraigado sistema de hierarquia e divisão social representa restrição desnecessária e injustificável das possibilidades de vida social e existência individual.

O primeiro tema característico do modernismo é pouco mais do que uma extensão da doutrina clássica do encontro pessoal. Os modernistas enfatizam que nossas relações com outros indivíduos têm primazia sobre a busca da realidade ou do bem impessoal. E, de todos os encontros, eles atribuem importância especial àqueles que colocam em questão os requisitos de autoafirmação. Seu ceticismo sobre a possibilidade do amor e, mais geralmente, sobre o acesso que podemos obter em relação ao outro resulta, como logo veremos, de sua busca incansável pela temática iconoclasta – o outro grande interesse da visão romântico-cristã da natureza humana.

Um segundo elemento no modernismo é sua visão de nossa relação com os contextos de nossa ação. Em sua forma mais moderada, essa visão é a própria

Paixão

doutrina da contextualidade esboçada aqui. Essa doutrina oferece uma forma secular, precisa e genérica da temática iconoclasta na tradição romântico-cristã. Sua expressão social específica é a crença em que nenhuma ordem institucional e nenhuma visão imaginativa das variedades de interação humana possíveis e desejáveis podem esgotar inteiramente os tipos de conexão humana prática ou passional que podemos ter boas razões para desejar e uma boa chance de estabelecer. As anomalias do encontro prático e passional fornecem pontos de partida para ordens sociais alternativas. A incapacidade das instituições e do dogma para orientar inteiramente as transações diretas entre os indivíduos constitui, assim, a condição básica para se refazer a sociedade.

Observe que, nessa doutrina da contextualidade, existe tensão entre o poder subversivo das formas desviantes de associação humana e a necessidade de se aceitar um ordenamento específico da vida social. Oportunidades emergentes de conexão humana prática ou passional não podem ser totalmente exploradas, a não ser que encontrem um cenário institucional e imaginativo estável que as reconheça e as apoie. Mas, embora esses cenários se diferenciem em sua abertura à revisão, nenhum deles poderá ser dado como garantido no sentido de satisfazer a próxima oportunidade emergente, assim como não poderá moldar inteiramente nossa experiência direta de conduta prática e desejo passional.

Raramente, os modernistas ficaram satisfeitos com a doutrina da contextualidade como ela é. Sua divinização da individualidade os levou geralmente a passar da convicção de que a pessoa transcende seu contexto para a intolerância com todos os limites, fossem eles as restrições do corpo ou da sociedade. Ao mesmo tempo, a falta de imaginação política dos modernistas – consequência fatal da separação entre modernismo e esquerdismo – negou-lhes a visão de formas instituídas de vida social que poderiam, de fato, ser mais adequadas a um indivíduo disposto a revisar contextos. O resultado dessas tendências tem sido, geralmente, transformar a moderna doutrina da contextualidade na crença em que o indivíduo não pode esperar nenhum progresso real da revisão de seus contextos. Isto é, ele só pode afirmar sua independência através de uma guerra perpétua contra a realidade da

Introdução

contextualidade, guerra a qual ele jamais poderá vencer, mas deve continuar a travar.

Do ponto de vista da central tradição romântico-cristã, essa versão da abordagem modernista da contextualidade representa uma heresia: ela exagera certos elementos da tradição enquanto suprime outros. Quando a crença na primazia do pessoal, que o modernismo compartilha com a tradição humanista-cristã, é combinada, em alguns casos, com a doutrina modernista da contextualidade e, em outros, com a versão extrema e herética dessa doutrina, ela produz as ideias mais concretas que nós, mais frequentemente, associamos ao pensamento modernista.

A atitude dos modernistas para com os contextos da vida humana leva-os a repudiar a autoridade de qualquer sistema rígido de papéis sociais, posições e identidades coletivas. Isso os leva a desconfiar de qualquer repertório convencional de símbolos e cerimônias que expressem as variedades da experiência subjetiva. E isso, portanto, também os encoraja a enfatizar a fluidez e a ambivalência das paixões e da perigosa parcialidade de todas as hierarquias fixas de juízo moral. Eles veem amor no ódio e ódio no amor, e nos mostram como uma oportunidade para maior reconciliação humana pode surgir da amargura da decepção e do antagonismo. Essas ideias encontram sustentação na visão de que nenhuma estrutura específica de sociedade e cultura pode oferecer expressão total às oportunidades de conexão prática e passional.

Junto com essa ênfase na ambivalência e no dinamismo das paixões, os modernistas demonstram fascinação especial com as anômalas paixões de desespero e lascívia. Ainda que essas emoções possam ter início como eventos enquadrados pelas ações normais das interações pessoais, elas logo se transformam em ataque à autoridade e à autossuficiência da ordem social e cultural. Num caso, esse ataque se faz por cima – pelo ceticismo da razão – e, em outro caso, por baixo – pela rebeldia do desejo. Raramente é possível saber com certeza em que medida esse ataque é direcionado contra mundos sociais específicos, e em que grau ele pretende rejeitar o poder que qualquer mundo social exerça sobre nossa imaginação e nossa lealdade. A

Paixão

descrença na autoridade de um contexto social maior, assumido como natural em nossas vidas, transforma-se num agnosticismo mais genérico sobre nossa capacidade de dar sentido à atividade humana. Desesperamo-nos profundamente quando acreditamos que os critérios de sentido e valor podem nos chegar somente de mundos sociais específicos, e que não temos razão alguma para levar um desses mundos mais a sério do que os outros. Assim, também, a experiência subjetiva da lascívia pode começar numa insurreição localizada contra as proibições específicas das quais a lógica de parentesco depende. Mas ela termina numa incapacidade de ver o outro indivíduo como uma pessoa com seus próprios recursos de mistério e esforço. A lascívia resulta, portanto, na negação daquela imaginação da alteridade, sobre a qual repousa toda a vida em sociedade. O efeito incerto da lascívia e do desespero encena simplesmente, como provação pessoal, uma ambiguidade da doutrina moderna da contextualidade.

Há pelo menos mais uma crença que se aproxima bastante do centro do pensamento modernista. Mas, diferentemente das visões antes discutidas, ela surge da doutrina extremista e herética dos contextos, e não de sua versão padrão. Normalmente, os modernistas combinam o reconhecimento da suprema importância do amor pessoal com o ceticismo sobre a possibilidade de alcançá-lo ou, mais geralmente, a possibilidade de se ter acesso a outra mente. A descrença na salvação política ou religiosa e nos ensinamentos da moralidade convencional intensifica as expectativas redentoras depositadas no amor pessoal. Mas tanto a obsessão com o eu transcendente, quase divino, como a convicção de que todas as formas de vida social institucionalizada representam a morte para nossa liberdade espiritual enfraquecem a confiança na nossa capacidade de alcançarmos a outra pessoa em pensamento e emoção. A variante herética do modernismo nos ensina a travar uma guerra interminável contra todos os cenários concretos de nossa existência. Mas como pode a condução dessa guerra ser compatibilizada com o desenvolvimento de um meio social de conversação e prática que nos torne totalmente acessíveis uns aos outros, desamarrando-nos dos laços que as categorias coletivas pré-definidas de papel, posição social e expressão convencional

Introdução

exercem sobre nossa experiência? Melhor seria esperar que o amor fosse, enfim, reconhecido como narcisismo refinado ou como tentativa inútil de se escapar da solidão, e que a imagem do ser amado nos transmitisse tão-somente as fantásticas projeções de nossos anseios mais íntimos.

Se minha caracterização das visões romântico-cristã e modernista da personalidade é sustentável, ela endossa a tentativa de se tratar a visão modernista como transformação da visão romântico-cristã. A moderna doutrina de contextos traz à luz o significado social da temática iconoclasta e, assim o fazendo, esclarece sua relação com a temática romântico-cristã do amor. A não ser, claro, quando os modernistas adotam a visão extrema e herética da contextualidade, que os leva a conclusões que desafiam a central tradição romântico-cristã.

Essa análise esquemática e polêmica já sugere a relação ambivalente do ceticismo modernista com a imagem do homem que herdamos. O ponto de vista cético pode fortalecer essa imagem libertando-a das suposições arbitrariamente restritivas sobre as possíveis formas de conexão humana passional e prática, suposições que, constantemente, ameaçam degradar a visão clássica da natureza humana numa apologia da subjugação e do fatalismo. Mas não temos garantia nenhuma de que, uma vez que a crítica cética tenha chegado a seu fim, terá nos sobrado alguma concepção substancial da personalidade. Talvez todas as visões da personalidade sejam mostradas meramente como injustificados preconceitos de específicas sociedades e culturas, e a abordagem ultramodernista de contextos seja retrospectivamente justificada como alternativa heroica a um relativismo desesperador. A questão fundamental, aqui, não é se esse resultado para a história de nossos conceitos morais e políticos é possível, mas, sim, se é inevitável. Mas só podemos responder a essa questão se esclarecermos o caráter da prática coletiva que tem produzido imagens distintas do homem e atribuído, a cada uma delas, força normativa.

A discussão das páginas anteriores pode parecer incapaz de levar a alguma conclusão, a não ser a uma hipótese sobre a história da cultura: argumentações sobre as tendências de desenvolvimento de uma tradição particular de

Paixão

pensamento sobre a natureza humana. Oferecer essa discussão como passo preliminar na elaboração de uma imagem prescritiva de nossa identidade comum é assumir, em vez de demonstrar, a validade de se atribuir força normativa às concepções de identidade, ou às visões de sociedade com os quais essas concepções estão ligadas. Trata-se, também, de desconsiderar, em vez de desaprovar, a distinção entre requisitos normativos e factuais que constitui o ponto de partida da maior parte da moderna filosofia moral e política.

Assumir abertamente a predominante imagem do homem a partir de uma tradição historicamente específica parece apenas agravar o duvidoso caráter desse procedimento. Pois parece que, para proceder dessa maneira, devemos adotar uma ou duas suposições implausíveis. Por um lado, podemos estar fazendo uma afirmação relativista qualificada: toda tradição tem, e merece ter, autoridade normativa para aqueles que a ela pertencem. Mas essa visão esvazia a normatividade de seu sentido e pressupõe que podemos e devemos evitar escolher a qual tradição pertencer. Alternativamente, podemos estar meramente alegando que a tradição historicamente específica que escolhemos é aquela que mais se aproxima de um ideal independentemente justificado. Mas, então, esse ideal e os argumentos que o sustentam são o que, de fato, deveria ser o nosso real interesse. Serão essas as únicas alternativas à nossa disposição?

Defendo a prática de atribuir força normativa a concepções substantivas de personalidade ou sociedade, mas de uma maneira que requer a revisão da prática. Essa revisão deve simplesmente reconhecer o fato que, mais do que qualquer outra coisa, tem abalado a confiança nesse tipo de pensamento normativo. Esse fato subversivo é a necessidade de se depender das concepções criadas por uma cultura particular ou concretizadas por uma sociedade particular. Uma versão revisada da prática de se atribuir autoridade prescritiva às visões de personalidade ou sociedade respalda a mistura de requisitos normativos e factuais deste ensaio. Ela também exemplifica a moderna doutrina de nossa relação com os contextos de nossas atividades, doutrina que, por sua vez, forma toda a concepção de identidade humana apresentada na parte principal deste trabalho.

Introdução

Considere, em primeiro lugar, que o método de se atribuir força normativa a concepções de personalidade representa o mais difundido e tenaz de todos os tipos de discurso normativo. Ele pode muito bem ser chamado de estilo clássico ou padrão de argumento normativo. Tipicamente, ele apresenta uma imagem do homem como evidente ou respaldada pela verdade revelada ou por um quadro metafísico da realidade não humana, mas, em todo caso, com uma perspectiva transcendente a partir da qual se pode julgar todas as tradições particulares.

Precisamos de uma concepção de nossa relação com nossas práticas que nos ajude a entender e julgar esse estilo clássico. Num mundo ideal, essa concepção deveria ser uma visão que tanto exemplificasse a abordagem modernista de contextos desenvolvida aqui, como se abrisse para a possibilidade de ser independentemente avaliada, como descrição de verdadeiro argumento normativo.

Podemos recorrer a um número limitado de práticas conceituais e institucionais básicas. Cada uma dessas práticas emprega categorias e suposições distintas – pressuposições que lhe dão sentido e que oferecem orientação àqueles que nela se engajam. Numa considerável medida, essas práticas básicas representam artefatos com uma história acidental. Não temos nenhuma razão para supor que todas as pressuposições de todas as nossas práticas fundamentais se encaixem num único esquema coesivo, e temos até alguma razão para supor que não se encaixem. Afinal, desenvolvemos essas práticas para lidar com problemas particulares em vez de como etapas na execução de um programa teórico unificado.

Aqueles que insistem que devemos rejeitar o estilo clássico porque ele desconsidera a distinção entre os requisitos normativos e factuais esquecem que a distinção apontada é menos fato sobre o mundo, ou mesmo propriedade de linguagem ou juízo, do que suposição de certas práticas conceituais, principalmente a ciência natural. Essa suposição é irrelevante para muitas outras práticas e incompatível com, pelo menos, uma outra. O que o filósofo crítico nos pede, realmente, é que abandonemos uma prática – o estilo

Paixão

clássico de argumento normativo – por simples questão de respeito às ideias implícitas de uma outra prática. E eu não vejo razão alguma para o fazer.

Num dado momento qualquer, *somos* largamente a soma de nossas práticas fundamentais. Mas somos também a oportunidade permanente de as revisar. Podemos mudá-las. Ocasionalmente, podemos até abandonar uma prática e inventar outra. Não há distinção precisa entre alterar uma prática e repudiá-la, porque, como artefatos históricos, essas práticas carecem de essências.

Quando convidado a alterar ou revisar uma prática como o estilo clássico de argumento normativo, o melhor que podemos fazer é consultar a preponderância de nossas ideias e ambições, para estudar as opções disponíveis, e refletir sobre as lições dos esforços passados. Podemos nos perguntar se algo que queremos muito fazer – tal como aumentar nosso controle sobre a natureza – requer essa mudança. Podemos tentar estabelecer se a prática supõe algo sobre o mundo exterior ou sobre nossas próprias capacidades que o enorme peso do conhecimento criado por outras práticas tenha tornado implausível, tão implausível que só poderemos continuar a sustentar essa ideia como exceção quase milagrosa. E, tendo feito tudo isso, ainda precisamos decidir se *podemos* ou encontrar uma prática alternativa, ou descartar as necessidades que, finalmente, a prática atual satisfaz. Complementando William James, que disse que "as pessoas acreditam no que podem", eu diria que "as pessoas acreditam no que precisam acreditar".

Inevitavelmente, devemos aceitar uma pressuposição conservadora. Afinal, questionar a legitimidade de nossas práticas fundamentais é como se nos perguntássemos por que devemos continuar a ser nós mesmos. A resposta mais razoável fica geralmente entre "Por que não deveríamos?" e "Porque é inevitável".

Criticar o estilo clássico de argumento normativo, com esse espírito, significa examiná-lo como se fôssemos cientistas comparando estratégias de pesquisa alternativas, ainda que os parâmetros de êxito e malogro sejam bem menos seguros aqui do que na ciência. Significa abandonar a esperança de deduzir uma resposta a partir de princípios primários ou de análise de linguagem ou juízo, ou, ainda, da paciente e conclusiva observação da realidade exterior. Significa

Introdução

considerar, com a mente bem aberta, as alternativas disponíveis, tirar lições dos fracassos passados e procurar oportunidades ainda não testadas.

O que podemos aprender das tentativas passadas de substituir o estilo clássico? A mais influente de todas as tentativas foi empreendida pela corrente predominante da moderna filosofia moral e política, a mesmíssima corrente de pensamento que, tão obstinadamente, sustenta o forte contraste entre os requisitos normativos e factuais. Para que possamos nos decidir entre seguir essa linha predominante no desenvolvimento do pensamento ou, em vez disso, tentar outra coisa, devemos, em primeiro lugar, levar em consideração o que entendemos ter acontecido na história do pensamento moderno no que diz respeito aos ideais de personalidade e sociedade.

Toda a trajetória da moderna filosofia moral e política pode ser mais bem compreendida como esforço para não se estabelecer conclusões a respeito de concepções substanciais de personalidade e de sociedade. Os variados caminhos através dos quais os filósofos tentaram chegar a essa abstenção definem as diferenças entre as principais escolas filosóficas. O modo predileto de se abster dessas concepções tem sido, às vezes, a tentativa de descobrir um método de dedução que possa nos ensinar como combinar as preferências, ou como generalizar a partir das intuições, de indivíduos diferentes, quando nem as intuições nem as preferências são pensadas para compor uma imagem distinta da natureza humana. Em outros momentos, a rota de escape tem envolvido uma procura pelas restrições sobre as ações que são, de algum modo, restrições inerentes do ponto de vista moral, definidas como o compromisso de considerar as pessoas livres, responsáveis e agentes iguais, sujeitas a premissas que podem ser impessoalmente justificadas e aplicadas universalmente. E, ainda em outros tempos, uma tentativa foi feita para descartar a necessidade de nos ampararmos numa imagem substancial da natureza humana alegando-se (lembre-se dos pragmáticos) que não há problema filosófico característico sobre a justificação de ideias normativas; as razões para preferir uma opção à outra devem, simplesmente, ser expostas. Segundo essa visão, nenhuma base especial é possível e, muito menos, necessária.

Paixão

Mas os resultados dessas alternativas ao estilo clássico têm sido invariavelmente decepcionantes. Pois cada uma dessas abordagens acaba por se mostrar indeterminada, a não ser na medida em que permaneça sujeita a uma confusão específica. O método de fazer deduções a partir de desejos e intuições, as puras restrições do ponto de vista moral impessoal e as razões dos pragmáticos são sempre vazios demais, ou contraditórios demais, para oferecerem orientação. Eles alcançam a determinação somente na medida em que continuam a invocar, veladamente, uma imagem substancial da natureza humana. Essa imagem nos diz que desejos e intuições devem ter credibilidade, como dar substância às restrições morais impessoais, e o que contar como argumento a favor de um plano de ação.

Antes de tirar alguma lição dessa constante decepção, considere os motivos que, originalmente, motivaram a filosofia moderna a adotar essas técnicas de abstenção. Um motivo foi especificamente filosófico; o outro tem mais a ver com a história mais geral da cultura. A razão especificamente filosófica foi a rejeição da teleologia de Aristóteles. A maioria dos filósofos do passado acreditava, como muitos ainda acreditam, que as pressuposições de diferentes práticas humanas devem ser verdadeiras ou falsas, e, principalmente, verdadeiras ou falsas em relação a uma única visão coerente do mundo (essa crença tem sido chamada, às vezes, de realismo metafísico). Segundo esses filósofos, uma explicação realista-metafísica de um estilo clássico de argumento normativo não precisa aceitar o esquema categórico da metafísica aristotélica. Mas é difícil entender como essa explicação poderia não se parecer com a filosofia de Aristóteles em seus elementos fundamentais, através dos quais ela afirma que as coisas tendem a um propósito natural a elas, e que a realização desse propósito é o seu bem. Temos provas de que essa mesma posição será sempre adotada por quem quer que seja que deseje justificar em termos realista-metafísicos o estilo clássico de argumento normativo. Pois essa posição tem sido formulada independentemente, nas mais diversas circunstâncias históricas no Ocidente e fora dele, por filósofos interessados em elucidar a conexão entre os requisitos normativos e factuais. Como essa conexão forma a parte central de todas as religiões e éticas baseadas na

Introdução

religiosidade, o esforço para estabelecê-la sempre foi, aparentemente, muito importante.

A teleologia aristotélica provou-se incompatível com uma nascente ciência interessada em explicar as forças mecânicas e a cegueira do acaso, de maneiras que pudessem produzir verdades contraintuitivas e matematicamente formuláveis. A rejeição da metafísica aristotélica parecia, por sua vez, desacreditar a prática tradicionalmente esclarecida por essa filosofia. Mas, descartado o preconceito de que uma prática requer o tipo de justificação que satisfaça o realismo metafísico, estamos livres para preservar o estilo clássico de argumento normativo, ao mesmo tempo em que rejeitamos seu conhecido apoio metafísico. No lugar do realismo metafísico, podemos colocar a concepção de prática sugerida antes, e desenvolvida no texto desta Introdução. A concepção de prática deixa aberta a possibilidade de que tenhamos razão em reorientar ou mesmo abandonar nossos esforços para procurar orientação em imagens de personalidade ou de sociedade. Mas ela nega que essa razão poderia ser, em algum momento, nossa incapacidade para conciliar as suposições dessa atividade com as preconcepções de todas as nossas outras atividades, incluindo a explicação científica do mundo.

A rebelião contra a teleologia aristotélica não é o único elemento que alicerça a tentativa da moderna filosofia de se abster do compromisso com uma concepção substancial de personalidade e de sociedade. A versão padrão de argumento normativo, com seus muitos paralelos com a jurisprudência e a teoria moral, floresceu em sociedades cujos arranjos institucionais básicos e preconcepções imaginativas permaneceram largamente imunes aos efeitos desestabilizadores dos conflitos cotidianos. Em tais sociedades, as pessoas continuaram a sustentar uma visão naturalista dos contextos de suas atividades. A submissão real de áreas cada vez mais abrangentes da vida social aos conflitos transformadores tem sido a maior responsável pelo descrédito da ideia de um modelo canônico de personalidade e sociedade. Nesse ambiente alterado, as pessoas podem continuar implicitamente a acreditar em concepções da natureza humana. Mas, para as pessoas mais reflexivas – aquelas que criticam essa dependência de uma visão de identidade humana –, qualquer

Paixão

imagem do homem não passará de preconceito de uma sociedade ou de uma cultura. De qualquer modo, assim como a abordagem clássica de argumento normativo pode descartar a teleologia aristotélica e o realismo metafísico, ela pode também sobreviver à rejeição da visão naturalista de contextos, embora, talvez, somente através de uma mudança de método e significado.

Dadas as decepcionantes consequências da tentativa da filosofia moderna de descartar a visão da personalidade e da sociedade como base para uma visão normativa, parece-nos razoável mudar de curso. Podemos tentar alterar a variante padrão de argumento normativo a partir dela mesma, submetendo-a a uma minuciosa crítica. Ao fazê-lo, porém, devemos reconhecer a possibilidade de que, tendo a crítica chegado a certo ponto, nada da variante padrão sobrará.

De qualquer modo, é salutar considerar que o pior que nos pode acontecer ao seguir essa alternativa à corrente principal da moderna filosofia moral e política é voltar ao ponto de partida, isto é, ao ponto em que agora estamos. Pois o resultado radicalmente cético de tal mudança de curso tem menos probabilidades de afetar a maneira com a qual pensamos e agimos do que uma transformação do estilo clássico. Ainda que nos digam que nossas práticas estabelecidas de questionamento e de invenção façam suposições arbitrárias e injustificáveis a respeito do mundo, e que nenhuma versão dessas práticas poderia ser um pouco menos deficiente, não desistiremos tão facilmente assim dos requisitos da vida. Tendo tomado nota do resultado cético destrutivo, nós, provavelmente, continuaremos a fazer o que já fazíamos antes, com os únicos meios que temos à nossa disposição, os meios fornecidos por nossas maneiras atuais de fazer as coisas. Exatamente por causa de seu extremismo, a campanha de terra-arrasada do ceticismo radical também é ineficaz: ela nos permite adotar uma atitude de prudência agnóstica em relação à prática não reformada (o tratamento dado por Hume à causalidade fornece, numa outra área, o exemplo mais conhecido dessa ironia conservadora).

Uma crítica do estilo clássico deve incluir tanto uma crítica da prática de se atribuir força prescritiva às concepções substanciais da personalidade e da sociedade (ou do sentido no qual atribuímos essa força) e uma crítica das próprias concepções substanciais. O resultado dessa dupla crítica oferece um modelo de procedimento (uma versão revisada do estilo clássico), assim como um ponto de partida substancial (o momento modernista da visão romântico-cristã). O argumento para essas propostas coloca a teoria de nossas relações com nossas práticas fundamentais no lugar do realismo metafísico. Ela ainda reconhece honestamente que os materiais disponíveis para a crítica consistem nas visões da natureza humana segundo tradições culturais particulares, e que muito dessas visões é tacitamente pressuposto em vez de explicitamente articulado.

Um mundo social não se torna estável até que suas regras legais ou consuetudinárias possam ser entendidas e elaboradas como expressões fragmentárias e imperfeitas de um esquema imaginativo de coexistência humana, ao invés de apenas linhas de trégua temporárias num conflito brutal e amoral. Tal esquema descreve as formas de associação humana desejáveis e realistas – de colaboração prática ou vínculo passional – que merecem existir em diferentes áreas da vida social. Essa visão imaginativa da vida social implica e é implicada por uma imagem do homem bem desenvolvida: uma concepção de nossa relação com nossos contextos e de nossa relação de uns com os outros.

Uma imagem fundamental do homem cria projetos existenciais assim como esquemas imaginativos de vida social. Por "projeto existencial", quero dizer a visão que um indivíduo tem de como ele pode viver de maneira que ofereça uma medida de sentido, unidade e valor ao trajeto de sua vida. Um projeto existencial coloca uma imagem do homem a seu serviço, oferecendo-lhe orientação para toda uma vida individual em vez de para um conjunto de relações sociais. Esta Introdução e o ensaio que a segue tratam das imagens do homem menos como visões sociais do que como projetos existenciais.

Os mais importantes repositórios de visões sociais concretizadas são as próprias ordens normativas – principalmente os sistemas legais e as tradições de doutrina legal –, que fazem do mundo social algo mais do que arena de lutas violentas e ilimitadas. Por sua vez, a mais significativa articulação de

Paixão

projetos existenciais pode ser encontrada nas maiores religiões e nas éticas por elas inspiradas no decorrer da história mundial. Muito mais do que as abstratas doutrinas dos filósofos morais e políticos, essas tradições morais e religiosas incorporam visões e projetos que têm resistido ao teste da experiência, permitindo que grande número de pessoas, durante longos períodos, tenham podido fazer sentido de sua existência.

Tendo visto como as concepções de personalidade e sociedade apoiam visões sociais e projetos existenciais, podemos também entender o que significa creditar essas concepções com força normativa. Mas o termo "juízo normativo" deve ser entendido, apenas, como designação abreviada de uma prática histórica específica. Ele não pode ser tomado como o nome de uma inerente faculdade humana, distinta e imutável. Nossa visão da natureza da normatividade, assim como de sua base, deve mudar, portanto, de acordo com nossas crenças a respeito dessa prática, independentemente de reconhecermos ou não essa conexão. Assim, uma pessoa que imagina o juízo normativo como, amplamente, uma questão de princípios gerais usados para criticar ou justificar ações particulares, ou uma pessoa que o veja meramente como maneira pomposa de novamente descrever uma devoção a um desejo, tem uma noção da prática diferente da teoria desenvolvida aqui. Portanto, ela tem também uma visão, de algum modo, diferente do que significa dizer: *você deve*. O verbo *dever* do projeto existencial ou da visão social significa: execute esse projeto e concretize essa visão, ou encontre visão melhor e projeto melhor, senão, você fracassará em sua autoafirmação. Na linguagem kantiana, esse *dever* é hipotético em vez de categórico. Mas a rejeição de sua hipótese – o esforço de autoafirmação – envolve algo muito mais drástico do que o repúdio a certo objetivo de luta. Parece-se mais com o repúdio à luta em si mesma.

A doutrina modernista da contextualidade sugere, por sua vez, um padrão de empoderamento – econômico, moral e cognitivo – que prefira algumas visões sociais ou projetos existenciais a outros. Mas esse padrão pode ser suplementado por muitos outros. Uma das mais importantes dessas considerações adicionais tem a ver com a estabilidade. Um esquema social é instável

Introdução

se ele não leva em consideração as predisposições comportamentais ou restrições materiais que agem para perturbá-lo. A instabilidade é ainda mais grave quando o próprio esquema é responsável pela severidade dessas restrições e predisposições subversivas. Um projeto existencial pode sofrer de instabilidade psicológica se ele desconsidera ou minimiza um aspecto recorrente de nossa própria experiência. O fato subestimado revela tipicamente um aspecto de nossa dependência – dependência de nossas circunstâncias, de nossos corpos e, acima de tudo, de outras pessoas. A negação dessa dependência ou desse engajamento dá às ações da pessoa uma direção que ela mesma não tinha esperado ou desejado, confrontando-a com desejos que ela não pode reconhecer, e com obstáculos que ela não pode superar. Esses constrangimentos acabam, finalmente, por invadir sua consciência, enfraquecendo sua confiança no projeto existencial que ela mesma havia adotado. O projeto instável, de qualquer modo, é incorrigível: ele não pode abrir espaço para a dependência negada sem perder suas características específicas ou abandonar seus interesses característicos.

Quando, por esses padrões, criticamos um conjunto de visões sociais ou projetos existenciais historicamente únicos, podemos chegar a duas conclusões diferentes. Enquanto um resultado sugere grau de poder maior, o outro sugere grau de poder menor para justificar nossas escolhas entre as imagens do homem e entre as visões sociais e projetos existenciais que dão corpo a essas imagens. Chame esses resultados de "conclusão mais cética" e "conclusão menos cética". Cada uma dessas duas possíveis conclusões transmite uma mensagem diferente sobre o sentido dentro do qual as concepções de identidade humana fundamental têm força prescritiva. A diferença entre essas mensagens descreve os efeitos máximo e mínimo do elo entre o factual e o normativo dentro de uma versão adequadamente corrigida do estilo clássico do argumento normativo.

Na visão mais cética, sucessivas doses de crítica das concepções de identidade humana historicamente dadas descreditam tais concepções ou produzem concepções que, crescentemente, divergem umas das outras. Tudo

Paixão

vai depender de nosso ponto de partida (mesmo que não sejamos capazes de justificar nosso ponto de partida baseados no sucesso com o qual ele tem suportado os ataques céticos). Alternativamente, na visão mais racionalista, a crítica existencial exporá alguns projetos existenciais (ou a concepção de identidade humana que os inspira) como instáveis. Mas quando não enfraquece essas visões, a crítica as purificará e fortalecerá. Então, as visões sobreviventes, regeneradas, convergirão, embora, talvez, jamais para uma única posição coesiva. Consequentemente, nossa necessidade de começar por uma visão historicamente específica da personalidade torna-se relativamente menos importante. Todo começo pode ser justificado retrospectivamente por seu sucesso relativo ao resistir aos ataques da crítica. De fato, o resultado final permanecerá antropocêntrico – isto é, a verdade a partir de nosso ponto de vista, e não de um ponto de vista neutro que nos transcende. Mas esse limite especulativo deve nos preocupar muito menos do que nossa incapacidade de alcançar, através do argumento e da experiência, nem sequer um modesto nível de acordo.

Não temos como saber, de antemão, qual imagem é a mais correta: a mais ou a menos cética. Por um lado, essas imagens representam limites distantes, idealizados, de processos correntes. Por outro, nenhum fato localizado sobre o mundo ou sobre nossas capacidades pode nos revelar qual das duas imagens é a exata. Por isso, quase não nos resta outra opção, salvo apostar na decisão de revisar o estilo clássico de argumento normativo, em vez de abandoná-lo: mesmo a conclusão mais cética da revisão ainda será melhor do que as promessas, falsas e quebradas, da filosofia moderna.

O contraste entre as duas possíveis conclusões pode parecer fictício; a conclusão menos cética parece ser tanto improvável como incompatível com a tese modernista de contextos. No entanto, insisto que temos razões para levar a sério a possibilidade de uma versão específica da conclusão mais racionalista. Essa versão pode ser levada a cabo pela satisfação de três condições. A primeira é a existência de um número limitado de concepções de identidade humana, ou de projetos existenciais, que merecem ser considerados como maiores candidatos à crítica. Esses candidatos são

Introdução

primordialmente concepções e projetos apoiados pelas maiores religiões do mundo e pelas doutrinas morais a elas associadas. A segunda condição para o resultado menos cético é que essas imagens do homem sejam diferenciadas entre aquelas que a crítica destrói e aquelas que ela fortalece. Pois algumas visões acabam por ser psicologicamente instáveis, enquanto outras não o são. A terceira condição é que as visões que tenham sobrevivido ao ataque da crítica aproximem-se umas das outras. O modernismo representa, não o foco hipotético dessa convergência, mas, sim, uma aproximação em sua direção, a partir do ângulo particular da concepção romântico-cristã de identidade humana.

Essas condições estão conectadas. Se, por exemplo, houvesse um número indefinidamente grande de explicações para nossa identidade comum que merecessem ser seriamente consideradas, jamais poderíamos ter certeza de que a próxima concepção de nossa identidade comum a ser estudada não acabaria se revelando, ao mesmo tempo, tanto corrigível quanto não convergente. Claro, mesmo que o número de candidatos passados e atuais seja pequeno, não podemos excluir o possível surgimento de uma visão corrigível e não convergente, a não ser que apelemos a uma doutrina de restrições *a priori* sobre as possibilidades da experiência moral. Mas tal doutrina nunca poderia ser conciliada com a teoria de nossas relações com os contextos e práticas, defendida e desenvolvida aqui. Essa teoria deve não somente reconhecer que tal possibilidade possa surpreendentemente surgir, mas deve também insistir que seu surgimento mudaria quem somos. A diferença entre as situações de uma curta, porém aberta, lista de alternativas e de uma lista que é simplesmente sem fim resulta em nada mais que uma diferença em graus de garantia.

Observe que, mesmo na explicação mais cética do impacto da crítica sobre certas visões da natureza humana, ainda temos critérios com os quais podemos criticar essas visões. Podemos ainda perguntar em que medida uma concepção particular consegue nos ajudar a dar sentido à nossa experiência. Os testes de sucesso são variados, e seus resultados, incertos. Mas, nem por isso, os testes precisam ser arbitrários. Todas as nossas formas de

Paixão

autoconhecimento, da psicologia científica e da psiquiatria à introspecção profunda, entram nessa avaliação (no Apêndice deste livro, encontra-se a tese de que, em princípio, não deve haver nenhuma clara separação entre a autorreflexão cotidiana e o estudo científico da mente).

A falta de conclusão de nosso autoconhecimento é agravada pela dificuldade que uma forma de ceticismo tipicamente moderna tem sublinhado: mudamos nossa situação enquanto tentamos compreendê-la. Transformamo-nos naquilo que pensamos ser e, então, interpretamos esse sucesso de transformação como se ele fosse sucesso de descoberta. No entanto, ainda que esse argumento introduza um coringa nas cartas do argumento normativo, sua importância não deve ser exagerada. Apesar de sua influência sobre a experiência que elas mesmas interpretam, as concepções de identidade humana podem variar em sua capacidade de resistir à crítica e de sobreviver às recombinações da experiência que o verdadeiro conflito social produz. Essa diferença é o ponto principal na distinção entre as visões corrigíveis e incorrigíveis. A importância da convergência não está em sinalizar uma ordem moral básica que, de algum modo, existe lá fora, mas, sim, dar conteúdo à ideia aparentemente vazia de formas de concepção humana que não dependem de nenhuma suposição arbitrariamente restritiva a respeito da possibilidade pessoal ou coletiva.

Nesse ponto, alguém pode objetar que mesmo o resultado menos cético pode oferecer apenas parcas esperanças de escolhas justificadas entre as concepções de identidade humana. Nunca poderíamos saber, com certeza, o quão longe já viajamos no caminho da crítica e da convergência. Mas alguém que levante tal objeção é como um homem que debate os mais finos aspectos da culinária na presença de famintos. A questão não é se podemos estabelecer valores morais sobre uma base metafísica segura, mas, sim, se podemos escapar o mais devastador ceticismo.

As próximas páginas exemplificam o retrato menos cético do efeito da crítica sobre algumas das imagens mais influentes do homem, concebidas como projetos existenciais. Ainda que nada nos permita escolher essa visão ao invés de sua rival mais cética, muito pode ser aprendido ao usá-la como

Introdução

ângulo sob o qual podemos considerar essas prestigiosas imagens da personalidade. As tradições a serem discutidas não devem ser tomadas como itens de uma lista de opções morais para a humanidade, que, desde o princípio da história, tem esperado por uma lenta descoberta. Elas estão simplesmente entre as concepções de natureza humana mais férteis e sedutoras que têm, de fato, surgido. Cada uma delas resulta de uma história relativamente acidental. Cada uma, motivada pela pressão de ajudar as pessoas a fazer sentido de toda a sua experiência, sacrificou a coerência em nome da plausibilidade, sofrendo a marca de ideias inconciliáveis. Por fim, concessões precárias são mais toleráveis do que dolorosas exclusões.

Essas tradições são, entretanto, apresentadas aqui sob o ponto de vista de suas características mais distintivas e gerais: os princípios que sugerem uma direção única para nosso pensamento sobre a identidade humana. O meu objetivo não é oferecer um esboço fragmentado da história das ideias morais, mas enfatizar a amplitude dos pontos de partida à nossa disposição. Por isso, desconsidero a tendência de cada tradição de incorporar as características de todas as outras (sem passar pela autorrevisão que tornaria essas adições justificáveis) e, através disso, apresentar-se como síntese onisciente, apesar de uma fanática parcialidade.

A atenção dada à crítica das visões de identidade humana que nos foram herdadas pode parecer excessiva como ilustração de um ponto metodológico controverso ou como argumento para uma imagem do homem que ainda não foi apresentado. Mas seu propósito principal é aprender como e onde erramos em nossos esforços para pensar de maneira prescritiva sobre nós mesmos.

A primeira família de projetos existenciais e imagens do homem a ser descrita é a ética heroica. Ainda que se tenha manifestado mais proeminentemente nos momentos bárbaros e militares da história mundial, trata-se de uma posição que atrai repetidamente, em toda cultura, aqueles que combinam devoção a uma tarefa coletiva com ceticismo sobre a possibilidade de inovação moral.

Paixão

O foco definidor da ética heroica é a relação do herói com a comunidade que ele serve, mas da qual se distancia. Como projeto existencial, a ética heroica oferece ao herói uma missão – mas, para a sociedade não heroica, ela fornece apenas um benefício. Ela não traz nenhuma mensagem para o homem comum enquanto, para o herói em si mesmo, ela traz uma mensagem de afastamento. As consequências dessas limitações logo se tornarão aparentes.

O cenário conceitual da ética heroica é a irônica visão da existência humana: o indivíduo se ergue num período de vitalidade moral e física e, depois, começa a decair. Esse declínio ridiculariza sua convicção, nunca inteiramente abandonada, de que ele está no centro do mundo e de que existe para sempre. Pelo caminho, ele vai sofrendo a interação entre seus próprios erros – o resultado inevitável de sua natureza corpórea e discordante – e as grandes forças da necessidade e do acaso que sobre si agem, acelerando seu declínio.

Mas a irônica visão da existência e o compromisso com a quebra de limites não são suficientes para definir a ética heroica. Pois o herói deve saber que limites ele tem que quebrar; ele deve ter uma missão. Ele e a sociedade não heroica que ele serve devem, então, fazer um acordo. O herói recebe dos não heróis a missão específica que dá substância à ideia, até então vazia, da quebra de limites. Geralmente se trata de um trabalho que deve ser executado nos limites da sociedade estabelecida, violando suas próprias regras. Desse modo, o isolamento do herói, enquanto enfatiza seu orgulhoso desengajamento do emaranhado de interdependências sociais normais, também protege a sociedade dos efeitos nefastos da ação heroica. Assim, o soldado mata para proteger a ordem civil que se consolida pela proibição da violência. E os intelectuais e artistas, críticos da ordem estabelecida, tentam tipicamente resgatar algo da suspeita de que nossa experiência humana não tenha sentido, que nossos ideais sejam injustificáveis e que, portanto, tudo seja permitido. Ao fazê-lo, porém, eles têm que se aproximar de um ceticismo subversivo, do qual as pessoas querem que sua sociedade e sua cultura estejam bem protegidas.

Nesse acordo com os não heróis, o herói recebe uma missão que lhe permite reencenar o ritual da quebra de limites e, através disso, se vingar das humilhantes restrições que agem sobre o indivíduo. O fato de ter sido escolhido para a missão, pela sociedade e pelo destino, o separa das outras pessoas. Essa reconhecida superioridade sobre a humanidade comum lhe fornece razões adicionais para acreditar que ele não é o homem acidental, pequeno e frágil, que as circunstâncias elementares da vida parecem indicar que todos somos.

A sociedade não heroica também tem a ganhar de seu acordo com o herói. Em primeiro lugar, ela se beneficia da execução de uma tarefa que os não heróis consideram útil ou vital, mas que não podem, eles mesmos, executá-la, não sem, pelo menos, abrir mão de relevantes aspectos de sua vida social. Os não heróis também alcançam outra vantagem, menos tangível. Como os espectadores de uma ação heroica numa encenação trágica, eles descobrem que as rotinas da vida cotidiana são revitalizadas e enobrecidas quando parecem ter lugar no limite derradeiro dos esforços extremos feitos pelo herói, e dos violentos conflitos por ele enfrentados. A história do herói revela ao espectador, no teatro ou na sociedade, que a vida não é tão mesquinha como pode parecer, pois suas pequenas atribulações podem rapidamente se transformar em provações super-humanas. Não somente isso, mas o espectador tem apresentado perante seus olhos uma imagem ampliada das possibilidades humanas, o que quer dizer, a imagem de algo que está dentro dele mesmo. São esses benefícios materiais e espirituais que podem persuadir os não heroicos a tolerar a arrogância do herói.

Como projeto existencial, a visão heroica sofre de duas falhas cruciais. Ambos os erros decorrem da mesma cegueira a respeito do verdadeiro caráter da dependência cognitiva e emocional que as pessoas têm umas das outras.

A primeira falha é a incapacidade do herói de lidar com a origem e o caráter social específicos de sua missão. A missão heroica não vem do céu. Seu conteúdo reflete ideias e arranjos que foram, eles mesmos, produzidos por conflitos, práticos ou imaginativos, particulares. Ainda assim, o herói espera que sua missão lhe confira dignidade inquestionável, como se essa tarefa não fosse infectada por suas próprias origens limitadas e relativamente aleatórias.

Paixão

Enquanto o herói ignorar o caráter confuso e historicamente determinado de sua missão, ele será sempre vítima patética da desilusão, vítima que atribui valor incondicional a uma ideia condicional, e executa uma missão provisória que ele imagina ser exemplo eterno. Mas, assim que toma ciência da natureza equívoca e terrena de sua missão – e, em certa medida, ele sempre estará ciente disso –, ele se vê abalado por uma irônica relação com seu esforço. Essa relação lhe mostra que, afinal de contas, ele não se libertou da situação descrita pela visão irônica da ascensão e queda do homem. Para que o herói possa melhorar sua tarefa, para que ela possa ser digna de seus esforços, ele teria que transformar a sociedade e a cultura. Portanto, teria precisado, também, entregar-se ao dar e receber da vida social e não permitir a si mesmo ser completamente dominado por suposto desengajamento.

À medida em que o herói se torna mais sensível à natureza acidental e controversa de sua empreitada, o outro defeito da visão heroica se torna aparente. O herói descobre que perdeu as vantagens e descobertas do encontro pessoal em nome de uma missão que, se não chega a ser indigna, nunca poderá ser digna o suficiente para justificar seu sacrifício. Desde que o herói continue a cultivar a postura heroica, ele vivencia a interdependência pessoal de modo peculiarmente infeliz. Assim como é escravizado por uma ideia social contingente, à qual atribui inapropriadamente valor transcendental, ele anseia a aprovação conferida pelas mesmas pessoas sobre quem ele clama ter superioridade absoluta. E, se elas se recusarem a renovar sua missão e seu prestígio, as dúvidas e ressentimentos do herói só podem aumentar. Aceitar seu próprio anseio por outra pessoa, admitir que a outra pessoa possa não conseguir se revelar ou se oferecer, e reconhecer sua própria dependência de comunidades de sentido e sentimento, frágeis e historicamente fundadas – isso, o herói não pode facilmente conciliar com sua pose ou com sua autoimagem.

Como os espectadores não heroicos não podem dar ao herói o que implicitamente prometeram, ele também não pode honrar sua parte no acordo. O trabalho do herói pode ser útil, e pode ser impactante. Mas os não heróis

Introdução

se enganam quando confundem seu próprio artefato – o herói e sua missão – com a representação do definitivo empoderamento humano. Seria melhor que tivessem procurado esse empoderamento através da crítica e da revisão de suas próprias experiências, crenças e instituições cotidianas.

As deficiências da ética heroica são incorrigíveis, pois só poderiam ser corrigidas através de uma visão que negasse as características distintivas dessa ética. Tal visão – o heroísmo do homem comum e da vida comum – afirmaria a preponderante importância dos vínculos pessoais. Sua inspiração seria a fé em vez do orgulho, e ela veria a fé que depositamos em nossas tarefas e na defesa de formas particulares de vida como extensão, sempre dúbia, da fé que depositamos uns nos outros como indivíduos vivos, a quem nenhuma tarefa ou nenhuma forma de vida pode inteiramente satisfazer. A base intelectual dessa reorientação é a tese de que esquemas de associação humana representam apenas versões, melhores ou piores, do incipiente campo de possibilidades que podemos sempre redescobrir em nossas relações diretas, práticas ou passionais. Um heroísmo inspirado por tal crença não pode ser conciliado com confiança ilimitada numa missão impessoal, nem pode ver a si mesmo como alternativa aos perigos e decepções da verdadeira solidariedade humana.

Uma segunda família de ideias morais pode ser chamada de ética da fusão com o absoluto impessoal. Essa família encontra sua mais clara expressão intelectual no hinduísmo e no budismo, embora as tendências compensadoras em ambas as religiões tenham sido tão potentes e numerosas que nenhuma das duas possa ser inteiramente identificada com essa visão. Tendo em conta que esse projeto existencial se beneficiou (ou sofreu) de uma defesa especulativa tão elaborada, vale a pena começarmos por uma descrição de sua base conceitual comum. Essa base é o contraste entre o ilusório mundo dos fenômenos (ainda que ilusório, talvez, somente em última instância), no qual o princípio da individualização está no comando, e um plano de realidade absoluta, no qual desaparece a distinção entre os indivíduos e entre as coisas.

Paixão

Assim, o monismo é a mais conhecida expressão filosófica desse contraste. Mas a visão monística pode facilmente ser substituída, como no ramo sânquia* do hinduísmo, por uma crença na irredutibilidade de múltiplas almas individuais, cada uma delas considerada como um absoluto. Pois a questão especulativa da unidade ou diversidade do absoluto importa menos para essa orientação existencial do que o vago contraste entre o mundo cotidiano da ação ou a interação humana e a realidade que o supera. Do ponto de vista dessa realidade, os interesses de nosso mundo cotidiano parecem irrelevantes, corruptos ou absurdos.

O ponto central da ética da fusão com o absoluto é o compromisso de se libertar das amarras do sofrimento, da inquietude, da ambição e das distrações cotidianos, permitindo ao indivíduo autoconsciente fundir-se com o princípio de realidade absoluta, seja ele o espírito unificado ou a alma individual. A história é, então, relegada a um espetáculo de violência e confusão que obscurece a verdadeira vocação do indivíduo, exceto na medida em que gestos de compaixão e dever possam lhe ajudar a escapar, nesta vida ou em outra, das restrições da existência terrena.

Nas versões mais puras desse projeto existencial, a procura pelo absoluto toma uma de duas formas, aparentemente opostas, ainda que, de fato, sejam complementares. O indivíduo pode abandonar a sociedade, tomando o caminho dos enclausurados. Ou ele pode aceitar obedientemente seu papel social, cultivando em si mesmo um alheamento interior. Como se diria coloquialmente, "ele não está nem aí", e a própria irrelevância que ele confere às suas atividades mundanas o capacita a aceitá-las com crescente desembaraço. Essas duas respostas, a escapista e a resignada, compartilham a premissa de que a vida social não pode ser reformada para espelhar de maneira mais inteira a realidade absoluta: nenhuma reconstrução do mundo social poderia superar as circunstâncias da individualidade e do encontro, e a miríade de anseios mundanos que elas provocam.

---

* Escola dualista da filosofia indiana, que divide a realidade em dois princípios independentes: consciência e matéria. (N. do T.)

Introdução

Sempre que surge como elemento maior das crenças religiosas, o esforço da fusão com o absoluto tem sido compensado por ideias e compromissos que limitam e até mesmo revertem seu senso prático enquanto mantêm (embora não sempre) sua base conceitual. O mais dramático exemplo dessas tendências compensadoras pode ser encontrado na história do hinduísmo e do budismo. De um lado, um papel central pode ser dado à ação compassiva no processo através do qual o indivíduo se livra da alçada dos interesses e distinções ilusórios. O devoto pode até personalizar o absoluto e conceber sua relação com a divindade pessoal através da analogia com suas interações pessoais, vendo ambas marcadas pelo mesmo anseio insaciável de aceitação (lembre-se, por exemplo, do *Saiva Siddhanta** e, mais tardiamente, do grande crescimento da devoção pessoal dentro do hinduísmo, que se conhece como *bhakti*). Por outro lado, assim que a busca pela fusão com o absoluto se torna central para um credo dominante, ele sente a pressão para se adaptar à verdadeira sociedade: aos arranjos institucionais e preconcepções imaginativas básicos, sobre os quais uma ordem social é fundada, e às divisões e hierarquias criadas por essa estrutura formativa. O sistema de níveis sociais (o sistema de castas, por exemplo) pode até ser visto como lei divina. E, se os devotos acreditam que as atuais posições sociais são majoritariamente prêmios ou punições pelo grau de aderência aos deveres de uma pessoa de determinado nível social numa existência anterior, o resultado pode ser o de conferir a toda a ordem uma autoridade assustadora. A aceitação, alheia e apática, do papel social desenvolve-se, então, num prostrado, inquietante e até mesmo obsessivo respeito às regras sociais.

Assim, o contraste metafísico entre a realidade absoluta e a realidade dos fenômenos pode ser forçado a coexistir com interesses que não podem ser reduzidos às puras opções morais do enclausurado ou daquele que interpreta seu papel social enquanto cultiva seu alheamento interno. Por outro lado, essas duas atitudes existenciais podem ser praticadas, também, num outro

---

* *Saiva Siddhanta* é um ramo do xivaísmo, a adoração do deus Xiva no hinduísmo. (N. do T.)

cenário qualquer de concepções metafísicas ou religiosas que, porventura, oriente a conduta do devoto numa outra direção. É assim que a ética da fuga e da resignação tem geralmente se mostrado atraente como padrão de moralidade para os mais sensíveis e para os mais privilegiados em sociedades de crenças cristãs superficiais.

Ainda que a conexão entre a moralidade e a metafísica, implicada por essa caracterização da busca pela fusão com o absoluto, possa ser tênue, ela é real. Pois a metafísica dos fenômenos e do absoluto ensina ao indivíduo que sua salvação está em sua capacidade de fazer contato com uma realidade – espírito impessoal ou sua alma desencarnada – que promete um modo de se sobrepor ao mundo dos encontros, dos desejos e dos conflitos humanos cotidianos. Não nos espanta, então, que os ramos místicos do judaísmo, do cristianismo e do islamismo combinem a tendência do monismo especulativo com uma susceptibilidade às atitudes de escapismo e resignação.

Como a ética heroica, o esforço de fusão com o absoluto é psicologicamente instável, e as fontes de sua instabilidade muito se parecem com aquelas responsáveis pela autossubversão do desafio existencial do herói e dos não heróis. O indivíduo deve continuar sua vida no mundo concreto, e nele encontrar uma manifestação qualquer, mesmo que seja parcial e imperfeita, da realidade absoluta em direção da qual ele orienta seu esforço e devoção. Sem tal prefiguração, ele nem sequer chegaria a compreender esse absoluto ou sentir a força de sua autoridade; faltar-lhe-ia uma conexão entre o absoluto e a vida humana como ela é. O devoto deve encontrar algo em sua experiência presente que incorpora parcialmente a qualidade decisiva da desejada realidade absoluta, o contexto de todos os contextos. Essa qualidade só pode ser a capacidade de não se deixar ser confinado por um estado de coisas rígido ou arbitrariamente limitado ou às suas regras e distinções constitutivas.

O elemento em nossa experiência que mais se aproxima da descrição dessa qualidade da realidade absoluta é nossa própria personalidade: essa gama indefinida de formas de questionamento e argumentação que substituem estruturas específicas de explicação ou conversa; as infinitas possibilidades de experiência subjetiva que vão além da versão rotineira do eu como caráter; e as oportunidades de novas formas de vínculo prático ou passional, que não podem ser assimiladas às instituições estabelecidas e aos dogmas dominantes da sociedade. Contudo, o devoto do absoluto impessoal (ou da alma isolada, desencarnada, que procura retirar-se da escola do encontro) não entende a importância fundamental da personalidade real, encarnada, e de suas relações práticas ou passionais. Ele acaba se afastando das mesmas circunstâncias que podem transmitir sua experiência terrena mais da qualidade que ele atribui ao contexto de todos os contextos. Ele desvaloriza e evita as circunstâncias pessoais ou coletivas que podem fazer o questionamento, o caráter e a vida social avançarem em direção ao ideal de autorrevisão acelerada que a doutrina modernista da contextualidade descreve. Como a lacuna entre a vida cotidiana e o absoluto imaginado se alarga, o indivíduo pode se achar cada vez menos capaz de conhecer o incondicionado e de experimentar seu poder. Ou ele pode responder de maneira oposta e tratar rituais mesquinhos, arranjos sociais estabelecidos, ou estados de espírito vazios e evanescentes, como epifanias do absoluto, tornando assim uma esperança sublime numa comédia de percepção equivocada e servilismo.

Assim que o caráter contraproducente da tentativa de identificação com o impessoal absoluto se torna aparente, o outro obstáculo que desestabiliza esse projeto existencial ganha proeminência. O devoto do impessoal absoluto encontra-se constantemente importunado ou ameaçado pelas demandas irreprimíveis da pessoa real, incorporada, a pessoa que tem anseio ilimitado pela ajuda e pela aceitação por parte de outras pessoas, e até mesmo por seus corpos. Com efeito, ele pode encontrar certo sucesso em sua tentativa de achar a serenidade através do desengajamento. Mas ele só o conseguirá se mantiver uma distância dos outros que o prive do meio principal com o qual poderia fazer experiências com seu próprio caráter. Seu aprisionamento dentro de uma versão rígida de si mesmo é confirmado por sua necessidade de reavivar constantemente a estudada apatia por meio de uma excêntrica obsessão.

Esses equívocos de visão não podem ser corrigidos sem prejuízo para as características definidoras de seu projeto existencial. A distinção entre o

Paixão

absoluto impessoal e o terreno dos fenômenos dos indivíduos encarnados que vagam por um mundo material e histórico ilusório deve ser substituída pela distinção entre a pessoa capaz de revisar seus contextos e os contextos de discurso, de caráter e de vida social dentro dos quais ela habitualmente interage. Para o crente, esse contraste secular vai preparar, em vez de substituir, o contraste entre Deus e suas criaturas. Logo, tanto crentes como não crentes podem atuar com a convicção de que a abordagem do menos contextual passa, embora não exclusivamente, pelo empenho de mudar a qualidade de nossos contextos. Assim, eles poderão tratar o campo das relações pessoais e dos conflitos históricos como decisivos para seu destino espiritual. Uma busca pelo absoluto que tome essa direção estará na estrada certa para a convergência com a visão modernista da ideia romântico-cristã.

A ética da devoção heroica e a ética da fusão com o absoluto falham pelas mesmas razões. Elas representam respostas similares à descoberta do indivíduo de que ele não é o centro do mundo. Em ambos os casos, o cerne da resposta oferecida é o desengajamento. Essa busca pelo desengajamento engloba tanto um aspecto afirmativo como um negativo. O elemento afirmativo é a tentativa de se fazer contato com um princípio significativo e confiável que esteja acima do âmbito cotidiano e equivocado das interações humanas: seja a incontestável tarefa do herói ou a realidade que supera toda distinção, no caso do monista especulativo. O elemento negativo nessa busca é o esforço para se tornar invulnerável aos outros e às decepções que podem resultar quando não estamos no comando da vida.

Compreendido esse tema comum aos dois principais projetos incorrigíveis, pode-se também entender com mais clareza a posição especial e ambivalente do modernismo. Muitos, talvez os mais importantes, elementos na visão modernista podem ser vistos como crítica e aprofundamento da imagem romântico-cristã do homem. Mas o modernismo também flertou com a visão que antes descrevi como a versão extrema e herética da doutrina modernista de contextos. Essa heresia alega que o indivíduo não pode nutrir esperanças de mudar a qualidade de seus contextos a fim de que eles

Introdução

possam lhe propiciar ambiente mais acolhedor, no qual poderia desenvolver e empregar suas capacidades de produção e de transcendência de contextos. Repetindo dogma característico dos místicos das religiões semíticas da salvação, como o judaísmo, o cristianismo e o islamismo – o princípio da *via negativa* –, esse modernismo herético ensina que o indivíduo só pode afirmar sua natureza real através de incessante trabalho de negação: negação de qualquer modo estável de subjetividade, intersubjetividade ou vida social.

A consequência dessa atitude para a política é uma renitente utopia que denuncia todo arranjo institucional e sistema de direitos, usando como referência um padrão inalcançável de liberdade completa de qualquer forma instituída de vida social. A consequência da *via negativa* secular para a abordagem das relações pessoais é a visão de que a emoção só pode sobreviver em oposição às comunidades humanas reais. Pois essas comunidades, desde casamentos até grandes grupos sociais, requerem presença social, ordem provisória, e até mesmo rotina diária.

Essa equivocada vertente do modernismo se distingue dos projetos existenciais incorrigíveis, descritos anteriormente, ao identificar resolutamente a fonte incondicional de sentido e autoridade com a personalidade e o encontro pessoal em vez de com uma realidade ou tarefa impessoal. Contudo, essa vertente do modernismo se assemelha àqueles projetos existenciais ao incorrer no mesmo erro de não aceitar o mundo real da história e da personalidade. O mundo real onde toda visão desafiadora deve se extinguir ou encontrar apoio num novo contexto de ideias, hábitos ou instituições. O modernista extremo responde a essa realidade tornando-se espírito em fuga. Ele não consegue entrar, de coração aberto, numa relação de lealdade contínua e, logo, não pode vivenciar de forma integral os perigos e oportunidades da aceitação da vulnerabilidade. Ele não consegue nem mesmo imaginar completamente a alteridade das outras pessoas. Ele tem a tendência de enxergá-las como enxerga a si mesmo – como indivíduo insulado em vez de uma pessoa claramente definida, ainda que não inteiramente, por sua associação a comunidades específicas de sentido e sentimento, comunidades que,

Paixão

por sua vez, dependem de estruturas institucionais e imaginativas através das quais se reproduzem.

Mas o pior desse modernista é sua incapacidade para repetir o ato de destruição de contexto com frequência necessária, ou de fazer tais atos durarem o suficiente, para poder expurgar a vida social de sua qualidade formatada e repetitiva. Seu programa o leva a extremos cada vez maiores na tentativa de destruir e negar o contexto. Mas mesmo que esse fanatismo da negação consuma toda a sua energia, jamais o libertará da sociedade real na qual o extremista vive.

Há pelo menos duas outras famílias de ideias que tiveram papel relevante na história dos conceitos morais. Elas, também, excluem ou menosprezam certos aspectos importantes da experiência e, consequentemente, correm o risco de sofrer a mesma instabilidade psicológica que caracteriza os dois conjuntos de ideias morais que acabei de descrever. Dessa vez, porém, os erros de visão podem ser corrigidos sem que se privem os projetos existenciais, ou a imagem do homem que lhes serve de base, de suas características distintivas.

Com efeito, a diferença entre corrigir uma visão e abandonar suas características distintivas será sempre controversa e pouco clara. Afinal, essas visões representam uma série de tradições históricas contingentes em vez de um sistema bem-ordenado de possíveis opções normativas aberto à humanidade. Mas, a não ser que todas as ideias morais e políticas gerais devam ser descartadas como slogans livremente manipuláveis, devemos ser capazes de avaliar em que grau dada ideia pode estar aberta para seu desenvolvimento numa certa direção.

A imagem relativamente menos cética do efeito da crítica sobre nossas herdadas visões de identidade humana pressupõe o contraste entre os projetos corrigíveis e incorrigíveis. Ela também depende das crenças em que mais de um projeto corrigível exista, e que tantos quantos, de fato, existam sejam flagrados em convergência rumo à posição que a versão modernista da ideia romântico-cristã também procura. Essas alegações são implausíveis, quando não contraintuitivas. Por isso, alegra-nos mais ainda descobrir que temos razões para levá-las a sério, mesmo que jamais possamos excluir a possibilidade de que a imagem mais cética possa, afinal, vir a ser verdadeira.

Há pelo menos um grande exemplo histórico da imagem do homem que, como a própria imagem romântico-cristã, não sofre nenhuma instabilidade psicológica fatal. Trata-se da concepção de identidade humana desenvolvida pelo confucionismo. A tradição confucianista pode ser vista como o caso mais claro e mais bem desenvolvido de todas aquelas visões que combinam uma ênfase central no problema da solidariedade humana com o que antes chamei de uma "abordagem naturalista dos contextos de nossa ação" (a visão romântico-cristã, em comparação, combina a ênfase na solidariedade com uma atitude iconoclasta para com a sociedade e a história). O confucionismo prega a aderência a uma lista canônica particular de relações sociais exemplares, assim como a um ordenamento íntimo das emoções e, ainda, ao grande ordenamento da sociedade que sustenta essas formas exemplares de associação humana e delas recebe apoio. Caracteristicamente, as relações sociais canônicas que conectam o macrocosmo de relação social ao microcosmo das paixões humanas requerem que a desigualdade de poder, a troca prática e a lealdade recíproca sejam combinadas dentro das mesmas relações humanas.

Segundo a doutrina confucionista, a ordem das emoções e os arranjos da sociedade dependem um do outro. Convergindo essas duas ordens em direção ao mesmo esquema regulador, elas moderam o antagonismo entre as condições opostas de autoafirmação, gerando comunidades prósperas e felizes. Mas, se os arranjos públicos da sociedade ou as emoções íntimas de seus membros se afastarem desse ideal, um ciclo vicioso de egoísmo, desconfiança e conflito pode começar, de modo que somente ações de uma excepcional chefia de Estado na esfera pública ou ações de abnegação na esfera privada poderiam ser capazes de reverter.

Ainda que os proponentes desse ensinamento possam denunciar o estado atual da sociedade, sua fidelidade às teses naturalistas requer deles que acreditem que mesmo a pior situação social representa apenas uma versão corrupta do verdadeiro modelo de vida civilizada. Para eles, não há como se reinventar as formas de sociedade e subjetividade.

Paixão

O confucionismo ao qual me refiro é o ensinamento clássico do próprio Confúcio e de seus primeiros seguidores, e não o neoconfucionismo que surgiu durante a dinastia Song, e que, em algumas ocasiões, subordinou essa concepção de solidariedade a uma metafísica ou cosmologia especulativa, enquanto, em outros momentos, a subordinou a um detalhado programa de reforma social. A visão que o confucionismo exemplifica representa o tema mais comum na história das ideias morais e políticas. As variações pelas quais esse tema passou podem ser largamente compreendidas como a consequência do relaxamento das premissas naturalistas. O mais conhecido representante dessa visão na história das controvérsias normativas é o compromisso da responsabilidade mútua em pequenos grupos, e dos arranjos institucionais e predisposições psicológicas que sustentam esses engajamentos recíprocos. O exemplo político moderno que mais poderia se aproximar dessa doutrina é um programa que combine compromisso com o bem-estar social com aceitação da desmobilização política. De acordo com esse programa, as necessidades básicas das pessoas devem ser atendidas – se possível, por suas próprias comunidades e empreendimentos ou, se necessário, pelo governo central. Mas o modo de atendê-las deve minimizar as ocasiões de conflito sobre os fundamentos da vida social e evitar que a concorrência entre ideologias interfira na busca por mais eficiência e harmonia.

As intuições do confucionismo clássico a respeito do problema da solidariedade nunca foram superadas por nenhuma outra tradição de influência comparável. Em primeiro lugar, há a certeza de seu foco no relacionamento entre o social e o pessoal. A doutrina reconhece que os modelos de relações diretas entre pessoas formam os elementos de esquemas inteiros de vida social. Esses esquemas não podem ser concebidos, nem julgados, até que tenham sido transformados na moeda corrente da experiência e do encontro pessoal.

Em segundo lugar, o preceito confucionista destaca a capacidade afirmativa ou destrutiva da outra pessoa como base sobre a qual toda a vivência das paixões se desenrola. Perante outra pessoa, o indivíduo autorreflexivo é como um homem oficiando um sacrifício. Quanto mais profunda for sua visão e sua percepção moral, menos ele considerará ou vivenciará o encontro pessoal em termos puramente instrumentais.

Em terceiro lugar, o ensinamento reconhece o dinamismo na vivência das paixões. Além de enfatizar a prontidão com a qual paixões aparentemente diferentes se transformam umas nas outras, esse ensinamento também destaca a legítima subordinação de todas elas a um impulso construtivo fundamental. Na doutrina confucionista, essa força relativista e orientadora é chamada de *jen*: a qualidade de autoexpressão e autoformação que se manifesta na simpatia e na indiferença. O *jen* capacita o indivíduo a aperfeiçoar as formas ideais de relações sociais, permitindo-lhe dominar os conflitos e desejos que poderiam desestabilizá-lo e destruí-lo.

Ao serem transformadas em ensinamentos morais e políticos concretos, essas intuições do confucionismo inicial são, porém, combinadas e contaminadas com as implicações da visão naturalista. Por essa razão, o confucionismo sofre de uma visão equivocada da sociedade e da subjetividade.

Como abordagem da sociedade, essa visão confunde um sistema específico de divisão e hierarquia social com o esquema de vida social que melhor pode conciliar as condições conflitantes de autoafirmação. Ela desconsidera as restrições que tal sistema impõe ao desenvolvimento de formas alternativas de produção e troca, bem como de modos alternativos de subjetividade e solidariedade. Sua tolerância a essas restrições aparece na defesa de relações pessoais que suavizam a pura e simples dominação ao lhes infundir elementos de troca e lealdade. Essa defesa é uma receita para desperdiçar oportunidades de progresso prático e conciliação humana. O confucionismo falha em reconhecer o empoderamento produtivo, emocional e cognitivo multifacetado que pode resultar quando privilégios estabelecidos ou emergentes enfrentam constantes desafios, quando o contraste entre movimentos rotineiros dentro da ordem social e conflitos revolucionários sobre ela perdem sua força, e quando a tirania de categorias coletivas de gênero, classe ou nacionalidade sobre circunstâncias individuais é derrubada.

Como visão da individualidade, o ponto fraco da doutrina confucionista clássica é sua concepção ingênua e empobrecida da subjetividade e do

Paixão

encontro pessoal. De acordo com essa doutrina, ao cânone de papéis e convenções sociais corresponde uma ordenação das emoções. E a combinação dessas ordens coletiva e psicológica estabelece os termos nos quais a sociedade pode entrar em coesão e prosperar, enquanto os indivíduos podem se sentir seguros e felizes, cada um em sua posição determinada.

Com o abandono da crença numa forma canônica de vida social que forneça um meio transparente de convivência mútua, todas as variedades de autorreflexão e comunicação devem ser vistas como tendo relação incerta e problemática com as convenções herdadas e os arranjos estabelecidos. Nossa adesão a comunidades humanas imperfeitas e historicamente dadas nos fornece os únicos padrões de sentido e valor que temos. E são esses padrões que formam a base inevitável da comunicação e da autorreflexão. Mas, a menos que levemos continuamente nossos experimentos em autorreflexão e colaboração prática ou vínculo passional para além do que a sociedade estabelecida ou o discurso disponível podem sustentar, incorremos numa dupla perda. Não apenas perdemos a oportunidade de fazer muitas descobertas sobre nós mesmos e sobre o mundo, e de encontrar maneiras mais bem sucedidas de conciliar as condições conflitantes de autoafirmação, mas, também, podemos nos encontrar cada vez mais reduzidos à servidão inconsciente. Podemos começar a agir e pensar como se todos os nossos pensamentos e ações pudessem ser, de fato, governados por leis naturais, das quais seríamos incapazes de escapar ou revisar.

O ato de desafiar essas restrições impõe, entretanto, seu preço. Parte desse preço consiste num erro de avaliação sobre as formas emergentes de subjetividade e intersubjetividade. A outra parte reside nos antagonismos que podem ser exacerbados e nas traições que podem ser cometidas ao se tentar encontrar melhor solução para o problema da solidariedade.

Embora os defeitos da visão confucionista que resultam de sua associação com a ideia naturalista sejam graves, eles podem ser remediados. A visão de solidariedade que está no cerne dessa concepção pode ser transformada cumulativamente se enfraquecermos sua tese naturalista sobre contextos. As primeiras etapas da revisão podem se basear em versões diluídas dessa tese. Mas essa correção não estaria completa até que tivéssemos levado a cabo a

Introdução

rebelião contra o naturalismo, abraçando a visão modernista de nossa relação com os contextos de nossa atividade. Minha crítica resumida das implicações do confucionismo clássico para a visão da sociedade e da personalidade já sugeriu a direção na qual esse confucionismo reformado avançaria.

Bem antes que o ensinamento confucionista clássico pudesse ser reformulado nesses termos, muitos de seus seguidores já poderiam rejeitá-lo, afirmando: "Não era isso o que queríamos dizer". Mas nada na doutrina reformada seria incompatível com as principais ideias confucionistas a respeito da personalidade e do encontro pessoal que enumerei anteriormente. E nada nela seria anátema para a reafirmação modernista da visão romântico-cristã de identidade humana.

***

A segunda das visões corrigíveis aqui analisadas é a própria imagem romântico-cristã do homem. Seus princípios característicos já foram definidos. Falta-nos agora encontrar seu ponto fraco.

Discussões anteriores já sugeriram uma resposta provisória. A visão romântico-cristã tem frequentemente sido associada, se não à atitude naturalista, a uma variante mais fraca dessa atitude. Essa crítica tem levado à identificação dessa concepção de identidade humana com a perspectiva própria das classes sociais mais influentes, que produzem as ideias morais da sociedade de seu tempo, como a ética aristocrática da cavalaria ou a ética burguesa do controle, embora sentimentalizado, do servilismo e da devoção meticulosa ao trabalho. Mas se todos os defeitos de nossa principal concepção ocidental da personalidade se resumissem a sua tendência para o equívoco prático, ela estaria em muito melhor posição do que o confucionismo clássico. Afinal, o tema da iconoclastia social e histórica que, juntamente com o tema do amor, está próximo de seu núcleo já predispõe nossa concepção a negar as reivindicações absolutas de formas particulares de vida social.

Na verdade, porém, minha explicação anterior de como a visão romântico-cristã pode provavelmente se equivocar permanece tão incompleta que

Paixão

pode ser enganosa. Pois há um aspecto relacionado, ainda que mais sutil, sob o qual uma falha em apreciar as ideias que o modernismo propagou torna-se claramente visível dentro dessa tradição. Essa outra fraqueza de visão é uma ambivalência em relação à simples vitalidade humana em todas as suas formas, desde a vaga tenacidade que leva as pessoas de uma tarefa a outra até a grandiosidade orgulhosa, o regozijo das capacidades excepcionais, que o aventureiro ou o reformador podem demostrar.

A visão romântico-cristã é marcada por dois compromissos cuja relação entre si permanece geralmente incerta e até paradoxal. Por um lado, a visão sugere que o retorno constante do eu a seus caminhos habituais representa uma forma e uma causa importantes de fracasso na vida moral. As religiões da salvação temem que essa imensa preguiça espiritual nos impeça de fazer contato com a personalidade humana e divina: o eu humano, que sempre transcende seu mundo, e o criador divino, que transcende o mundo. Da mesma forma, o romance secular – a outra vertente dessa central tradição ocidental – vê nessa aceitação da repetição atordoada a falha em tomar posse de si mesmo pela transformação dos fatos a seu redor. Seja retratado em termos religiosos ou seculares, a rendição ao hábito é reconhecida por estar intimamente ligada à derrota da imaginação: o compromisso obstinado com um modo particular de se compartilhar o mundo, que se fecha para percepções e argumentos que essa classificação pode excluir. Paralisados num conjunto de categorias ilusoriamente autoevidentes, perdemos nosso controle sobre a realidade. Nosso senso comum autossatisfeito se torna uma alucinação, enquanto nos congratulamos uns aos outros por sua enganosa transparência e rigidez.

Por outro lado, a campanha contra essa inação do eu é equilibrada por uma militante desconfiança do prazer na capacitação e na autoafirmação. Quanto mais exagerado o brio do empoderamento, mais determinada é a hostilidade com que é recebido. A vertente religiosa na tradição é rápida em ver a exibição de grandiosidade como negação da finitude, rebelião contra o Criador e recusa ao sacrifício de si mesmo a favor do próximo. Embora a hostilidade do romance secular a esse triunfo na vida possa ser menos óbvia, não

Introdução

é menos real. Pois o deleite no desenvolvimento e exercício do poder ameaça desviar o protagonista do romance secular da busca sacrificial pelo autoconhecimento e serviço que representa sua verdadeira vocação.

O antagonismo ao orgulho da autoafirmação e a hostilidade ao caráter obstinado e repetitivo de nossa vida comum parecem conflitantes. A fuga das rotinas da existência ou os voos da imaginação parecem nos levar à celebração da mesma capacidade da qual nossa tradição dominante tão intensamente desconfia. Dizer, porém, que a busca pelo empoderamento só merece crédito quando voltada para fins alheios ou benevolentes é substituir uma convincente explicação psicológica por um subjetivo julgamento moral.

No cerne dessa ambivalência, há uma incerteza sobre o que pensar e o que fazer em relação a tudo em nossa natureza que expresse o apego à vida e a felicidade do empoderamento. Enquanto essa incerteza persistir, nossa concepção de personalidade permanecerá sujeita às conclusões mais extravagantes. Às vezes, a personalidade recorrerá à obsessão moralista por regras ou códigos rígidos de virtudes e vícios para travar uma guerra contra todas as simples, frívolas e revivescentes inclinações do coração. Em outros momentos, irá ao extremo oposto, apresentando o extraordinário exemplo do super-homem empoderado que desafia todos os obstáculos ao desenvolvimento de suas faculdades e à afirmação de sua vontade. O compromisso teórico de aceitar a pessoa real e encarnada raramente foi correspondido em nossa tradição central pela capacidade de mostrar qual deve ser o lugar da busca pelo empoderamento em nossas visões sociais e projetos existenciais. Já que essa busca desempenha papel tão importante na visão modernista, a reformulação modernista da imagem romântico-cristã do homem pode prover a ocasião para que completemos essa perigosa lacuna em nosso pensamento sobre nós mesmos.

Para tanto, devemos realizar duas tarefas interconectadas: o desenvolvimento de uma psicologia do empoderamento e a análise das condições sociais das quais o empoderamento depende. Uma psicologia do empoderamento deve fazer justiça à relação ambivalente entre a atração das faculdades altamente desenvolvidas e a letargia banal da existência cotidiana.

Paixão

A busca por grandes empreendimentos e ações surpreendentes significa aumento da aceitação da vida, mesmo quando ela se mostra menos grandiosa no movimento determinado e estúpido das atividades cotidianas, e na disposição do homem comum de avançar em meio a dor, desordem, repetição e exaustão. O empoderamento representa o movimento da vitalidade em direção à alegria: embora possa envolver uma dolorosa eliminação dos objetos habituais de nossos desejos, ele pode também gerar desejos e realizações cada vez menos suscetíveis à letalidade da saciedade imediata. Toda a gama de formas de vitalidade, da mais modesta à mais espetacular, deve ocupar posição no centro de uma versão mais justificável da visão romântico-cristã de identidade humana, isto é, se quisermos levar a sério o compromisso de aceitar a pessoa real e encarnada.

Uma psicologia de empoderamento também deve levar em conta a relação ambivalente do empoderamento com as experiências transformadoras do amor, da fé e da esperança que desempenham papel tão grande em nossa concepção clássica do eu. Por um lado, a busca pelo empoderamento pode resultar em orgulho espiritual, ostentação da vontade, deleite narcisista na autoafirmação que exclui o sacrifício e a doação de si. Por outro, o heroísmo da vida cotidiana também presta serviço às paixões sacrificiais e autotransformadoras. Isso pode salvá-las da confusão com o moralismo ressentido e hipócrita dos fracos. Pois a redução da dominação e da dependência evita que o indivíduo, equivocadamente, identifique o vínculo com a submissão, um argumento repetidamente enfatizado nesta Introdução. Assim, o mesmo processo que encoraja o culto soberbo da intransigente magnificência de autoafirmação ajuda também a erradicar as fontes da confusão entre as formas mais servis e mais exaltadas de experiência moral.

As pessoas podem estabelecer os melhores vínculos em meio a circunstâncias absolutamente tranquilas. Em contrapartida, a incerteza pode empurrá-las para a pequenez da desconfiança, do desespero e da incredulidade. Mas o crescimento das paixões transformadoras e nobilitantes que constituem o oposto dessas falhas morais e a capacidade dessas paixões de penetrar a crosta da percepção e do hábito cotidianos parecem depender da

Introdução

perda e do sacrifício. Isso sempre foi reconhecido pelos ensinamentos que apresentam a fé, a esperança e o amor como o ápice da vida moral. Agora, a forma primária de perda e sacrifício é o sacrifício e a perda de nosso lugar estabelecido num mundo estabelecido. Esse é o evento que nos permite distinguir o ouro do brilho falso: permite diferenciar as oportunidades de conexão humana das formas estabelecidas de sociedade; permite separar, de um lado, as revelações de intuições incongruentes ou desejos desobedientes, e do outro, a distração e a narcose do hábito.

A contribuição que o empoderamento traz para a fé, a esperança e o amor pode ser descrita de outra maneira. A confiança é o clima no qual essas paixões florescem. O perdão antecede e preserva a confiança. No decurso da vida social, as pessoas atiram, umas nas outras, uma infinidade de flechas envenenadas, causando, mutuamente, danos voluntários e involuntários. A acumulação dessas ofensas reais ou imaginárias reduz progressivamente a área de movimento livre na vida social. Cada pessoa se sente, assim, drasticamente limitada, nas iniciativas que pode tomar, por sua história anterior de animosidades e ressentimentos. Da mesma forma, ela é impedida de correr riscos de vulnerabilidade que tornam a fé, a esperança e o amor possíveis. A experiência de empoderamento torna mais fácil arrancar as flechas envenenadas. Ela enfraquece a força das preocupações mesquinhas fundamentadas no medo e no autodesprezo. Ela permite que a pessoa se imagine conectada a outras pessoas, de maneiras ainda não experimentadas, mesmo àquelas pessoas que a prejudicaram ou a quem ela prejudicou. A transfiguração imperfeita, frágil e reversível da vitalidade ordinária pelo empoderamento e do empoderamento pelo amor sacrificial é a maior redenção secular que podemos esperar.

A compreensão e a realização do empoderamento ajudam a sustentar um projeto existencial que trata amor, fé e esperança como aspectos do ideal derradeiro no campo do íntimo e do não instrumental. As ideias e atitudes que fundamentam tal projeto também impedem que o objetivo do empoderamento sofra uma perversão a que ele é peculiarmente sujeito nas condições da vida e da cultura modernas. O movimento em direção à conciliação

Paixão

mais plena entre as condições que possibilitam a autoafirmação – cuja forma interpessoal a tradição romântico-cristã descreve como amor e cujos efeitos de subversão da hierarquia interessam a ideologias emancipatórias como o liberalismo e o socialismo – representa nossa principal experiência de liberdade. Por outro lado, o sentimento de nossa incapacidade para mudar a relação entre essas condições de autoafirmação fornece-nos a experiência básica de constrangimento da vontade e da imaginação. Sentimento que começa como decepção e termina como desespero.

Uma resposta conhecida a esse desespero é uma versão particularmente autoderrotista do ideal de empoderamento. Essa versão poderia ser estudada como uma das muitas transformações tardias da ética heroica, se não tentasse, tão deliberadamente, romper até mesmo os tênues vínculos entre o suposto herói e a sociedade não heroica. Assim como a má consciência da tradição romântico-cristã, essa versão também deixou sua marca em muito da alta cultura e da cultura popular. Na primeira, ela aparece como culto à autossuficiência vibrante e exaltada. O indivíduo autossuficiente livra-se supostamente de suas dependências e alcança um brilho de afirmação que combina superação quase divina das limitações com riqueza muito humana de individualidade. Encontramos essa concepção de empoderamento, com crescente extravagância, no *Emílio*, de Rousseau, e na obra de Emerson e de Nietzsche. Na cultura popular contemporânea, um ideal similar ressurge como a busca por aventuras que possam compensar o indivíduo pelas rotinas diminuidoras de sua monótona existência.

Mas seja qual for sua forma específica, essa visão de empoderamento não pode propiciar a felicidade que promete. Ela não ensina o perdão aos outros, pois é cega ao imperativo do autoperdão. Ela falha em reconhecer e aceitar o indivíduo real, exposto e cambaleante, alojado num corpo moribundo, e dependente de outras pessoas, que estão fora de seu controle, para todos os apoios tangíveis e intangíveis que lhe permitam manter presença. A busca pelo empoderamento que surge do abandono de nossa capacidade de mudar a qualidade de nossas relações pessoais e sociais terminará provavelmente numa reversão de seu objetivo. O indivíduo desperta e descobre que ele

Introdução

ainda é a mesma pessoa precária e corpórea e que, ao perseguir uma miragem de autossuficiência, ele abandonou as formas de ação e encontro que poderiam ter fortalecido sua liberdade no mundo real.

Uma variante psicologicamente realista e estável do ideal de empoderamento deve procurar a transformação cumulativa das relações pessoais e sociais. Seus inimigos, na verdade, são aqueles que desistem de tais mudanças ou as veem com superficialidade sonhadora, destinada a terminar em desilusão. Seus defensores são aqueles que procuram descobrir a raiz dupla do empoderamento na revisão de nossa vida de relações íntimas e na reconstrução de arranjos institucionais.

O equivalente indispensável de uma psicologia de empoderamento é uma teoria social capaz de descrever as formas de vida social que promovam as formas práticas, passionais e cognitivas de empoderamento. Tal teoria mostraria como esse avanço acontece através de uma suavização do contraste entre conflitos sobre a ordem social e conflitos dentro dela e através do enfraquecimento da influência que a posição ocupada por um indivíduo dentro das categorias de divisão social e hierarquia exerce sobre sua experiência e oportunidades. Essa teoria também nos ensinaria como imaginar e explicar a mudança nos contextos institucionais e imaginativos da vida social sem supor que essa mudança seja governada por um sistema de leis preestabelecido. Pois se assim fôssemos governados, não teríamos esperança de conquistar maior controle sobre os contextos de nossa atividade; no momento de nossa maior liberdade aparente, permaneceríamos sob o domínio de pressões invisíveis.

O projeto de tal teoria social está além do escopo do presente ensaio. Sem ela, no entanto, a correção da imagem romântico-cristã do homem deve permanecer incompleta. Pois, se formos incapazes de expor, com clareza, qual conjunto de relações sociais poderá melhor conciliar o ideal de empoderamento com as formas de cooperação e vínculo que esse mesmo interesse pelo empoderamento parece ameaçar, não poderemos, então, levar o ideal de personalidade à sua conclusão. Continuaremos a correr o risco de identificar esse ideal inacabado com uma forma de vida social que menospreza

Paixão

nossa liberdade, nos transforma em seus fantoches e torna a cooperação prática e o vínculo passional reféns das práticas de dominação e dependência.

As partes anteriores desta Introdução sugerem um ponto de partida substancial e um metodológico para o desenvolvimento de uma concepção normativa de nossa identidade humana fundamental. O ponto de partida substancial é a reformulação e reconstrução modernista da visão romântico-cristã do homem. Essa reformulação resulta, em grande parte, da aplicação de uma concepção modernista de contextualidade a uma doutrina mais antiga de solidariedade. O ponto de partida metodológico é uma versão revisada da forma padrão de argumento normativo, que atribui força prescritiva a concepções substanciais de identidade humana. Essa prática reformada estabelece o sentido em que imagens do eu ou as visões sociais e projetos existenciais que elas animam podem guiar a conduta da vida ou a organização da sociedade.

Devemos reconhecer uma gama de possíveis níveis de autoridade prescritiva, desde as mais fortes até as mais fracas, mesmo que não sejamos capazes de dizer com certeza quais desses graus de autoridade nossas concepções fundamentais de identidade humana podem, de fato, possuir. Se a imagem relativamente mais cética prevalecer, podemos afirmar que o momento modernista da visão romântico-cristã representa apenas afirmação de nossa tradição central de pensar sobre a natureza humana, uma afirmação menos dependente do que seus antecessores das pressuposições injustificadamente limitadas sobre as possíveis formas de experiência pessoal e organização social. Se, entretanto, a imagem correta for a menos cética, poderemos esperar algo mais: que as implicações existenciais da visão romântico-cristã não sofram de nenhuma instabilidade psicológica fatal e que, uma vez corrigidas pelo ceticismo modernista e complementadas pelas preocupações modernistas com o empoderamento, convirjam em direção às lições de outras tradições que se beneficiam de reforma semelhante. No entanto, nem mesmo a visão mais confiante pode nos apresentar a tradição romântico-cristã como a única perspectiva legítima sobre a natureza humana.

Introdução

Mesmo depois que os pontos de partida substancial e metodológico foram escolhidos, ainda precisamos definir uma maneira de falar e um gênero de escrita. Nenhum gênero disponível se adapta completamente ao propósito. Alguns dos modos tradicionais de discurso se encaixam na abordagem clássica, pré-modernista, de argumento normativo, enquanto outros refletem a tentativa filosófica moderna de contornar as concepções de identidade humana como base para argumentos normativos. Proponho adotar um estilo que corresponda à estratégia metodológica seguida nas páginas anteriores. Assim como a prática clássica de argumento normativo pode ser revisada através de sustentada exposição à crítica modernista, o paralelo estilístico a essa prática pode se beneficiar de provação semelhante.

O último grande gênero a servir como veículo para uma explicação teórica e moralmente ambiciosa de nossa identidade fundamental foi o tratado especulativo sobre a natureza humana. Esse gênero manteve sua popularidade até o início do século XIX, quando o surgimento da psicologia científica e dos precursores idealistas do modernismo começaram a questionar suas premissas. Embora tenha tomado formas tão diversas quanto as obras sistemáticas de Hume e de Adam Smith e as reflexões fragmentárias de Pascal, esse gênero podia ser sempre identificado pela coexistência de três características. Cada uma dessas características revelava um conjunto distinto de pressupostos. Um modo de escrita especulativo, capaz de expressar o momento modernista da visão romântico-cristã e a versão revisada do estilo normativo clássico, deve reformular essas características e pressupostos.

A primeira característica distintiva do gênero era simplesmente a confiança com que atribuía consequências normativas a concepções do eu e, especialmente, a descrições da vida emocional. A confiança vinha tão facilmente que afetou até mesmo Hume, o próprio escritor a quem devemos o contraste polêmico entre reivindicações factuais e prescritivas. Isso explica a passagem contínua entre o ensino moral ou político e a análise social ou política que encontramos em toda essa tradição de escrita sobre a natureza humana, atitude que pode ser substituída pela mistura específica de ceticismo e esperança, já sugerida nesta Introdução.

Paixão

A segunda marca do tratado especulativo sobre a natureza humana foi sua disposição para tratar nossa identidade fundamental como algo que poderia ser pensado a despeito das diferentes versões de humanidade que cada cultura articula e cada sociedade estabelece. Os autores desses tratados sentiam-se muito seguros para dizer coisas sobre a personalidade que não deveriam ser banais nem equivocadas. A consciência histórica, porém, tão importante para o modernismo, nos privou dessa garantia. Ela nos fez reconhecer que até mesmo as experiências mais íntimas, digamos, de ciúme ou de amor, diferem em cada situação histórica. Ela nos ensinou a abandonar, por ser fútil, a esperança essencialista de distinguir na natureza humana um núcleo significativo e imutável e uma periferia variável.

Como pode um ensaio especulativo sobre a personalidade absorver a clarividência modernista a respeito da especificidade histórica de todas as nossas formas de consciência e sensibilidade? O vocabulário de autoanálise e avaliação aqui apresentado desenvolve uma tradição reconhecível, e seu primeiro objetivo é nos permitir dar sentido à nossa experiência de vínculo ou alheamento imediatos numa determinada circunstância histórica. Mas essa circunstância é aquela em que a vida social foi submetida, em medida sem precedentes, às lições do conflito. A sociedade testemunhou um relaxamento do plano estabelecido de divisão e hierarquia social, seguido por uma mistura das variedades de atividade e consciência que podem ser possuídas por qualquer nação, classe, comunidade ou indivíduo.

Os modernistas defendem uma combinação incessante das experiências tradicionalmente identificadas com papéis, gêneros, classes ou nações distintas, e denunciam suas sociedades pela contínua submissão às restrições da falsa necessidade. Mas a mensagem modernista não seria persuasiva ou mesmo inteligível se já não houvesse ocorrido uma grande mistura – grande o suficiente para sugerir o quanto pode ser ganho, em oportunidades de autoafirmação, ao se superar as restrições que ainda permanecem. Na medida em que o modernismo é a teoria de uma experiência misturada, de uma experiência de associação projetada além dos limites de uma sociedade e cultura altamente definidas, ele representa mais do que a extensão da autoimagem de um mundo social específico. Pois uma das características que torna particular a vida social com a qual o modernismo lida é precisamente o reduzido espaço que ela cede às limitações particularizadoras que agem sobre a produção e a troca ou sobre a subjetividade e os vínculos. E essa liberdade relativa da particularidade, presente como resultado do conflito cumulativo, pode ser ainda fortalecida pela imaginação, que antecipa o trabalho de conflitos que ainda não foram resolvidos.

O dogma servil de certo historicismo insiste que o único discurso que podemos ter sobre nossa experiência subjetiva da vida social é um discurso particularizador: a tentativa de explicar e elaborar os pressupostos que diferenciam certa cultura de todas as outras. Esse estilo de pensamento quer proibir qualquer conversa menos autorreferencial sobre a vida social, como se ela fosse uma identificação ingênua e ilegítima de uma sociedade particular com leis universais de organização social. Mas essa proibição impõe uma restrição arbitrária ao princípio de historicidade porque não reconhece que o grau em que nossos contextos nos aprisionam e nos reduzem à passividade compulsiva é, em si mesmo, uma das coisas a serem examinadas na história. Esse limite não histórico à variabilidade histórica ilustra a versão insustentável da visão modernista de nossa relação com nossos contextos: a versão que combina ceticismo com resignação, ensinando-nos que o máximo que podemos fazer é escolher um mundo social ou uma tradição de discurso e seguir suas regras.

A variante da doutrina modernista da contextualidade esboçada no início desta Introdução sustenta tanto um discurso particularizador quanto um discurso universalizante sobre nossa experiência de vida ao lado de outras pessoas. O ponto não é escolher um em detrimento do outro, mas mudar a maneira como entendemos e praticamos ambos.

O discurso particularizador que é validado por uma abordagem modernista de contextos mostra como uma tradição de autorreflexão é reconstruída no próprio processo de sua prática por classes e comunidades específicas, à medida que seus membros tentam dar sentido a sua experiência. Esse discurso particularizador ganha sua coloração modernista tanto por sua crença

Paixão

em que a compreensão é posse e reinvenção quanto por sua atenção à dialética entre as devoções de uma cultura prestigiosa e os experimentos subterrâneos de associação que essas devoções simultaneamente sugerem, proíbem e ocultam.

O discurso universalizante consiste na tentativa de aproveitar as partes de nossa tradição de autorreflexão individual e coletiva que são comparativamente menos contaminadas pelas ilusões da falsa necessidade. Tentamos corrigir nossa concepção de associação possível e desejável submetendo-a, em pensamento e prática, a um exercício negativo e afirmativo. O exercício negativo é a tentativa de reformular nossas ideias sobre sociabilidade, diminuindo sua dependência de um senso historicamente limitado de possibilidade associativa. O exercício afirmativo é o esforço de imaginar uma ordenação da vida social que nos capacite mais plenamente, dando maior liberdade aos dois grandes dinamismos de capacitação – o dinamismo da paixão e o da solução de problemas práticos, cada um dos quais requerendo que nossas relações mútuas sejam mantidas num estado de plasticidade aumentada. O discurso universalizante que pratica esse exercício negativo e afirmativo é o sentido revisado que o modernismo oferece à antiga ambição de universalidade das teorias prescritivas da natureza humana.

Adotar um discurso universalizante em pressupostos modernistas não é negar que as categorias e compromissos de uma tradição normativa tenham origem historicamente localizada. Assim, uma visão modernista da contextualidade fracassa em gerar uma imagem do homem, a não ser que essa imagem interaja com uma solução para o problema da solidariedade. Embora essa solução possa ser corrigida pelos dispositivos negativos e afirmativos mencionados, ela, provavelmente, sempre levará as marcas de sua gênese histórica específica. Não podemos dizer o quanto, no resultado conjunto, deve-se atribuir às descobertas e invenções do modernismo, que destroem a particularidade, e o quanto se deve atribuir ao característico tratamento romântico-cristão da solidariedade. Não podemos dizer: "Até esse ponto, a imagem revisada de nossa identidade comum repousa sobre uma experiência particular; a partir desse ponto, ela expressa a autoridade da experiência

Introdução

universal". Reivindicar o poder de fazer essa distinção seria pressupor um lugar além da história a partir do qual poderíamos avaliar a influência da especificidade histórica.

A prática modernista de discurso universalizante implica uma aposta. Apostamos que algo restará depois de termos levado o ataque cético o mais longe possível, e que esse resíduo de intuição mais confiável poderá surgir passo a passo a partir das experiências e ideias que já possuímos. Nossas únicas alternativas a essa aposta são o ceticismo radical, sobre o qual não podemos agir, ou o fatalismo cultural, que subverte a seriedade de nossas ações e que confunde a relação entre as ações e os contextos em que elas ocorrem.

Uma terceira característica do tratado especulativo sobre a natureza humana, ao lado de suas reivindicações prescritivas e universalistas, era o apelo sem rodeios a uma linguagem natural da razão na qual homens e mulheres educados poderiam conversar sobre sua experiência. Era uma linguagem que não atendia aos padrões da ciência empírica (embora muitos sonhassem em transformá-la em ciência), nem pretendia derivar suas conclusões de uma visão metafísica da realidade como um todo (embora alguns tentassem estendê-la a uma metafísica). Do ponto de vista extremamente autoconsciente de nosso tempo, essa linguagem pura de autorreflexão pode parecer fantasia. Falta-lhe fundamentação num estudo científico do comportamento. Ela nem sequer alega poder exemplificar verdades gerais sobre o mundo.

No entanto, pode haver força nessas aparentes fraquezas. Qualquer ciência comportamental traz uma perspectiva limitada e limitante para lidar com seu objeto de estudo, sendo inevitavelmente tentada a estudar apenas o que pode esperar elucidar com seus métodos presentes. E uma metafísica, embora finja derivar conclusões sobre a natureza humana a partir de supostas verdades fundamentais sobre o mundo, geralmente faz exatamente o oposto: projeta uma visão de subjetividade e intersubjetividade numa imagem da realidade derradeira e, depois, finge derivar dessa projeção a própria imagem do homem que havia inspirado a narrativa metafísica original. Assim, os metafísicos modernistas do século XX (por exemplo, Heidegger, Sartre)

Paixão

tentaram, às vezes, deduzir novamente uma antropologia modernista de uma história ultrametafísica sobre a natureza do ser.

Além disso, a imagem do homem desenvolvida neste ensaio e a visão social com a qual essa imagem está conectada sugerem uma razão especial para lutar por uma versão justificável da antiga linguagem de culta autorreflexão. Lembre-se de que um tema central dessa imagem é a preocupação com o empoderamento, definido para incluir tanto o crescente domínio sobre os contextos de atividade quanto o sucesso em diminuir o conflito entre as condições de autoafirmação. Somente incorporando um ideal de empoderamento é que a imagem romântico-cristã do homem pode ser resgatada dos fracassos de visão e das perversidades de ênfase aos quais ela está peculiarmente exposta. Mas o empoderamento na experiência pessoal, assim como na vida em sociedade, requer que as pessoas possam falar sobre o que é mais imediato e mais urgente para elas. Além da pressão das necessidades materiais, nada pode ser mais importante para as pessoas do que sua compreensão de suas próprias identidades. Ser capaz de falar apenas sobre o que é menos significativo, sentir que as preocupações mais graves são inexprimíveis – isso, por si só, equivale a outra definição de desempoderamento.

A arte pode nos resgatar dessa condição dando expressão precisa ao que sentimos em silêncio. No entanto, a arte só seria suficiente se tivesse se transformado no meio de conversas cotidianas e autoquestionamento. Com efeito, a identidade só muito excepcionalmente poderá ser articulada através de uma teoria sistemática. No mínimo, o indivíduo capacitado deve ser capaz de narrar histórias sobre sua experiência. Através dessas histórias, ele pode imaginar as coisas que aconteceram em sua vida de encontro, como parte de uma ampla gama de oportunidades relacionais, e as coisas que sentiu como insinuações de formas de subjetividade ainda não experimentadas. Ele também deve ser capaz de passar, por etapas, dessa narração de histórias para a autorreflexão e a deliberação discursivas. Somente então a linguagem do autoconhecimento pode se tornar uma modalidade de experiência rotineira, ao invés de fantástica exceção ao cotidiano e de compensação mítica pelas limitações da intuição.

Introdução

Qual poderia ser essa linguagem geral? Não poderia ser simplesmente a extensão de métodos científicos ou interpretativos particulares de disciplinas específicas. As versões herdadas da teoria social diluíram, em vez de abandonar, a ideia de lógica profunda, metaestrutura ou contexto de todos os contextos que determina o caráter e a evolução das formas de organização social ou estabelece os limites exteriores para os mundos sociais possíveis. E as principais tradições da psicologia anexam generalizações psicológicas a métodos que enfatizam as mesmas duas espécies de restrição da experiência mental. Um modo de discurso baseado em tais premissas nunca poderia servir para desenvolver uma imagem do eu que aceite a visão modernista de contextos e, portanto, abandone a ideia de uma metaestrutura. Talvez nenhuma teoria social ou psicologia alternativa consiga superar completamente essas limitações, pois supostas alternativas podem estar sempre tentadas a enfatizar o que conseguem mais facilmente compreender, projetar rotinas em leis e buscar a generalidade através da validação da necessidade. Todos os dispositivos pelos quais o pensamento social se fortalece contra essas tentações podem renová-las com novos disfarces.

Um substituto para a teoria social e a psicologia que ainda não possuímos, e que talvez nunca possuamos, é uma versão simplificada da narração de histórias: uma narrativa com a austeridade do pensamento discursivo em vez do particularismo exuberante da arte literária; uma narrativa sobre o indivíduo exemplar preso na rede de dependências e encontros pessoais; uma narrativa que tire sua principal inspiração das experiências de quebra de contexto, da violação da ordem institucional e imaginativa da vida social ou das rotinas de caráter e imaginação que a atual teoria social e psicologia menos conseguem explicar; uma narrativa que, portanto, se alimente dos restos e dos rejeitos das supostas ciências do homem. Essa narrativa descreveria o sentido revisado e qualificado que desejo dar à ideia arcaica de uma linguagem universal de autorreflexão.

Mas como se poderia saber que uma dessas histórias é melhor do que outra? A escolha é difícil, pois há, ao invés de escassez, excesso de razões para preferir uma em detrimento de outras. Essas razões podem ser amplamente

Paixão

dividias em aquelas que se concentram na veracidade de uma concepção implícita do eu e aquelas que abordam o projeto existencial que tal concepção inspira.

A versão revisada do estilo clássico de argumento normativo confere força prescritiva a ideias de personalidade ou sociedade. Já descrevi a gama de visões sobre o sentido dessa força – desde a mais forte ou mais racionalista até a mais fraca ou mais cética – que são compatíveis com as suposições modernistas. Mas, qualquer que seja a medida e o modo de autoridade normativa que uma explicação de nossa identidade humana compartilhada venha a possuir, essa explicação pode ser avaliada utilizando-se todo o repertório de argumentos empíricos relevantes para a apreciação de ideias sociais ou psicológicas mais específicas.

Em primeiro lugar, pode-se julgar a fecundidade esclarecedora de tal explicação: a extensão em que ela sugere ideias mais prontamente verificáveis ou comprováveis em disciplinas específicas. Assim, o Apêndice deste livro mostra como essa teoria das paixões pode inspirar uma abordagem dos problemas explicativos e terapêuticos da psiquiatria.

Em segundo lugar, uma concepção de nossa identidade pode ser avaliada por sua compatibilidade com uma teoria social poderosa. Embora não possamos esperar deduzir visões do eu e da sociedade um do outro, elas estão tão intimamente conectadas que uma posição numa dessas visões limita severamente nossas opções na outra. Sabemos que uma visão do eu é indefensável se nenhuma teoria social justificável puder utilizá-la ou pressupô-la. Reivindico para a história sobre a identidade desenvolvida neste ensaio uma afinidade com um programa social-teórico específico. A teoria vislumbrada por esse programa leva a suas conclusões derradeiras a ideia de que a sociedade é feita e imaginada em vez de dada. Nela, a tentativa de se generalizar sobre a sociedade e a história é desvinculada da atração das restrições psicológicas, econômicas e organizacionais que, supostamente, fundamentam a superfície da vida social e histórica. A teoria combina, ainda, o reconhecimento da qualidade moldada da vida social – a importância do contraste entre atividades rotineiras dentro de um contexto imaginativo ou institucional e a luta sobre esse contexto – com a incredulidade numa ordem superior que gere uma história inevitável de contextos ou uma lista de possíveis contextos. De todas essas maneiras, tal teoria mostra como imaginar a sociedade e a história no espírito da doutrina modernista de nossa relação com os ambientes de nossa atividade. Isso nos liberta da necessidade de optar entre uma variante esvaziada e sem entusiasmo das inflexíveis teorias sociais evolutivas ou funcionalistas do passado e uma ciência social positivista cuja reticência teórica disfarça sua tentativa de tratar rotinas, que dependem da contenção do conflito, como se encarnassem leis gerais de organização social. A história sobre o eu apresentada aqui pode ser julgada pelos resultados do programa social-teórico com o qual está associada.

Um terceiro teste empírico de uma explicação de nossa identidade humana compartilhada é a introspecção qualificada. Você, leitor, pode consultar sua própria experiência e avaliar em que medida a história faz sentido para você. No entanto, nem todas as experiências subjetivas têm o mesmo peso. Tendo avaliado a fidelidade da história a seu conhecimento pessoal de encontros e associações coletivas, você também deve considerar a autoridade desse conhecimento. Para isso, é preciso avaliar tanto o grau em que sua experiência resiste à ordem social e cultural dada, quanto o grau em que essa cultura e sociedade superaram o forte contraste entre rotina de preservação de contexto e reinvenção de contexto. Assim, uma introspecção informada extrai lições dos conflitos acumulados, que ampliam o campo de possibilidades reconhecidas, e conta com a ajuda da imaginação, que antecipa como visão o que o conflito ainda não produziu como fato.

Uma história sobre nossa identidade humana incorpora um projeto existencial, bem como uma visão empírica da personalidade. Portanto, ela também pode ser submetida a um teste prático que se concentra em suas implicações para a conduta. Um modelo desse teste já foi ilustrado no decurso da minha comparação entre projetos corrigíveis e incorrigíveis. Uma história pode se mostrar psicologicamente instável no sentido mencionado anteriormente. A relevância avaliativa da estabilidade psicológica pode ser generalizada como um aspecto mais básico da autoafirmação.

Paixão

Um projeto existencial define o significado da autoafirmação; ele não oferece apenas uma hipótese sobre os meios para se alcançar um empoderamento definido de forma independente. Embora nossas opiniões sobre o empoderamento moldem nossa experiência dele, elas não o moldam completamente. A recalcitração dessa experiência é instrutiva. Agir com base num projeto existencial é correr o risco de sermos e nos sentirmos diminuídos, em vez de fortalecidos, por sua execução: em muitos aspectos, o projeto pode acabar bloqueando nossos esforços para afirmar, individual e coletivamente, uma presença sustentável no mundo. Podemos encontrar inúmeras desculpas para nossas decepções e atribuí-las a deficiências em nós mesmos ou a falhas na condição humana. As desculpas, porém, nem sempre serão convincentes.

Não há motivo predestinado para que todos esses critérios de avaliação de uma história sobre nós mesmos apontem na mesma direção. Mas o fato de que isso possa não acontecer representa uma força metodológica, pois se trata precisamente de uma fonte muito provável de embaraços. Se descobríssemos que as razões para preferência entram em conflito repetidamente, teríamos que concluir que o tipo de concepção de identidade humana compartilhada descrita aqui não pode suportar o peso que queremos que ela carregue. Assim como a variedade de critérios para julgar determinada concepção do eu oferece muitas chances de criticar ou justificar a concepção particular, a possibilidade muito real de que esses critérios possam frequentemente produzir conclusões discordantes coloca a utilidade de tal concepção à prova.

Uma única estratégia de questionamento e argumentação inspira esta Introdução. Em cada passo, assumo uma certeza herdada, relativamente não reflexiva e, portanto, deficiente, e tento corrigi-la submetendo-a a uma crítica cética particular. As certezas submetidas a esse tratamento fornecem pontos de partida para o desenvolvimento de uma concepção de personalidade moralmente ambiciosa: a tradição romântico-cristã (uma perspectiva substancial), a prática antiga e universal de imputar força normativa a imagens do

Introdução

homem (um método de pensamento) e o tratado especulativo sobre a natureza humana (um gênero de escrita). O ceticismo trazido a essas certezas tem seu núcleo na visão modernista de nossa relação com os contextos de nossa ação. Esse ceticismo vê comunidades humanas concretas e suas histórias, em vez de uma ordem supra-humana, como a única fonte possível de sentido e valor.

Quando submetemos aquelas certezas a esta disciplina cética, elas podem ser completamente aniquiladas. A impressão de que algo nelas sobrevive pode ser devida apenas a nosso fracasso em levarmos a análise crítica até onde ela poderia ir. Mas se as crenças podem reemergir transformadas, em vez de destruídas, de sua luta com o ceticismo modernista, elas sairão menos arbitrárias e dogmáticas do que antes, menos propensas a servir como desculpa fantasiosa para privilégios e preconceitos (Nietzsche: "O que não me mata me torna mais forte").

Mas essa explicação da estratégia ainda pode dar uma impressão enganosa das apostas e oportunidades da empreitada. A conclusão aparentemente mais subversiva – a opção pelo ceticismo total – geralmente acaba sendo o resultado mais conservador. Tendo anunciado que os critérios de sentido e valor dependem de comunidades históricas particulares e suas histórias acidentais, e negado que qualquer outra base possa existir, o crítico encontra, nessa falta de fundamentação, nova razão para reafirmar sua lealdade a essas comunidades históricas como elas existem atualmente. Pois o que mais – ele nos diz – poderá haver? Assim, ele inverte o ceticismo historicizante e o usa para justificar a autoridade das disposições institucionais existentes ou dos modos dominantes de discurso. Ele perverte a mensagem modernista numa nova maneira de prosseguir com a antiga aliança do ceticismo com a resignação.

Por isso, é a outra conclusão do confronto entre certeza e crítica, aparentemente menos cética, que tem implicações mais subversivas, pois sugere a promessa que nossas práticas podem ser mudadas, e não somente reafirmadas com uma ressalva autodepreciativa. Descobrimos a possibilidade dessa opção mais transformadora numa visão que enfatiza nossa capacidade de

Paixão

mudar tanto a qualidade como o conteúdo de nossos contextos: o sentido em que eles excluem o que excluem e o grau em que são passíveis de nossa revisão. Essa visão é ilustrada aqui com relação a uma de nossas práticas mais fundamentais: a prática de extrair orientação existencial de imagens de nossa identidade comum.

A filosofia concebida nesse espírito é a desconstrução de contextos levada além do ponto em que normalmente é prudente levá-la, levada, como às vezes acontece na poesia ou na política, pelo bem do futuro, o que significa pelo bem de certo modo de viver no presente, como pessoas não completamente definidas pelas formas atuais de sua existência. Se alguém nos perguntasse por que queremos viver no presente dessa maneira, responderíamos: em primeiro lugar, porque esse é o tipo de ser que realmente somos. Em segundo lugar, porque, ao viver dessa forma, empoderando-nos individual e coletivamente. Por meio do estudo de nossa experiência subjetiva de encontro com certas pessoas, deferidas a verdade e a pertinência dessas duas respostas, argumentando que, afinal, elas afirmam a mesma tese com nomes diferentes.

PAIXÃO

O mundo é real. O mundo é denso e escuro. E cada pessoa se sente como se fosse uma realidade à beira de se reduzir a si mesma: as coisas e as outras pessoas existem apenas para alimentar o seu desejo, a sua memória e a sua imaginação.

Num horror indescritível, porém, o homem é desiludido dessa visão. Ele deve se aventurar numa natureza e numa sociedade que não lhe pertencem, para compreender pouco mais do que nada e quase nada controlar. Pior: ele deve aprender que não é o centro de nada e que, em breve, nada será.

Acontece que, quando avança, hesitante, em direção a um mundo que não é o seu próprio, ele descobre que, ali, as pessoas vivem num estado de mútuo desejo e ameaça. Essa descoberta é o início da paixão, e ela sugere tanto confirmação da necessidade que o afasta de si mesmo quanto promessa de um antídoto para essa mesma necessidade.

Não há limites para o que as pessoas possam querer umas das outras. Elas querem não apenas usar o trabalho umas das outras e conquistar a lealdade mútua, mas também se dominar mutuamente. E a presença desse querer se estende da força do desejo e do ciúme da lealdade exclusiva à ânsia pela abnegação e transparência por parte de outra pessoa. Quando, no caso do amor, esse desejo pela dominação se enfraquece, se transforma ou é substituído pela aceitação radical da outra pessoa, a natureza da aceitação continua a ser uma de necessidade imperativa: a existência da outra pessoa é

Paixão

vivida, de certo modo, como necessária a sua própria, ainda que nada que ela possa fazer satisfaça essa necessidade.

Mesmo nos casos mais puros de amor pessoal, esse aspecto insaciável do desejo que uma pessoa tem por outra sofre uma tensão característica. O desejo da expressão concreta de aceitação mútua – da união sexual ao elaborado desenvolvimento de uma vida em comum – entra constantemente em conflito com a aquiescência à individualidade particular da outra pessoa. Pois tal aquiescência requer muito mais do que tolerância com ciúmes e dominação; ela deve aceitar o mistério essencial da outra personalidade e provar ser capaz de sustentar, através do tempo e da autotransformação, os laços, as demandas e os entendimentos mútuos.

A nossa infinita necessidade de outra pessoa pode ser assim resumida: tudo que tomamos de outras pessoas, ou que elas nos oferecem, ou tudo o que elas representam para nós pelo mero fato de sua existência, presente ou passada, parece não passar de um adiantamento numa transação espiritual que somos incapazes de completar. O caráter irrestrito da necessidade é confirmado pela nossa inabilidade para identificar o que seria necessário para satisfazê-la: tão logo essa necessidade pareça, em uma definição de seu caráter, ter sido satisfeita, descobrimos que, sob uma definição sutilmente diferente, ela continua insatisfeita. Para entender por que todas as definições de nosso desejo uns pelos outros acabam sendo incompletas, deve-se abordar a experiência da ilimitada necessidade mútua por seu ângulo oposto e complementar: o ilimitado medo mútuo.

O perigo de que toda forma de troca e de comunidade seja usada para fortalecer o exercício contínuo, injustificado e não recíproco do poder é inerente à vida social. Os dispositivos de intercâmbio do trabalho e do produto do trabalho podem ajudar a formar e perpetuar uma arraigada hierarquia de riqueza e poder. As condições sob as quais homens e mulheres podem garantir seu reconhecimento como membros de grupos que levam em consideração lealdade recíproca e elevada (ainda que desigual) vulnerabilidade são condições que os submetem a relações de poder. O engajamento em formas de vida compartilhada ameaça-nos com a despersonalização, assim como com a servidão. O indivíduo pode sucumbir – em grau maior ou menor, sempre sucumbirá – a uma posição social pré-fabricada, percebendo-se como um impotente substituto no opressivo contraste de gêneros, classes, comunidades e nações.

A transformação de engajamento em submissão encontra sua mais clara expressão no constante reaparecimento das relações patrão-cliente e das visões morais que procuram vigiá-las e justificá-las. A relação patrão-cliente configura o ponto preciso da convergência entre troca, comunidade e dominação. E as doutrinas que procuram purificar e enobrecer essa relação tratam essa convergência como a verdadeira base da civilização. No entanto, mesmo os seguidores desse ideal temem que a dominação se sobreponha ao contrato e à comunidade, relegando-os ao papel de floreios e pretextos, em vez de elementos com a possibilidade de serem usados pelos mais fracos para despojar ou até mesmo dominar os mais fortes.

O risco de que a confiança e a interdependência gerem dominação e dependência não está limitado ao cenário de trocas econômicas e comunidade real. Numa forma diluída, mas, ainda assim, reconhecível, o perigo reaparece nos mais elementares casos de participação num universo de discurso comum. Cada um desses universos – uma cultura nacional, uma tradição literária, uma ciência reconhecida – contém um indício de mercado (um contexto para a troca de informação e debate) e um indício de comunidade (uma chance de participação num campo respeitado da civilização). Do mesmo modo, isso também dá origem a um problema de poder. Sempre que as pessoas aceitam certos critérios comuns de persuasão e sentido, as convenções do discurso podem ser construídas de modo que atrapalhem o surgimento de percepções e raciocínios que possam enfraquecer a tradicional imagem das coisas e, consequentemente, abalar os poderes e procedimentos que essa imagem assume como naturais.

A frequente confusão entre contrato, comunidade e dominação não consegue, contudo, explicar a ilimitada qualidade do medo que as pessoas têm umas das outras. A confusão representa apenas a causa mais óbvia desse medo, assim como a dependência do intercâmbio econômico fornece a

Paixão

forma mais visível da necessidade mútua. Listar todas as variedades desse medo recíproco requereria generalizar as concepções de troca e comunidade ao ponto de lhes suprimir todo e qualquer traço de seus significados convencionais.

As pessoas temem-se mutuamente de um modo que vai além do horror à submissão e à despersonalização, porque elas almejam não somente uma troca de vantagens particulares e o reconhecimento de sua participação em comunidades bem definidas, mas também uma aceitação mais radical de suas próprias individualidades. Elas querem um sinal de que há um lugar para elas no mundo, um lugar onde possam levar a cabo certas experiências limitadas de autoconhecimento e autorreconstrução, sem que isso possa lhes representar o risco de um desastre moral e material.

A mais elevada demanda de aceitação é aquela que diz: aceite-me pelo que sou independentemente de minha participação em comunidades específicas e independentemente do que eu possa oferecer através da troca material ou moral. Para receber um sinal dessa aceitação, a pessoa deve, de algum modo, baixar sua guarda ou tê-la baixada para si; ela deve se envolver em relacionamentos que impõem uma medida de vulnerabilidade ainda maior que a medida exigida em comunidades preexistentes – maior porque é mais experimental e menos dependente das já estabelecidas demandas e expectativas de apoio e reconhecimento mútuo. Esse gesto de exposição pessoal não tem, porém, um resultado garantido. Ele pode estar fadado ao fracasso, pois a elevada vulnerabilidade pode encontrar rejeição, ou levar, mesmo tendo sido aceita, à decepção.

O problema da habilidade em alcançar uma aceitação que não seja condicionada pela posição da pessoa dentro de um sistema público de trocas e lealdades, e que, portanto, diga mais respeito, diretamente, a sua própria individualidade, é análogo ao problema de sua capacidade de se libertar, em seja lá quais forem suas circunstâncias, da ideia de determinismo absoluto exercido por seu próprio caráter. O poder de considerar seu caráter como algo mais do que uma sina, expondo-o à possibilidade de revisão, pesa muito na definição daquilo que a pessoa pode esperar alcançar na vida. Seu caráter, se jamais tocado, amarra-a a um repertório limitado de relações com os outros, assim como consigo mesma; se seu caráter é, de fato, um destino inevitável, então ela não poderá esperar nenhuma reviravolta em sua relação com outras pessoas e tampouco em sua vulnerabilidade moral e material em relação a elas.

Mas essa revisão do caráter deve, por sua vez, ser provocada pela submissão do indivíduo a situações e encontros que abalam as rotinas de sua vida exterior e a expressão rotineira de suas paixões. Se, de algum modo, a reinterpretação e a reconstrução do caráter são possíveis, isso só acontece através de sua abertura às surpresas e pressões das circunstâncias nas quais seus hábitos de conexão com o outro e de apresentação pessoal passam a estar em jogo – sejam essas circunstâncias vividas em verdadeiros episódios de conflito e reconciliação ou projetadas na memória e na imaginação. O desenvolvimento do caráter em direção ao reconhecimento dessa possibilidade aumentada de autoexpressão e reconciliação depende dos resultados desses experimentos deliberados ou involuntários de aceitada e elevada vulnerabilidade – tanto as respostas das outras pessoas como as lições que tiramos dessas respostas farão toda a diferença.

Sempre que as transformadoras experiências da fé, da esperança e do amor tomam uma forma estritamente secular, seu denominador comum vem a ser esse amplo sentido de oportunidade em associação. Afinal, ninguém resgata a si mesmo. O caminho para essas experiências passa necessariamente por situações de risco agravado na vivência das paixões, e ter sucesso nessa empreitada requer que os outros não o ataquem em seu momento de maior vulnerabilidade. Isto é, requer gestos de boa vontade de outras pessoas. Se esses gestos forem insuficientes ou ineficazes, outros favores serão necessários para compensar sua ausência.

Assim, tanto a tentativa de obter dos outros uma aceitação radical como o esforço para libertar-se, mesmo que parcialmente, da tirania de seu próprio caráter forçam uma pessoa a passar por circunstâncias nas quais outras pessoas podem lhe fazer um mal maior do que qualquer outro que ela possa esperar no decurso normal da vida social. Esse fato acrescenta outro nível de profundidade e indefinição ao medo mútuo. Pois, por sua própria natureza, o

Paixão

risco que acompanha a busca pela aceitação radical e pela própria reinvenção moral inclui a possibilidade de fracasso. E esse fracasso perturbaria o que, em última instância, mais importa para as pessoas – pelo menos para aquelas capazes de estender sua visão para além dos imperativos mínimos de sobrevivência e segurança.

Além disso, as respostas que o desenrolar das relações entre as pessoas oferece a essas questões de aceitação mútua são sempre inconclusivas, tanto no ato de aceitação como em sua negação. De um modo, uma eventual nova experiência sempre poderá colocar em dúvida todas as experiências anteriores. De outro, uma intratável desproporção existe entre o peso da questão e a natureza de quaisquer que forem as respostas que possam ser recebidas no decorrer de toda a vida. A aceitação que pode ser oferecida por outro indivíduo será sempre o ato de um ser que, como qualquer pessoa, não é mais do que imperfeitamente capaz de reconciliação e transparência. A ajuda que possibilita a reconstrução do caráter é somente parcialmente sujeita à deliberação e ao entendimento: ninguém – nem aqueles que oferecem ajuda, nem aqueles que a recebem – pode entender ou controlar completamente a relação do caráter com a conquista, ou com a decepção, na vivência das paixões.

O drama visível da opressão e da despersonalização decorre perante um cenário de perigos sombrios que acompanha o esforço do indivíduo para que outros lhe garantam o domínio de seu próprio ser enquanto o libertam da sujeição a seu próprio caráter. Tanto as ameaças em primeiro plano como as do cenário surgem de sua necessidade de entrar na sociedade em busca de coisas indispensáveis: os meios de sobrevivência e identidade, num caso; e a garantia de individualidade independentemente da posição social e, até mesmo, do caráter, em outro. Em ambos os casos, a forma específica de perigo é que esses meios podem lhe ser negados, ou podem lhe ser concedidos de maneiras que o coloquem numa posição de fragilidade da qual ele terá pouca esperança de escapar. Mesmo que os outros lhe ofereçam os meios, a oferta será provisória, e seu valor, incerto.

Nessas questões, o indivíduo jamais poderá estar suficientemente seguro. Nenhuma defesa contra a exploração, ou acúmulo de vantagens adquiridas, poderá salvaguardá-lo da derrota e do declínio posterior em suas experiências de contrato, comunidade e dominação. Nenhuma persistência na vulnerabilidade aos outros poderá lhe oferecer promessas inquebráveis de conciliação na sociedade e de corrigibilidade de caráter. Ele teme os outros tanto pelo que lhe podem recusar quanto pelo que, mesmo sob as melhores circunstâncias, eles não têm como lhe dar. E seu medo deles não conhece limites.

O problema de nosso temor e de nossa necessidade mútuos desenvolve-se na vivência das paixões, que aumenta a variedade das relações entre nossos infinitos e recíprocos terror e desejo de uns pelos outros. A doutrina das paixões apresentada aqui toma essas evoluções como seu tema.

Um conceito de paixão pode ser desenvolvido através de uma crítica a duas visões familiares, embora distintas, de sua natureza. Cada uma dessas visões implica uma concepção inadequada da loucura. A primeira abordagem vê a paixão como ameaça à razão; a segunda, como risco à sociedade. Ambas as concepções, porém, também compreendem a paixão como força que complementa e sustenta o mesmo objeto – razão ou sociedade – que ela coloca em perigo.

Por um ângulo, a paixão é definida por sua ambivalência em relação à razão. Ela é vista como a grande destruidora e, ao mesmo tempo, como o impulso sustentador de nosso entendimento da realidade.

As paixões, segundo essa teoria, levam as pessoas a agirem de maneiras que elas mesmas, em momentos de maior reflexão, rejeitariam como irrealistas ou muito arriscadas. Elas estimulam as pessoas a ignorarem suas próprias referências de interesse particular e confundem os critérios que definem quais são esses interesses. Elas nos envolvem em relacionamentos que vão muito além do que nossas suposições cotidianas a respeito do mundo assumem como possíveis. Por toda a sua capacidade de surpresa, entretanto, as paixões raramente poderiam ser defendidas como dispositivos de um projeto utópico – aqueles sinais e instrumentos externos de esforço deliberado para mudar o mundo estabelecido. Elas seriam mais um recorrente escurecimento da visão do que uma visão alternativa.

Paixão

O outro lado da paixão, ainda segundo essa teoria, é sua função como energia elementar sem a qual a razão estaria impotente e sem rumo. Embora nos dê o conhecimento do mundo, a razão não nos diz, em última instância, o que querer e o que fazer. Ela não pode nos oferecer a qualidade do compromisso sustentado que deve basear até mesmo, ou principalmente, as atividades mais desinteressadas da mente. A paixão, no entanto, ameaçaria constantemente sobrecarregar a máquina mental cuja operação ela mesma, como energia elementar, torna possível.

Para aqueles que aderem a essa teoria, a loucura é a condição na qual o senso de realidade sucumbe à paixão. Todo episódio em que perdemos o controle da emoção, prejudicando a capacidade de compreendermos os fatos de nossa situação, é prenúncio de loucura ou, pelo menos, sinal da precariedade de nossa sanidade.

O elemento de irredutível verdade nessa concepção da paixão, da sanidade e da loucura é seu reconhecimento da suscetibilidade do senso de realidade do indivíduo ao distúrbio provocado por fortes experiências interiores de impulso, assim como à resistência e transformação do ambiente no qual ele atua. Há, contudo, várias objeções incontestáveis a essa descrição das emoções.

Em primeiro lugar, a paixão, mesmo para aqueles que a contrastam com a razão, nunca bloqueia uma singular, unificada e límpida imagem da realidade – pelo menos não da realidade social. Ela suspende temporariamente, e pode até desorganizar permanentemente, arranjos específicos de ideias mais ou menos convencionais, não testadas, mas teimosamente defendidas, que o indivíduo tem a respeito de si mesmo e da sociedade. Na verdade, é difícil saber do que devemos nos admirar mais: da tenacidade com a qual tais pressupostos são, às vezes, defendidos, ou do entusiasmo com o qual são, em outros momentos, abandonados sob a incitação de impulsos emocionais que ainda não se tornaram, ou jamais se tornarão, ideias claras. Nós, talvez, sejamos incapazes de saber se a imagem dominante da realidade pessoal ou social oferece melhor compreensão dos fatos e possibilidades de uma situação histórica do que as emoções que perturbam essa mesma imagem.

Paixão

Uma segunda objeção à visão da paixão como negação da razão aponta seu erro em não enfatizar a variedade de maneiras com as quais a emoção pode obedecer a razão ou se rebelar contra ela. Tratamos uma pessoa como mais ou menos humana, como mais ou menos sã e virtuosa, não somente em referência a seu domínio do impulso cego, mas também porque seus impulsos tomam certas formas e direções, em vez de outras. Tanto na nossa experiência introspectiva como no conjunto das sociedades, das culturas e dos períodos históricos, reconhecemos que nossas predisposições e desejos podem estar tão equivocados quanto nossas ideias. Logo, ou uma teoria da paixão incorpora essa crença largamente compartilhada, ou deve refutá-la.

A terceira dificuldade com a visão da paixão como serva rebelde da razão é que ela nega, consequentemente, o que todos comumente vivenciamos: que há algumas descobertas sobre nossa própria humanidade, e das outras pessoas, que só podemos alcançar através das experiências da paixão. Além do mais, a vida emocional de um indivíduo é formada por suas crenças; mesmo a maneira como ama, por exemplo, é influenciada pelo que ele supõe poder esperar de si mesmo e dos outros. Uma doutrina da emoção que trate as paixões como se elas simplesmente obedecessem ou perturbassem a razão deve demonstrar que essas sugestões de interdependência mais rica entre descoberta e impulso são ilusórias.

Um conceito alternativo da paixão foca seu ambivalente relacionamento com a aceitação das convenções sociais e da preeminência dos interesses coletivos sobre os desejos individuais. Num caso, a paixão reflete um impulso que leva o indivíduo a desafiar essas convenções, subordinando-as a suas necessidades imediatas. Em outro, a paixão transforma em rotina a deferência a essas mesmas normas sociais.

No melhor dos casos, a paixão representa, segundo essa visão, a transmutação do dever reconhecido em impulso sacrificatório. Nossos atos de paixão podem exigir sacrifícios dos interesses mais íntimos até da própria vida do indivíduo. Dessa perspectiva, a função das paixões é suplementar, no âmbito do hábito, o esforço de um ensinamento moralizante: apagar a nitidez do contraste entre necessidades individuais e sociais através da ênfase

Paixão

à categoria mediadora dos interesses morais. De acordo com essa visão, as paixões seriam variações dos grandes temas do egoísmo e do altruísmo, em vez daqueles da ilusão e da realidade.

A essência da loucura se definiria, assim, como fracasso na submissão às restrições da vida social. Essa definição amplifica e se assemelha à interpretação da paixão como adversária da razão à medida que as convenções sobre as realidades, possibilidades e probabilidades humanas estão entre aquelas às quais uma pessoa sã deve se submeter. Mas ela se diferencia daquela primeira explicação porque não assume como dada a disponibilidade da verdade objetiva como corretivo da ilusão. Ela está disposta a tratar toda proposição de fato a respeito das relações sociais como aberta ao questionamento, salvo a necessidade do indivíduo de, ao final, se submeter a uma autoridade coletiva que lhe ultrapassa. Em última instância, seu apelo é pela adaptação ao social, e não pela realização pessoal.

O elemento de verdade nessa visão é a inevitável dependência dos critérios de senso e contrassenso do indivíduo quando de sua participação num consenso. As palavras e ideias com as quais escrutina a si mesmo tiram sua força e seu significado das tradições coletivas da vida e do discurso; cada mudança de sentido acontece por analogia e contraste com outros sentidos, cuja estabilidade é incontestada e até mesmo enormemente exagerada. Da mesma forma, a garantia de identidade e valor pessoal do indivíduo não pode, jamais, ser separada de seu sucesso em obter aceitação e aprovação das outras pessoas, sucesso que, por sua vez, depende parcialmente da não violação, de forma grave ou sem justificativa especial, das normas estabelecidas de comportamento.

No entanto, é igualmente central à experiência de sanidade e personalidade de um indivíduo que ele seja capaz, ocasionalmente, de deixar de lado algumas das formas convencionais de conduta e expressão, de maneira que, mesmo que não o faça, a possiblidade de o fazer nunca esteja muito longe de sua consciência. Por isso – mesmo que não seja capaz de articular esse conhecimento –, no próprio ato de usar as formas canônicas de discurso e comportamento, ele deve usá-las a sua maneira, própria e única. Afinal, ele

Paixão

tem acesso a essas formas menos como sistema de normas claras que como uma massa de exemplos ambíguos e incoerentes de possíveis existência e comunicação.

Considerando-se essa necessária sobreposição, essa incongruência permanente e esse conflito em potencial entre o indivíduo e a sociedade, o papel da paixão não pode ser realisticamente limitado às fôrmas gêmeas da sã deferência ou do insano desafio à ordem coletiva. A prática e a possibilidade de dissidência também são requisitos fundamentais da personalidade, além de serem um modo de participação comunitária. Ademais, os eventos pessoais que descrevemos como paixão frequentemente confirmam as normas coletivas ao redirecioná-las. É exatamente porque a sociedade e a personalidade têm tais elos paradoxais de antagonismo e confirmação que esses encontros interpessoais podem ter a variedade e a sutileza que eles, de fato, têm.

As duas abordagens da paixão e da loucura, que acabamos de ver, apresentam uma semelhança fundamental, que, agora, deve estar evidente. Ambas veem a paixão como se ela se manifestasse num de dois modos opostos: a paixão pode ser a negação de uma realidade necessária ou exemplar, seja ela a razão humana ou uma autoridade coletiva; ou pode ser a força que leva as pessoas a aceitarem e obedecerem, de forma ainda mais efetiva, a essa realidade oficial. A loucura define-se, assim, como a situação na qual aquele primeiro modo da paixão prevalece sobre este segundo.

A escolha que a paixão faz quando se depara com os fatos da existência pessoal e da vida social seria, no melhor dos casos, uma questão de pegar ou largar. Pois a paixão, de acordo com ambas as visões, não pode descobrir nada (a não ser provendo a mente com suas considerações orientadoras), nem criar nada (a não ser perturbações temporárias e, em última instância, inúteis na ordem social ou racional).

Uma abordagem diferente das paixões retificaria os defeitos dessas duas concepções. Essa abordagem teria que ser julgada tanto por sua fidelidade ao conhecimento comum da vida moral como pelo que poderia oferecer como base de uma explicação completa para as experiências definidoras da personalidade.

Paixão

O conceito que se dá ao termo "paixão" não tem, seguramente, uma referência fixa no mundo exterior. Nossas discordantes visões da paixão jamais poderão ser consideradas, simplesmente, interpretações alternativas da mesma coisa; elas são também, de certa maneira, concepções de coisas diferentes. Nosso ponto de partida, a "paixão", é um termo ainda não examinado, disseminado mais ou menos ao acaso no discurso comum, termo o qual, depois, tentaremos tornar parte de um entendimento geral. No decorrer desse processo, a ideia de paixão deverá receber limites novos e mais precisos. Mas ela deverá continuar a abarcar os fatos da experiência comum que, inicialmente, nos interessaram e nos deixaram perplexos.

O primeiro passo em direção à redefinição da paixão sobre a qual a argumentação deste ensaio se baseia é compreender a paixão como uma gama inteira de encontros interpessoais nos quais as pessoas não se tratam mutuamente como meio para chegar a um fim. O relacionamento puramente instrumental é o único que reduz a outra personalidade à condição de objeto – seja apoio ou obstáculo. (Nem mesmo o ódio em si e em todas as suas emoções periféricas trata a pessoa odiada simplesmente como meio.)

À medida que um encontro pessoal se aproxima desse extremo de instrumentalização, ele perde os elementos que todas as outras relações pessoais têm em comum. Ele se rende às mesmas análises estratégicas que podem ser efetivamente aplicadas a uma vasta gama de processos no mundo animal não humano. Um entendimento distintamente humano das relações humanas deve, por outro lado, dar prioridade ao estudo das maneiras como as pessoas se tratam mutuamente no modo peculiarmente pessoal – passional ou não instrumental. Mas tal entendimento deve também compreender as condições e os dispositivos que capacitam as pessoas a se despojarem mutuamente dessa aura transformadora da personalidade.

Na verdade, muitos dos relacionamentos mais cruciais numa determinada ordem social – como aqueles de dominação e submissão – têm tanto caráter instrumental como não instrumental. Sua força depende de seu sucesso em alinhavar cálculo e paixão tão sutilmente que a costura pareça quase invisível. Haveria uma fragilidade inevitável num relacionamento de poder

Paixão

entre senhores, que vissem seus escravizados como objetos inanimados, e escravizados, cuja única razão para obediência seria mais o medo da punição por rebelião do que a sina da escravidão. Os escravizados não poderiam conciliar sua submissão com seu senso de personalidade, jamais totalmente reprimível, estando constantemente atentos a toda oportunidade para sabotar sua servidão, ou dela escapar. Os senhores necessitariam exercer vigilância e coerção incessantes, que acabariam por dominar todas as esferas de sua vida. Se, por outro lado, um relacionamento de poder depende inteiramente da paixão – amor e ódio, admiração e desprezo –, ele deve operar o milagre de reavivar eternamente, entre indivíduos diferentes, as emoções sobre as quais repousa. Por isso, o eterno sonho de poder é dominar através de um medo reverencial que, sistematicamente, confunda prudência e devoção como motivos para obediência.

O palco principal para o desenrolar das paixões é o campo dos relacionamentos cara a cara. Esta tese tem dois corolários. O primeiro é que, quanto mais contínuo e duradouro um encontro interpessoal direto, mais difícil será para que o encontro assuma uma qualidade puramente instrumental. A instrumentalização pode perdurar, sob certas condições, somente através de sustentado esforço das partes relacionadas ou, mais provavelmente, através da influência de um cenário especial de práticas e crenças sociais. O outro corolário é que relações não instrumentais com pessoas concretas, no aqui e agora, têm uma imensa prioridade sobre relações não instrumentais com grupos sociais ou compromissos não instrumentais com ideais impessoais. Essa prioridade é um caso tanto de fato causal como de peso normativo; seu sentido surgirá no desenvolvimento de nossa discussão. Por ora, é suficiente observar que as experiências de intenso envolvimento, de sedução ou repugnância que temos nesses contextos mais impessoais estão sempre baseadas, mesmo que somente por oposição ou negação, num conhecimento prévio das oportunidades e decepções da associação cara a cara. Os mais articulados símbolos e significados, normalmente conectados a esses envolvimentos intensos, recobrem e insinuam um âmbito mais básico de interesse enraizado nos fatos elementares dos encontros diretos.

Paixão

***

No palco das relações mútuas não instrumentais, acabamos por aceitar nossa necessidade e nosso temor recíprocos e ilimitados. Essa aceitação é uma procura. É uma busca pela liberdade – pela liberdade básica que inclui uma garantia de nos sentirmos em casa no mundo. Definir a busca de tal liberdade é formular um conceito de paixão que ofereça alternativa às doutrinas que contrastam a paixão com o entendimento racional ou com a convenção social.

A liberdade mais radical é a liberdade de ser, a liberdade de ser uma pessoa única no mundo como ele é. As próximas páginas discutem um idílio de sucesso moral que sugere o significado dessa liberdade. Toda a vivência das paixões pode ser vista, aqui, como uma questão de modos pelos quais homens e mulheres participam desse idílio ou dele se desiludem.

O indivíduo se envolve num mundo de encontros que o abre para outras pessoas, que reconhecem sua vulnerabilidade básica e permitem que ela assuma uma vasta gama de formas concretas. Esse elevado estado de vulnerabilidade, com todas as suas surpresas e frustrações, essa franca exposição a outras pessoas, de maneira que o faz experienciar incontáveis combinações de desejo e temor, não o leva, porém, ao fracasso mundano e à perda do autocontrole. O indivíduo prospera no mundo. E sua prosperidade material é parte integrante de um florescer mais amplo de sua vida em meio a outras pessoas.

Todas as provações específicas de conflito pelas quais o indivíduo passa aprofundam seu senso de participação ativa na vida social ao seu redor. Ele nem cai num estado de passividade indefesa perante a ordem coletiva, nem se protege tentando, de algum modo, assumir o comando dela. Pelo contrário, sua consciência de não estar no comando acompanha a garantia de que ele pode reagir e de que o fracasso no controle da situação não significa sua iminente destruição. As pessoas lhe parecem menos como unidade coletiva ameaçadora e mais como sociedade de indivíduos concretos com os quais ele pode ter todos os tipos de relacionamento – embora somente alguns possam ser viáveis a qualquer momento.

Paixão

Cada exploração desse mundo de relações com outras pessoas também é uma investigação de seu próprio eu; cada variação de nossa mútua ameaça e dependência torna-se uma ocasião para o refinamento da capacidade de compreender, manter e mudar o que a pessoa é como indivíduo. A consequência de toda essa sofrida vulnerabilidade é, portanto, não o aniquilamento de seu eu – sua sujeição aos poderes e opiniões de outras pessoas –, mas, sim, a descoberta que ele pode existir de modo único e, em alguma última instância, seguro, num mundo de relações cada vez mais densas com outras pessoas.

Essa última ideia sugere que há outro aspecto do idílio, além da aceitação do indivíduo por parte de outras pessoas de maneira que lhe dê posição social e autocontrole. Trata-se da capacidade do indivíduo de viver a própria vida, e de controlar os efeitos de seus atos sobre seu caráter, de maneira que ele possa mudar, sem deixar de ser, sob seus olhos, ele mesmo. Assim, ele sai pelo mundo em busca de objetivos ordinários de sobrevivência e sucesso. Mas o mundo está cheio de força e de farsa, de identidades trocadas e de vantagens subestimadas ou superestimadas. As coisas que podem acontecer consigo – e quanto mais ousada for sua ação, mais provável será que certas coisas lhe aconteçam – mudam quem ele é. Na verdade, nenhum aspecto de seu caráter – tanto como é de fato quanto como ele o percebe – está a salvo de ser transformado simplesmente dessa maneira, até que, por fim, o indivíduo esteja desprovido de toda crença de que existe um núcleo resistente de sua personalidade que pode sobreviver a todas as provações.

Com todo esse perigo – dos perigos de fracasso material a aqueles de desintegração da personalidade –, é natural que as pessoas prefiram apostas de baixo risco. Através de uma adequada combinação de trabalho e domesticidade, elas se abrigam no porto material mais seguro que venham a encontrar. Não permitem, assim, que sua sobrevivência nem seu caráter se tornem reféns do destino.

Uma pessoa, entretanto, pode ter grandes expectativas e determinação motivadora. Por elas, corre riscos que outras pessoas preferem evitar. Através das idas e vindas da vontade e do destino, as circunstâncias de sua vida mudam, assim como mudam sua imagem de si mesma e seu caráter. Mas ela

Paixão

jamais perde o senso de continuidade de sua luta e de sua identidade. Ao contrário, ela está livre de uma visão superficial e limitante de quem ela é: não confunde a si mesma com sua posição social específica, nem mesmo com o conjunto de hábitos e temperamentos que formam seu caráter. Ela aprende a vivenciar a si mesma como uma identidade que jamais será inteiramente contida num caráter e que se desenvolve com maior autoconhecimento e autocontrole através de atos voluntários de vulnerabilidade ou de esperados acidentes do destino que colocam o caráter sob pressão. Ter visto e sofrido muito e, através disso, ter se livrado de um estado rígido de percepção, sentimento e conduta faz parte do sonho quintessencial do sucesso moral. A pessoa aceita o perigo como uma condição da descoberta e da emancipação em suas relações consigo mesma, assim como em suas relações com os outros.

O toque sentimental e enganoso nesse romance do triunfo é o insinuado paralelismo entre conquistas mundanas e autocontrole, como se uma coisa necessariamente acompanhasse a outra. Mesmo assim, esse aspecto do idílio apresenta obliquamente uma verdade humana. Pois as qualidades que essa história enfatiza têm profundo parentesco com a prudência e a paciência que permitem às pessoas mudarem o mundo e prosperarem dentro dele. A disposição para experimentar diferentes tipos de encontros, e seus tipos distintos de vulnerabilidade, é parecida com as características centrais de uma imaginação política prática e transfomacional: sua recusa em assumir qualquer conjunto de alianças ou antagonismos como inquestionáveis; seu esforço para mobilizar as pessoas de maneiras que não sejam predefinidas pela ordem social existente; e sua capacidade de fazer desses experimentos de mobilização os meios para construir novas variedades de colaboração e comunidade nas questões práticas da sociedade.

A determinação de submeter o caráter às oportunidades de transformação está ligada diretamente à fuga da obsessão – fuga de percepções, sentimentos e disposições primários. Essa saída da compulsividade do autômato depende de paciência e prudência. Ela permite às pessoas identificarem oportunidades, mas também resistirem às tentações das ações inoportunas. Ela as ajuda a verem as coisas sem que elas comparem mecanicamente novos eventos com

Paixão

o estoque limitado de experiências passadas. Ela as encoraja a esperar quando a hora ainda não é chegada, tanto porque as liberta da ideia fixa do objetivo único como porque lhes permite viver o presente como uma experiência de renovada surpresa a respeito das pessoas e das situações, em vez de um desconsolado virar de páginas na agenda da vida cotidiana. Assim, ainda que a fábula do sucesso moral não possa ser justificada por apresentar uma garantia de benção material, as qualidades que invoca estão próximas da essência da sabedoria prática. Elas são uma lição simplificada sobre como encontrar seu caminho, e se divertir, num mundo do qual não se está no comando. Elas se tornam pertinentes quando um mínimo de bem-estar material já está assegurado e, a partir daí, podem se fundir com as qualidades práticas através das quais esse bem-estar pode ser salvaguardado e desenvolvido.

O tema decisivo no romance do sucesso moral é a ideia de uma provação de vulnerabilidade à mágoa provocada por outros e à transformação por seus próprios atos, uma experiência da qual se deve sair vitorioso. É um triunfo da capacidade de se lançar de tal modo num mundo incontrolável que, em vez de aniquilá-lo, o mundo permite que se exista de forma mais livre: mais livre das compulsões do caráter, mais livre da busca por uma segurança preventiva ilusória contra todas as outras pessoas. Enfim, mais livre para experimentar todas as formas possíveis e imagináveis de ação, colaboração e visão.

Assim, a pessoa perde o mundo que, inutilmente, esperava controlar, o mundo no qual ela seria invulnerável ao sofrimento, ao infortúnio e à perda da identidade, e o recupera como o mundo que a mente e a vontade podem compreender, porque pararam de tentar mantê-lo imóvel ou afastá-lo. O mundo no qual a pessoa pode se sentir em casa é o mundo que ela não espera mais controlar com a distância da imunidade. E o caráter que pode aceitar como seu é um caráter que ela, finalmente, pode ver como uma versão parcial, provisória e flexível de si mesma. Renúncia e perda, risco e resistência, renovação e reconciliação: esses são os incidentes ancestrais na busca de sua realização pessoal no decurso de uma vida.

Uma história contrária, de fracasso, deve complementar essa visão triunfante das paixões. Diante da perspectiva de se submeter às provas da

Paixão

desordem e do perigo, a pessoa pode se sentir tentada a voltar às relações rotineiras com outras pessoas, nas quais sua troca de bens materiais e sua exposição de vulnerabilidades emocionais seguem, então, um padrão estabelecido. Mesmo que ela não considere esse padrão imutável, qualquer mudança nele será sempre vista com a apreensão de um desastre. Afinal, seus hábitos de sociabilidade exibem predisposições e percepções básicas em relação aos outros e a si mesma, percepções e predisposições que podem assumir formas alteradas em circunstâncias diferentes sem passar, no entanto, por uma transformação fundamental. Isso é o caráter da pessoa, que, por si só, não define a totalidade de seu eu. Por isso, bater em retirada a favor da segurança na rotinização de sua relação com os outros equivaleria a se resignar a esse caráter limitado e limitante.

Essa posição defensiva, pela trilha das compulsões do hábito e do caráter, é ainda mais atraente porque parece ser o caminho do bom senso. A estrada alternativa, o caminho descrito pelo idílio do sucesso moral, pode ser mais sábia, mas é uma sabedoria que, mesmo em sua forma mais engenhosa, parece uma imprudência.

Nesse estado de caráter e rotina rígidos, a pessoa acaba por se entediar. O tédio é, na verdade, o peso da capacidade não utilizada, uma lembrança da liberdade da qual o eu se escondeu. No entanto, parece ser exatamente o oposto: o tédio parece justificar a rotina ao sugerir que não há nada, no mundo, que valha a pena ser feito – nada que possa compensar o abandono da segurança alcançada no hábito.

Do tédio, a pessoa escapa periodicamente através da diversão: a busca por novidades sem perigo. A diversão é uma libertação temporária da rotina e do caráter, que nunca ameaça desfazê-los porque nunca ocupa o terreno da visão, da comunidade e do trabalho cotidianos. É uma fantasia que paira em torno da realidade prosaica em vez de penetrá-la. Como o tédio, a diversão não é o que parece. Ela sugere ser uma saída parcial da monotonia, do mesmo tédio que o salva de sua vulnerabilidade ilimitada em mãos alheias e da perda de identidade que a quebra do hábito e do caráter poderia acarretar. Mas o verdadeiro significado humano da diversão como resposta ao tédio é

Paixão

justamente o oposto. A diversão reafirma a necessidade da rotina enquanto parece colocá-la de lado. No próprio ato de suposta fuga, a diversão oferece um presságio de identidade perdida e indefesa: divertindo-se, o eu vagueia sem rumo, assim como na rotina, tomando consciência de si mesmo pelo tédio, tornando-se inerte, por detrás de um olhar emudecido. A inquietude que leva de uma diversão a outra e o devaneio que marca cada diversão representam sutilmente um estado de ser em que a guarda em relação aos outros está baixa e as experiências lúdicas e fantasiosas excedem o caráter sem, entretanto, prover elementos para a construção de outro caráter. É aí que o eu começa a se desintegrar.

Uma vida comum, que não esteja muito preocupada com a sobrevivência imediata, mas que tampouco tenha alcançado o idílio do sucesso moral, é aquela que será vivida como uma oscilação entre rotina refletida no tédio e rotina negada, mas reafirmada, na diversão. A vida fracassada é aquela que alterna entre a estagnação da conduta e da visão rotineiras e o inquieto anseio por uma liberação momentânea. Essa alternância nega os meios para transformar o caráter, reformular a relação entre desejo e medo e, de ambas as formas, ampliar a liberdade de ser. Essa negação torna-se evidente no momento do tédio. No entanto, esse enfraquecimento voluntário do eu, em prol de uma imunidade à dor e à perda de identidade, sofre o deboche de uma falsa salvação: um prenúncio do colapso da autodefesa e da desintegração da autoidentidade. Esse falso resgate é o momento da diversão.

A passagem de ida e volta entre rigidez e diversão encontra paralelos, numa escala maior e mais grave, em alguns dos casos mais característicos de loucura. Assim, o esquizofrênico sofre tanto de compulsividade desenfreada quanto de submissão radical a outras pessoas. Seus automatismos na fala, no desejo e na ação são uma exageração irônica da experiência comum de se ter caráter. Mas ele também sente falta de limites claros entre si mesmo e outras pessoas. Sua condição mostra, de modo ampliado, o vínculo profundo entre o endurecimento do eu e sua submersão em outras pessoas. Na vida comum, esse vínculo é cuidadosamente ocultado, sendo visto como a única salvaguarda contra a desintegração do eu.

Paixão

Na falta de uma clarividência inovadora, o paralelismo entre a loucura e a vida normal tem o efeito perverso de confirmar que o certo é se proteger atrás das barricadas da rotina. Qualquer experimento mais audacioso com a revisão do caráter e dos termos da vulnerabilidade parece ameaçar a aceleração ainda maior do ciclo de compulsão e diversão. Essa ameaça é a lição inversa do idílio.

Ainda assim, essa caracterização do fracasso nunca poderá nos dizer, com certeza, como interpretar, em nós mesmos ou nos outros, qualquer rotina dada de sociabilidade ou caráter. Pois se, por um lado, a rotina pode ignorar e limitar a liberdade possível, ao impedir um avanço rumo a maior esforço mútuo de autodomínio e aceitação da vulnerabilidade, por outro, ela também pode ser lugar de descanso nesse avanço, base temporária a partir da qual a exploração pode ocorrer. Sua ambiguidade equivale à da forma na arte: a restrição da liberdade e, com sorte, sua condição. Qual dos dois significados é o mais preciso dependerá de quanto o agente realmente trate a rotina como capacitante e provisória.

As paixões são lances na história que recontei, ou em nossas muitas tentativas de sair dela. Cada episódio de paixão representa uma medida distintiva de fracasso ou sucesso, e uma maneira distintiva de fracassar ou vencer, na abordagem da liberdade e da aceitação, cuja conquista a história descreveu. Os lances são vividos numa profundidade de experiência que antecede a distinção entre vontade e conhecimento. Eles estão enraizados na mais básica das aspirações: a aspiração de ser alguém, com lugar garantido no mundo. Esse esforço reaparece até mesmo nas áreas mais mundanas da existência, dando significados não instrumentais às relações pessoais que a princípio parecem apenas instrumentais. As paixões são experimentos com os quais se pode descobrir o tipo e o grau de liberdade que uma pessoa pode esperar alcançar. No entanto, estes experimentos também são apostas cujos resultados, na vida real, ninguém pode prever.

A definição de uma experiência de paixão como episódio no romance da liberdade e aceitação, ou no contrarromance do malogro que o complementa, equivale perfeitamente à concepção que vê cada paixão como uma

Paixão

maneira específica de se aceitar a relação de medo e desejo mútuos entre as pessoas; uma definição se traduz na outra. A equivalência é óbvia na parte da fábula que fala da aceitação triunfante da vulnerabilidade aos outros. Mas não é menos real na parte da história que narra a forma como o autoconhecimento e o autodomínio avançam por meio dos mesmos atos de grande ambição ou resistência reflexiva, através dos quais uma pessoa coloca seu caráter em risco.

Para se lançar no mundo de uma forma que coloque em perigo não apenas seu bem-estar, mas também seus hábitos e preconceitos, para se livrar dos elementos fixos em seu comportamento, o que permite que a pessoa se livre ainda mais da compulsão, ela deve ser capaz de distinguir na prática seu caráter de seu eu. Ela deve aprender a tratar seu caráter, com suas disposições quase automáticas, como nada mais do que variação numa gama indefinidamente maior de condições de existência. Para ter certeza de que seu caráter atual não esgota seu eu, a pessoa deve aprender a ver nos outros sinais daquilo que ela mesma pode se tornar, para melhor ou pior.

Para isso, a simpatia, como uma identificação desapegada com o outro, não é suficiente. A percepção que a pessoa tem de outros caracteres, da possível absorção deles em seu próprio caráter, deve ser conquistada num processo de envolvimento recíproco. Ela vê – se não na prática, pelo menos, na imaginação – o destino e as transformações de outra pessoa se cruzando com os seus. Em encontros reais com outras pessoas, a pessoa se confronta com a resistência, o endurecimento ou o enfraquecimento do caráter delas, assim como de seu próprio, como o resultado natural desses encontros. Essa descoberta lhe revela a analogia dos caracteres, sua capacidade de se superarem a si mesmos e mutuamente, e sua correspondente incapacidade de expor, de uma vez por todas, a profundidade total da individualidade. A disposição para reconhecer esses fatos é o que melhor define o significado da palavra "simpatia".

As páginas anteriores descreveram a natureza da paixão e a área da existência onde ela pode ser encontrada. Em vez de definir a paixão por contraste com a compreensão racional ou a convenção social, proponho redefini-la como a

Paixão

vivência de um aspecto específico do problema da solidariedade, o problema colocado pela relação entre as condições que possibilitam a autoafirmação. Lembre-se de que essas condições são o imperativo de se engajar com outras pessoas e a necessidade de evitar que esse engajamento se transforme em subjugação e despersonalização. Tanto se isolar das outras pessoas quanto se submeter às suas vontades e opiniões ameaçam enfraquecer e aniquilar o eu. Nosso sucesso em diminuir a interferência entre os dispositivos da autoafirmação nos liberta; de fato, juntamente com a conquista de um maior domínio sobre os contextos de nossas ações, essa diminuição representa nossa aproximação ideal da liberdade. A vivência da paixão expõe nossos confrontos com o problema da solidariedade. Ela o faz no âmbito de nossas relações não instrumentais, cara a cara, e na forma de conflito entre nosso anseio por sermos aceitos pelas outras pessoas e nosso medo dos perigos intangíveis que tanto o anseio quanto a aceitação criam para o nosso autodomínio.

As próximas páginas mostrarão como a natureza da paixão pode ser analisada em mais detalhes, e como essa análise estreita o vínculo entre a ideia de paixão e a visão do terreno em que a paixão existe. Com esse propósito em mente, imagine uma polaridade generativa de paixões que reaparece em vários níveis de crescente complexidade.

Num primeiro nível, a polaridade unificadora é a própria coexistência da carência indefinida e do medo indefinido, manifestos nos impulsos elementares de atração e repulsão. O indivíduo encontra a outra pessoa possuída de uma significância que o impede de tratá-la meramente como obstáculo ou meio para a realização de fins independentemente definidos. A convicção que sustenta essa significância é a crença de que a existência do outro é tanto incompatível com a sua quanto necessária a ela – que ela ameaça e confirma seu autodomínio. O indivíduo é atraído a outros na crença de que a existência deles tem alguma relação crucial com a sua própria. Ele sente repulsa por eles quando intui que deve resistir ao poder sedutor deles para que sua individualidade seja mantida. Essa sedução e repulsão primitivas ainda não formam uma experiência de amor e ódio nem implicam algo sobre a natureza e alcance de uma possível conciliação entre as pessoas.

Paixão

O segundo nível da polaridade unificadora das paixões descreve o ódio e o amor como duas respostas ao problema elementar da carência e do medo. Imagine, aqui, que os impulsos de atração e perigo do indivíduo parecem estar em conflito claro e insolúvel em relação a outra pessoa. Enquanto a outra pessoa existir, ela não pode ser ignorada. No entanto, sua mera presença parece ameaçá-lo, não porque ameace sua sobrevivência física, mas porque ela coloca em foco a experiência geral da incompatibilidade radical de sua existência com a existência de outras pessoas. A única solução aparente para esse impasse seria a não existência da outra pessoa e, após sua morte, a destruição da lembrança de que ela tenha vivido, pois somente então seus poderes ameaçadores e sedutores desapareceriam definitivamente. O desejo por tal solução é puro ódio. Que esse ódio nunca surja, e nunca poderá surgir, de forma não adulterada é um ponto ao qual nos referiremos mais adiante.

Agora, o indivíduo pode ver também esse anseio e perigo mútuos como compatíveis. Nos termos dessa compatibilidade, a existência da outra pessoa é sentida como confirmação da sua; sua relação com ela exemplifica a experiência de liberdade que vem de compromissos ou conexões alcançados sem dependência ou despersonalização, a conciliação das circunstâncias capacitadoras de autoafirmação. A experiência de tal relação não deve ser mal-entendida como mero triunfo do elemento de sedução sobre o elemento de repulsa que marcam, em conjunto, a experiência básica da paixão. O indivíduo reconhece a importância da existência de outra pessoa em sua própria vida, mas seu desejo de se aproximar da fonte dessa significância não assume a forma de desejo de fundir-se com o outro, ou que o outro se funda consigo. O outro continua sendo uma pessoa à parte, apenas parcialmente acessível e compreensível. Em sua separação e mistério, o outro ainda o tranquiliza tanto no que ambos são quanto em seu poder de descobrir ou afirmar formas de conciliação ou autoexpressão que escapem das restrições de sua existência atual. Seu anseio pela outra pessoa culmina, portanto, numa experiência de confirmação mútua de autodomínio. Seu horror primitivo ao outro só confirma, de modo enfático, a separação existente entre os dois. E é somente graças ao núcleo de independência do outro que, ao aceitar o indivíduo, ele poderá persuadi-lo a aceitar a si mesmo, além de encorajá-lo no gesto de autoperdão que torna a transformação de si mesmo possível. Através dessas mudanças, os impulsos elementares de anseio e perigo são reformulados a tal ponto que, em vez de serem tolerados como contraditórios, convergem numa experiência unificada de vulnerabilidade e confirmação; em vez de tenderem para a negação da existência ou da memória do outro, eles se apegam a essa memória ou existência como algo que sustenta a própria presença neste mundo.

Ao lado da ambivalência primitiva de sedução e perigo e sua reformulação em modos alternativos ao amor e ao ódio puros, há um terceiro nível da polaridade unificadora das paixões. Esse nível consiste na alternância entre a busca do amor mais puro e a regressão a uma versão mais complicada e ambígua da mesma paixão, ou, novamente, na oscilação entre ódio mais puro e outro mais atenuado. A análise sistemática das paixões mostra que todas as nossas experiências de virtude são variações do amor, e que todas as nossas experiências de vício são variações do ódio. Mas até os exemplos mais claros de ódio e amor acabam sendo marcados por uma instabilidade interna própria, que é descrita por esse terceiro nível. De fato, as transmutações de ódio e amor operadas pelos vícios e virtudes particulares já pressupõem esse vaivém entre uma experiência focada e uma experiência difusa de amor ou ódio.

O indivíduo é capaz de se esforçar em direção ao amor, ou ao ódio, absoluto por meio de sua capacidade de desejar de modo resoluto: a capacidade de tomar um encontro específico como ocasião para fazer um compromisso inclusivo da personalidade. Nesse caso, o desejo é compromisso com a experiência particular de conciliação ou antagonismo radical em relação a outra pessoa. Tal experiência é radical em vários sentidos. Ela se apodera de uma das duas soluções extremas e claras para o problema de nosso desejo e perigo mútuos. Ela envolve o engajamento do indivíduo – em todos os seus pensamentos e ações – com o assunto em questão. Ela resolve a questão da conciliação ou do antagonismo de maneira que engloba todos os aspectos do ser da outra pessoa.

Paixão

No entanto, as características que nos afastam dessas experiências definitivas de amor e ódio são igualmente básicas para nossa natureza. Essas características são de dois tipos.

Em primeiro lugar, há nossa corporalidade, que faz com que nossos desejos sejam multifacetados e resistentes a um único e focado ato de compromisso. Suponha, por exemplo, que um indivíduo seja movido pelo ódio a alguém. Ele também pode sentir desejo sexual por essa pessoa – e esse desejo jamais será apenas extensão de seu ódio ou algo indiferente a ele; ele será também uma negação de seu ódio. Pois esse desejo sexual negará a premissa de incompatibilidade que abrange todos os aspectos de sua própria pessoa e da pessoa que o indivíduo odeia, e se oporá ao desejo de que o outro não exista e que a lembrança dele seja apagada de sua memória. Mais geralmente, sua incapacidade de governar seus encontros com os outros por meio do compromisso inequívoco de toda a sua pessoa com uma única linha de ação configura um obstáculo para os extremos do amor e do ódio. O indivíduo depara com essa verdade sempre que a inconstância e a parcialidade de seus desejos são trazidas à tona. A base dessa ingovernabilidade está na resistência de seu verdadeiro eu corporal a qualquer direção unificada ou estável, mesmo a direção imposta por um desejo dominante que ele mesmo não acredita controlar.

A segunda circunstância natural que se coloca como obstáculo ao amor e ao ódio radicais tem a ver com a relação entre a realidade e a possibilidade, entre limite e transcendência, entre nossos pensamentos e sentimentos num dado momento, e nossas preconcepções sobre o que as relações entre as pessoas possam ser. Esse impedimento exige uma análise mais extensa que desenvolve ainda mais a ideia central da paixão.

Nossas experiências de amor e ódio nunca se concentram exclusivamente na pessoa amada ou odiada. À medida que essas experiências se intensificam, elas se ampliam numa inclinação amorosa ou odiosa em relação às pessoas (e, de certa forma, em relação ao mundo como um todo). Essa ampliação não impede que o ódio e o amor, direcionados a indivíduos diferentes, coexistam no mesmo agente. No entanto, a inclinação implicada por

Paixão

qualquer momento de amor ou ódio não permanece focada exclusivamente na pessoa amada ou odiada; ela é como um feixe de luz que se estende vagamente para além do objeto ao qual é direcionado.

Cada vivência de paixão é um experimento na resolução de nosso risco e anseio mútuos. Ela ocupa um lugar dentro de uma ordenação anterior de predisposições em relação aos outros. Essa ordenação está localizada num dos muitos pontos de convergência entre o impulso não reflexivo e o pensamento reflexivo. Tal ordenação é mais do que um sistema de ideias sobre as possíveis formas de associação; e uma experiência particular de amor e ódio não pode ser colocada dentro dessa ordenação como uma observação interpretada dentro de uma teoria científica. Mas essa ordenação também não é apenas um conjunto de respostas condicionadas às coisas que as outras pessoas fazem. É, antes, um grupo de orientações que atingiu uma medida de concretude e rigidez, tanto por se tornarem hábitos quanto por validarem certas pressuposições sobre as relações que são possíveis entre as pessoas e sobre as maneiras como essas relações podem se transformar. Essa validação ajuda a formar um caráter – a versão congelada de um eu.

O desenvolvimento, por um indivíduo, desses conjuntos vivenciados de hipóteses sobre relações pessoais é marcado pela mesma dinâmica de limite e de avanço alcançado ou fracassado que encontramos em tantas áreas da experiência humana. O enorme peso de uma estrutura dada – neste caso, as orientações de um indivíduo em relação a outros indivíduos, misturas de hábito e preconcepção – coexiste com a fragilidade oculta dessa estrutura – sua incapacidade de esgotar a medida de nosso anseio e risco mútuos ou de acomodar tudo o que podemos descobrir sobre nós mesmos e uns sobre os outros. Os avanços, nesse caso pessoal, parecem menos frequentes do que o que se vê na história coletiva da sociedade, pois, simplesmente, são limitados ao tempo de uma única vida, além de poderem não deixar vestígios públicos e tangíveis.

O conteúdo desse elemento de caráter consiste numa visão do quanto podemos razoavelmente esperar em termos de conciliação entre as condições de autoafirmação. Ou, uma vez mais, se resume a tratar um ponto específico ao longo do gradiente que vai do amor ao ódio como protótipo do que as interações não instrumentais entre pessoas podem ser quando ocorrem da melhor forma possível. Entre os mais importantes momentos de virada na vida de uma pessoa estão aqueles em que ela reformula suas visões do que é esse protótipo e, simultaneamente, altera suas concepções de realismo psicológico e seus padrões de aspiração moral.

Quando, portanto, uma pessoa odeia outra, esse ódio sempre tem uma dupla referência. Embora se refira à outra pessoa, o ódio também evoca a ordenação básica da experiência do agente – suas próprias imagens da possibilidade humana, baseadas em crenças e incorporadas por hábitos. Não há ódio puro na vivência da paixão, assim como não há observações não interpretadas na ciência nem soluções definitivas para os problemas de organização social na história. Aí está o significado da ambivalência entre odiar outra pessoa e ter uma visão odiosa do mundo.

É preciso ser um anjo para amar e odiar sem reservas. O ódio e o amor puros exigem que nos libertemos do corpo e da contextualidade. Anjos, segundo dizem, são incorpóreos e a-históricos. Nós, mortais, precisamos transitar entre a busca da incondicionalidade em nossos amores e ódios e a resignação com relacionamentos mais limitados. Essa alternância confere a todos os nossos encontros uma sondagem característica, não apenas do outro indivíduo, mas de nossas chances gerais de conciliação ou antagonismo. Então, esse terceiro nível da polaridade unificadora remete ao primeiro nível – nossas experiências elementares de desejo e perigo mútuos –, e mostram como essas experiências se tornam objetos a serem testados no decurso da vida.

Os três níveis da polaridade generativa das paixões são: a circunstância de necessidade e medo mútuos, as contrastantes respostas a esse predicamento oferecidas pelo amor e pelo ódio, e a oscilação em nossos ódios e amores entre foco e dispersão. Na vida, esses níveis se fundem.

A polaridade das paixões opera numa área de experiência vagamente delimitada por duas fronteiras que a vivência da paixão cruza constantemente. Uma dessas fronteiras marca a separação entre as preocupações da paixão e nossa necessidade estritamente material do fruto do trabalho de outras

Paixão

pessoas. A outra fronteira separa os interesses com as relações pessoais, que dominam a esfera da paixão, de nossa busca por um significado maior: a tentativa de tornar inteligível tanto nosso lugar no mundo (ou, de fato, o próprio mundo) e nossas experiências elementares de personalidade. Os problemas que surgem além dessas duas fronteiras – os problemas de riqueza e poder, além da primeira, e aqueles de religião, além da segunda – não são claramente separáveis daqueles que surgem na área central da paixão. Nossas constantes travessias dessas linhas divisórias mostram como a polaridade mestra das paixões se transforma em algo mais.

As outras pessoas aparecem para nós não apenas como protagonistas de nosso desejo e risco infinitos. Elas podem também nos trazer ganhos ou perdas materiais concretos, além de apoios ou obstáculos para a realização de objetivos bem definidos de sobrevivência, segurança ou engrandecimento. Sempre haverá a questão do grau em que qualquer encontro dado, ou esfera da vida, será submetido a esse cálculo instrumental, e do grau em que a outra pessoa permanecerá como objeto de paixão e, portanto, também o ponto focal para todas as preocupações descritas pelos três níveis da polaridade central.

Algumas concepções de sociedade – como as ideias de troca de presentes de muitos povos tribais ou as idealizações típicas da relação patrão-cliente, com sua deliberada confusão de contrato, comunidade e dominação – tentam apagar a distinção entre essas duas maneiras, a instrumental e a passional, pelas quais as pessoas podem se ver e se tratar mutuamente. Algumas abordagens, como aquelas que atribuem ideais divergentes de associação a áreas distintas da vida, tentam, ao contrário, circunscrever essas duas orientações às relações entre o eu e o outro. Nenhum desses esforços, porém, alcança sucesso completo, pois cada um deles nega experiências recorrentes na vida.

Mesmo nas formas mais puras de amor e ódio, as pessoas facilmente se encontram atraídas pelo cálculo de poder e troca. Elas nunca sabem ao certo quanto estão sendo tratadas como objeto desse cálculo ou quanto estão, elas mesmas, fazendo o cálculo. Mesmo em seus tratos mais pragmáticos com riqueza e poder, as pessoas descobrem que a continuidade de um relacionamento produz, se sua estabilidade não exigir, a reformulação parcial da

Paixão

colaboração ou da dominação numa forma de engajamento comunitário. A outra pessoa se torna o objeto de fascinação, beneficiário de lealdade ou alvo de antagonismo que não pode ser explicado somente pela ajuda ou pelo obstáculo que ela coloca ante a realização de seus projetos.

Como nenhum aspecto da vida de uma pessoa é tão profano que deva ser excluído de sua experiência de desejo e perigo, essa dupla confusão se torna um evento inevitável e frequente. Além da mais elementar busca pela sobrevivência, nossos desejos ganham todo o seu sentido e grande parte de sua força a partir de nossa adesão a um mundo coletivo repleto de outros corpos, mentes e vontades, mundo cuja lei determina que nos exponhamos ao medo e ao anseio ilimitados quando estamos uns perante os outros.

A paixão também interfere em nosso esforço de tornar inteligíveis as circunstâncias básicas da existência. Buscamos nos outros mais do que oportunidades para viver nossas sensações de desejo e de perigo; buscamos respostas para o enigma de nossa existência ou um modo de nos esquecermos completamente desse enigma, encontrando as consolações do esquecimento nas hipnóticas atividades de uma vida bem ocupada. Em qualquer momento desse processo, podemos ser assaltados pela dúvida: a questão levantada por um episódio de paixão é a restrição à nossa conciliação com os outros ou a restrição à nossa percepção da realidade?

O padrão característico de limite e avanço, de estruturas parciais e coisas que não se encaixam nelas, que descobrimos em muito do mundo ao nosso redor é exibido de forma marcante na vivência da paixão em si. Tanto o que podemos quanto o que não podemos descobrir sobre a realidade e a possibilidade derradeiras parecem nos confrontar, de forma concentrada e próxima, em nossas próprias experiências de identidade e relação. Cada evento de paixão, portanto, parece levantar de novo a questão de nossa relação com os contextos de nossa ação.

Em todos os três níveis convergentes de sua polaridade, as paixões se dissolvem: numa extremidade, na tentativa de reduzir outras pessoas a objetos de cálculo e dominação; na outra, no esforço de encontrar resposta ou o epitáfio da resposta para o enigma da existência. Essa dupla dissolução ocorre

Paixão

constantemente e é constantemente revertida. Tanto sua ocorrência quanto sua reversão surgem a partir das características mais básicas da identidade: a corporalidade, a contextualidade e o desejo pelo supracontextual.

Cada episódio de paixão tem um lugar ao longo da polaridade unificadora anteriormente descrita. Cada um representa um momento em que se lida com a alteridade de outras pessoas. Esses eventos se repetem e se agrupam. Alguns episódios caminham em direção à aceitação do conflito aberto entre seu anseio por outras pessoas e seu inconformismo com a existência delas, ou seja, para a resignação com a inconciliabilidade das condições de autoafirmação. Outros eventos desse tipo se aproximam mais de oferecer uma experiência de confirmação em seu próprio ser por meio da existência de outra pessoa e, assim, exemplificam, no âmbito específico da paixão, uma conciliação parcial entre as circunstâncias que possibilitam a autoafirmação. Ao primeiro grupo de episódios pertencem os vícios, derivados do ódio, e ao último grupo, as virtudes superiores da fé, da esperança e do amor, embora chamá-los de virtudes e vícios seja atribuir juízo de valor a suas experiências de autoafirmação na sociedade. Além disso, existem ainda outros eventos – que chamarei de paixões protossociais – que não se encaixam na polaridade central das paixões, refletindo assim sua incompletude.

Somados, esses episódios formam um retrato dos riscos e oportunidades característicos, além daqueles de ganhos e perdas materiais, com os quais a alteridade de outras pessoas nos confronta. Com certeza, esse retrato é inevitavelmente esboçado e provisório: não há paixão tão básica que seu sentido permaneça imune às mudanças nas condições de vida social, e não há mapa da experiência moral que descreva, de modo definitivo, as possíveis descobertas de qualquer pessoa sobre autoafirmação e alteridade. O que realmente nos surpreende é que o retrato possa, de algum modo, ser desenhado.

Cada aspecto da polaridade tripla das paixões confirma nossa incapacidade de conciliar completamente nossa necessidade de sermos aceitos pelos outros, e de nos unirmos a eles em formas comuns de discurso e de vida, com nossa luta para evitar as muitas formas de perigo material ou imaterial em que outras pessoas nos colocam. Nosso fracasso em conciliar completamente essas demandas, mesmo nas melhores circunstâncias pessoais e sociais, pode ser visto como sinal do conflito entre as condições de autoafirmação e aquelas de apego aos outros. De modo mais preciso, esse fracasso também pode ser entendido como uma desarmonia entre os requisitos da autoafirmação em si. Quanto mais uma pessoa se preocupa com a defesa, o distanciamento e a falta de envolvimento, mais nega a si mesma os recursos para sua autoconstrução e autotransformação, tornando-se, assim, a rainha de um castelo vazio. A análise de exemplos particulares de paixão mostrará que essa relação paradoxal do eu com os outros aplica-se tanto às nossas ideias e questionamentos quanto a nossos desejos e propósitos, e que ela colore cada episódio de compreensão ou emoção.

Os argumentos anteriores sobre o caráter da paixão introduziram um elemento compensatório ao lado da ideia de uma tensão irremediável no projeto de autoafirmação. Esse elemento complementar é a tese de que as paixões diferem na medida em que resolvem o conflito interno de autoafirmação, embora jamais possam solucioná-lo completamente. Os arranjos sociais, por sua vez, diferem no grau em que encorajam essa resolução e em que transmitem às nossas experiências sociais cotidianas algo da qualidade que caracteriza suas manifestações mais íntimas e completas.

Usemos como exemplo a confiança e a desconfiança, que afetam tanto a desarmonia nas paixões quanto sua possível correção parcial. Embora sejam paixões particulares, a confiança e a desconfiança também têm status especial. Elas mostram, de modo mais claro do que qualquer outra coisa, como o conflito revelado pela polaridade das paixões pode ser agravado ou diminuído. O amor e o ódio foram descritos como as resoluções mais extremas do conflito elementar entre o anseio e o perigo em nossas relações com outras pessoas. A confiança é o caminho mais comum para qualquer avanço em direção a essa conciliação, a base sobre a qual o amor e as paixões ligadas a ele podem se firmar e perdurar.

No entanto, em virtude de sua ambiguidade, a confiança e a desconfiança também exemplificam e iluminam nossa incapacidade de resolver esse

Paixão

conflito definitivamente. A confiança requer uma renúncia parcial da demanda por reciprocidade imediata e tangível. Essa renúncia, por sua vez, cria uma nova oportunidade para que o poder se consolide sob a sombra da confiança, mesmo quando a dependência e a dominação ainda não entraram no jogo de uma relação pessoal. Mas onde quer que haja poder estabelecido, emergente ou mesmo latente, e quaisquer que sejam as formas que esse poder venha a assumir, a confiança e a desconfiança se tornarão ambíguas. Cada demonstração de confiança pode ser uma rendição desavisada; cada gesto de desconfiança, um sinal de aprendizado e emancipação. A natureza das relações sociais e de nossa compreensão delas é tal que nunca poderemos, em circunstância real alguma, ter certeza da maneira correta de interpretar essa ambiguidade. A inevitável falta de garantia confirma a fragilidade de qualquer solução para a polaridade das paixões e do conflito central que essa polaridade revela.

A confiança é, essencialmente, uma ideia simples. É a nossa disposição para aceitar nossa própria vulnerabilidade. Ela é caracterizada por motivos e respostas distintos. Em situações em que outras pessoas possam vir a me prejudicar, minha resposta consiste em não tentar escapar da situação ou não tentar fazer acordos que diminuam a capacidade delas de me fazerem mal. Já o motivo para essa confiança é a minha certeza de que, quaisquer que sejam as decepções e mal-entendidos temporários, os outros, a longo prazo, não me abandonarão, pelo menos não voluntariamente. Mais precisamente, a confiança é uma lealdade à comunidade ou ao empreendimento conjunto, que é relativamente impermeável ao cálculo de custos e benefícios imediatos, advindos da participação no empreendimento coletivo. A participação deve, portanto, ser vista como algo em si mesmo – uma atitude que não pressupõe nem um ato de amor em relação a estranhos, nem uma identidade percebida dentro de uma ampla gama de valores e interesses coletivos.

A natureza interna da confiança pode ser revelada ao considerarmos sua conexão paradoxal com a norma da reciprocidade. Uma das características que marcam as relações de confiança é a recusa em insistir numa contabilidade de ganhos e perdas no estilo "toma lá, dá cá". Num dado momento, um indivíduo talvez tenha que suportar a maior carga, enquanto seus

Paixão

colaboradores sejam favorecidos com cargas mais leves. Ele, porém, não protesta. Ele, mais ou menos, deixa de lado a preocupação com sua desvantagem imediata. Ele, mais ou menos, espera que as coisas se acertem em breve. Ele, mais ou menos, acredita que ninguém em particular seja culpado por seus infortúnios presentes. Ele tem certeza, pelo menos, de que os outros não se unirão contra ele e, seguramente, cuidarão dele.

Embora o ideal de reciprocidade seja reprimido e restrito em associações de confiança, ele não é esquecido. É *como se* as partes tivessem concordado em remover esse ideal da pauta de preocupações para que ele possa ser realizado de forma mais suave e eficaz; e digo "como se" porque nenhum acordo desse tipo ocorre de fato. Os participantes vinculam naturalmente a exigência de reciprocidade à experiência contínua da vida comunitária, em vez de exigir trocas ou compensações particulares no decorrer do empreendimento.

Essa reorientação pode funcionar melhor se o empreendimento comunitário se beneficiar de um nível de lealdade que exceda o que mesmo uma previdente reciprocidade pudesse justificar. Caso contrário, cada participante poderá se manter distante do esforço conjunto. Ele poderá se perguntar se a reciprocidade de longo prazo está sendo, de fato, mantida, e demonstrar preocupação com o equilíbrio entre vantagens e desvantagens a curto prazo, preocupação maior do que aquela que a comunidade pode se permitir sem colocar em risco sua própria segurança. Surgida uma atitude de suspeita, ela logo se tornará contagiosa: cada participante começará a suspeitar que seus colegas não vejam sua atividade comum como empreendimento compartilhado. Sua visão de tudo e de todos mudará. Assim, o sucesso de um estilo colaborativo que aplica a demanda por reciprocidade em todo o empreendimento comunitário, e não somente em parte dele, depende de sua capacidade de ir além da reciprocidade como motivo para a conduta dentro do empreendimento. Várias outras consequências especiais ocorrem a partir dessa visão de reciprocidade e confiança.

Em primeiro lugar, uma relação de confiança não está geralmente focada num objetivo específico e transitório. Ela requer colaboração contínua e fornece grande parte de seu próprio objetivo e recompensa.

Paixão

Segundo, as partes de uma relação de confiança tendem a não pensar sobre suas transações recíprocas em termos de direitos e deveres bem definidos; as obrigações são definidas de forma difusa. Cada participante se preocupa mais com as atitudes em relação ao grupo e a si mesmo, reveladas pelas palavras e ações de seus parceiros, do que com a conformidade a um plano rígido de direitos e responsabilidades.

Terceiro, quando um participante numa relação de confiança viola as expectativas de seus colegas sobre como deveria se comportar, eles preferem interpretar seu desvio como mal-entendido ou fraqueza ocasional. Não concluem que ele está tão somente buscando seus próprios interesses, e que toda a associação está sendo usada apenas como ferramenta de interesse próprio. Somente quando um padrão consistente de negligência se desenvolve é que a relação entra em crise.

A conexão paradoxal entre reciprocidade e confiança é complicada, e até mesmo interrompida, quando o problema da confiança surge no contexto do poder. Para que um subordinado confie em seu superior é necessário, em geral, que o subordinado aceite como justificada a distribuição desigual de poder em favor do superior. Ele vê essa desigualdade como expressão de uma ordem moral (por exemplo, a doutrina do carma hindu, que afirma que o lugar de uma pessoa na ordem social resulta de seu comportamento em encarnações anteriores) ou como o preço a ser pago por uma vantagem coletiva (por exemplo, a obediência que garante, no melhor interesse de todos, o sucesso do empreendimento comum). Essas duas justificativas invocam um valor maior do que a reciprocidade, valor ao qual a reciprocidade deve ser sacrificada. Para que um superior confie em seu subordinado numa relação desigual, ele concede ao subalterno ampla margem de manobra na execução das tarefas que lhe são designadas. Por outro lado, a desconfiança exige que o subordinado seja cercado por regras detalhadas, e por uma supervisão pessoal muito próxima, quando não ambas. Assim, o efeito da hierarquia na relação entre confiança e reciprocidade se manifesta numa disparidade no nível de confiança nos dois lados da relação.

Dada a força sedutora que o ideal de reciprocidade exerce em todos os encontros, já se pode perceber que o esforço para estabelecer e perpetuar relações de poder não recíprocas requer uma dissociação sistemática entre a confiança e a reciprocidade. E essa desvinculação é muito mais difícil de ser alcançada do que o estabelecimento da confiança num ambiente de reciprocidade a longo prazo. E, no entanto, acontece o tempo todo, e a repetição dessa proeza colore grande parte da história humana.

Uma relação de poder pode, contudo, ser conciliada com um ideal de reciprocidade. Uma maneira de garantir essa compatibilidade seria adotar um sistema de rotação em que o poder é exercido por períodos limitados: eu o comando hoje, você me comanda amanhã. Outra maneira seria estabelecer hierarquias divididas: eu o comando em alguns aspectos, você me comanda em outros.

Todos os movimentos políticos e instituições, ou, de fato, toda forma de colaboração ou troca, devem enfrentar dois demônios. Um é a tendência do indivíduo de sacrificar os desejos de todos os outros pelos seus próprios. O outro é sua inclinação para ver os arranjos da vida coletiva, em qualquer ambiente ou nível de generalidade, como tentativas injustas de passar por cima dele. Os dois problemas se conectam porque a força do interesse próprio faz com que as pessoas suspeitem de arranjos sociais, como se eles fossem pretextos para que outros tirem vantagem delas. Quando o interesse próprio se torna predominante, a desconfiança prospera.

Tanto o interesse próprio quanto a desconfiança têm dois lados: vistos sob um ângulo, são termos de condenação; vistos sob outro, são termos de elogio. Essa ambiguidade de seu significado moral nos leva diretamente ao cerne de algumas das características mais surpreendentes da vida social.

O interesse próprio que um indivíduo está inclinado a colocar acima dos desejos de outras pessoas é necessariamente o interesse dele, conforme ele mesmo o percebe. Esse interesse nunca seria reprimido pelas suas próprias concepções do que é possível e do que é desejável. Mas as visões do desejável e do possível que realmente lhe importam raramente serão aquelas declaradas em voz alta. Geralmente, elas permanecem num crepúsculo de consciência que lhe obscurece a percepção da hipocrisia.

Paixão

As causas da ambiguidade se multiplicam na forma como o indivíduo vê sua relação com outras pessoas e com as concepções que elas têm de seus próprios interesses. Dois extremos de clareza moral podem, então, ser percebidos. Num extremo, um indivíduo pode ter crenças sobre seus interesses que abrangem ou implicam ideias sobre o que pode beneficiar os outros (essas ideias podem incluir a noção de que os interesses do indivíduo são o que ele, por si só, define que são). Ele pode, desse modo, agir de maneira que, segundo sua própria admissão, subordina egoisticamente as necessidades dos outros às suas próprias. No outro extremo, o indivíduo pode ter uma visão do que considera os reais interesses das outras pessoas; visão que difere daquela que as outras pessoas, de fato, têm. Ele pode até acreditar ter o direito de agir de acordo com as necessidades reais que imagina, que são distintas das necessidades que elas pensam ter. O que, então, pode parecer egoísmo para os outros, ele pode considerar como altruísmo esclarecido.

Ações morais reais e a compreensão de si mesmo raramente se apresentam com a clareza desses dois casos extremos – seja devido à percepção que as pessoas têm do que está acontecendo ou à nossa capacidade, como observadores, críticos e políticos, de distinguir egoísmo de altruísmo. O ato egoísta encobre-se, na maioria das vezes, com um manto semitransparente de justificativas. Aqueles que, em proveito próprio, apelam para esses pretextos não sabem, eles mesmos, como levá-los a sério. Rejeitar tais justificativas seria fácil, desde que se pudesse aceitar, sem objeções, a tese radical de que todos são, por definição, o melhor juiz de seus próprios interesses (observe que essa tese difere de outra ideia liberal clássica: que, esteja ou não o indivíduo apto a julgar seus interesses, é preciso respeitar absolutamente a esfera de sua autodeterminação e permitir que seus limites sejam definidos por critérios independentes). Portanto, a dificuldade em distinguir entre egoísmo e altruísmo na conduta humana deve-se diretamente ao fato de o valor moral dos interesses de cada pessoa depender de opiniões subjetivas: qualquer associação entre indivíduos pode ser analisada a partir de um número indefinido de pontos de vista conceituais.

Uma ambiguidade igualmente pervasiva acompanha a desconfiança. A suspeita do indivíduo de que uma prática social na qual está inserido

Paixão

funciona sistematicamente, mas secretamente, em benefício de outras pessoas pode resultar de sua falta de confiança na boa-fé delas. Essa falta de confiança pode, por sua vez, ser consequência do egocentrismo, da preocupação obsessiva com suas próprias questões em oposição ao bem-estar dos empreendimentos colaborativos nos quais ele participa. Mas ela também pode representar repúdio a falsas justificativas, que seria um prelúdio indispensável para a autoconsciência crítica e a transformação política. O perigo, no entanto, é que esse espírito de suspeita, tendo revelado uma instituição pelo que ela é, poderá simplesmente excluir ou sabotar tanto as alianças necessárias para subverter as instituições presentes como as lealdades imprescindíveis para dar sustentação a arranjos futuros.

A experiência de lidar com o poder não recíproco, numa situação de desconfiança ambígua, é das mais comuns e intrigantes na história. Sua complexidade interna é agravada pelas relações contraditórias entre razão e ressentimento, entre padrões ideais e escolhas realistas, e entre reciprocidade e comunidade.

Não importa quão elaborada seja a crítica das justificativas para o exercício não recíproco do poder, ela só poderá se tornar força coletiva se estiver associada, na mente de grande número de pessoas, ao ressentimento de serem tratadas injustamente. Pode ser mais fácil, porém, excitar um ressentimento do que controlá-lo: ele pode acabar desencorajando as pessoas a correr os riscos necessários para estabelecer novas relações sociais. Como resultado, as pessoas ficarão divididas entre a aceitação resignada das formas estabelecidas de vida social e a paralisante suspeita das alternativas. De fato, mesmo com a clareza dos intelectos e a pureza dos corações, pode ser quase impossível saber, em dado momento, quando o ressentimento é o motor e quando é o dono de nossas ações.

Mesmo quando os arranjos não recíprocos para o exercício do poder dentro de uma comunidade podem ser um componente justificado de um ideal social, eles podem também desempenhar um papel historicamente progressista. A não reciprocidade no exercício do poder dentro de instituições particulares pode ajudar a causa da reciprocidade na história. É, pelo menos, o

135

Paixão

que alegam todas as doutrinas baseadas na desigualdade e disciplina revolucionárias. Mas essa alegação em si mesma tem peso incerto. A visão ideal de relações sociais não pode ser meramente adiada para um futuro distante, sob pena de nunca se concretizar; ela já deve ser prefigurada na prática política destinada a trazer o ideal à existência. O quanto, ou de que maneiras, a prática deve antecipar o programa não é uma pergunta simples para a qual haja uma resposta geral.

Um fator final de obscuridade reside na ameaça que até mesmo as suspensões supostamente justificadas da reciprocidade possam representar à vida comunitária. Há um ponto em que a supressão da reciprocidade começa drasticamente a envenenar as experiências de personalidade e comunidade. Pessoas que estão num relacionamento inalterável de superioridade e subordinação dificilmente conseguem lidar umas com as outras como participantes conjuntas da mesma comunidade. Sua afeição mútua, permeada pelas linhas hierárquicas, será prejudicada pela condescendência ou piedade por parte do superior e pelo autorrebaixamento ou anseio desavergonhado por parte do subordinado. A afeição só pode escapar dessas falhas através de um esforço extraordinário de transcendência para além das circunstâncias cotidianas, não tocadas pelo amor.

A discussão anterior tratou da ambiguidade da desconfiança, vista como egoísmo e esclarecimento nas circunstâncias do poder não recíproco. Essa ambiguidade assume forma ainda mais básica quando o exercício do poder é em grande parte recíproco. A questão central para um participante da comunidade torna-se, então, quando identificar desvios específicos ou momentâneos da reciprocidade como indicativos de quebra da reciprocidade geral do grupo. Por todas as razões mencionadas anteriormente, a vitalidade da vida comunitária exige disposição para ignorar dificuldades particulares e contar com a boa-fé dos coparticipantes. Mas a integridade do grupo também requer uma medida de vigilância para garantir que essa confiança não seja abusada; caso contrário, a realidade da dominação se insinuará sob a capa das reivindicações da comunidade. Numa ampla gama de experiências sociais, nunca será fácil distinguir a desconfiança que busca exercer essa

Paixão

vigilância da desconfiança que revela a intromissão da autoproteção defensiva num cenário de vulnerabilidade mútua. O sucesso em manter a distinção depende tanto da generosidade de julgamento quanto da clareza de entendimento. Esteja o indivíduo protestando contra os arranjos comunitários atuais ou rompendo completamente com a comunidade, ele o deve fazer no espírito de alguém que mantém viva a esperança de reinstalar o ideal comunitário no grupo existente ou em outro.

A questão das regras destaca claramente esse aspecto da ambiguidade da desconfiança. As regras podem ajudar a estabelecer, definir e proteger o quadro de reciprocidade. No entanto, elas devem também ser aplicadas ou desenvolvidas em casos particulares, pois os dilemas da desconfiança reaparecem quando as pessoas têm que decidir se houve ou não quebra de reciprocidade. O problema é que, quanto mais claras tentamos tornar as regras, a fim de evitar dúvidas interpretativas, maior será o risco de congelar a espontaneidade da vida comunitária. A limitação imposta pelas regras pode refletir e encorajar o declínio de um compromisso franco com o empreendimento conjunto, além de promover o interesse por reivindicações e obrigações limitadas. Isso focaria a atenção no que cada pessoa está recebendo ou dando. Por fim, a limitação poderia impor a um esforço colaborativo uma rigidez que impediria seu desenvolvimento futuro.

Há ainda outro sentido no qual a desconfiança pode representar esclarecimento, em vez de egoísmo, mesmo em condições de reciprocidade. Nenhuma comunidade chega a representar uma expressão completa ou final do ideal comunitário: um compromisso passional com comunidades particulares não precisa ser incompatível com o reconhecimento de que cada um desses grupos e todos eles juntos são manifestações parciais e temporárias da humanidade. Esse fato tem duas consequências morais que perpetuam o significado ambíguo da desconfiança nas manifestações de solidariedade comunitária.

Uma consequência diz respeito à qualidade da experiência subjetiva de participação na comunidade. Não importa quão nobres sejam os objetivos do esforço comunitário e quão justos sejam os arranjos da vida comunitária,

Paixão

o amor pela verdade moral e a defesa de nossos poderes de crítica e transcendência exigem que reconheçamos a inevitável imperfeição do grupo no próprio ato de nos dedicarmos a nossos companheiros dentro dele. Deverá sempre haver uma atitude de contenção – uma margem de ceticismo, privacidade e retraimento – que coexista com a participação mais intensa. Na verdade, essa resistência interna às reivindicações exclusivistas e invasivas que até mesmo as melhores e mais vitais comunidades fazem sobre nossos desejos e nossa imaginação é, em última análise, a única maneira de moderar as tendências estupidificantes e despóticas da existência em grupo. De qualquer modo, nunca poderemos ter certeza se essa reação às demandas da comunidade representa consciência da imperfeição social ou rejeição egoísta da vulnerabilidade.

A outra consequência da parcialidade dos grupos diz respeito à disposição de deixarmos a comunidade e, se necessário, nos opor a ela. Se nossas lealdades a diferentes comunidades entrarem em conflito, podemos tentar resolver o conflito da melhor maneira possível. Mas se um estilo inteiro de vida comunitária se tornar incompatível com o progresso de nossos esforços de autoafirmação individual ou coletiva, definidos por um projeto existencial ou visão social, um ato muito mais decisivo de oposição à comunidade pode ser necessário. A necessidade dessa desobediência pode resultar menos das mudanças que ocorreram dentro do grupo em si do que da relação do grupo com as possibilidades emergentes de vida social. A consciência de que podemos estar destinados a trair as comunidades a que pertencemos pode dar ao envolvimento comunitário a premência que ele não teria de outra forma. Mas isso não elimina a dificuldade que temos em determinar quando tal traição representa a afirmação de um interesse egoísta contra um bem público e quando se trata de um dever de justificada revolta. Podemos até ter a esperança de conseguir formular princípios que nos ajudem a determinar quando, exatamente, um indivíduo deve corroborar o senso de parcialidade do grupo ou se tornar inimigo das comunidades que ele ama. Mas tratar tais princípios como codificações universais em vez de como alusões a projetos existenciais ou visões sociais específicas é confundir a relação entre as formas de vida,

Paixão

representadas pela aceitação prescritiva desses princípios, e as possibilidades não testadas e não codificáveis de conexão humana.

A premissa da minha discussão sobre desconfiança e esclarecimento tem sido a impossibilidade de conciliação completa entre desejo mútuo e medo recíproco. E essa impossibilidade é simplesmente a forma mais íntima do conflito insolúvel entre as exigências da autoafirmação: entre a necessidade de sustentarmos e desenvolvermos um eu por meio do envolvimento em formas de vida compartilhada e a necessidade de evitarmos a dependência e a despersonalização com as quais todos esses envolvimentos nos ameaçam. As condições que possibilitam a autoafirmação interferem umas nas outras e se reforçam mutuamente. Um objetivo de nossos esforços para reinventar a nós mesmos e a nossas sociedades é alargar a margem de reforço e estreitar a de interferência.

Sabemos que a polaridade dominante das paixões nunca terá fim, assim como o conflito entre as condições de autoafirmação não pode ser definitivamente resolvido por nenhum projeto existencial ou ordem social. Sabemos disso por uma série de experiências que explicam o significado e a profundidade de nossa separação mútua.

Lembre-se da ambiguidade da desconfiança, que pode ser vista tanto como egoísmo quanto como esclarecimento. Os próprios fatos que estabelecem uma ordem de confiança justificada ameaçam desfazê-la: muitas vezes não conseguimos distinguir se a confiança está sendo mantida ou abusada, porque sabemos que sua justificação está constantemente se transformando em abuso. Além disso, mesmo na presença dos exemplos mais bem-sucedidos de associação confiável, podemos sentir uma apreensão de perigo que nos faz recuar e permanecer afastados do grupo. Esse pressentimento parece ir além da intuição de que a experiência de confiança pode azedar. Ele também expressa uma insatisfação, que se encontra entre o tédio e o medo, com o abraço da vida em grupo.

Outro conjunto de experiências diz respeito à suscetibilidade de qualquer comunidade à desvalorização e à interrupção por visões emergentes de

Paixão

capacitação humana. Cada uma dessas visões reivindica um ideal de existência humana que as formas estabelecidas de associação deixam de realizar. Essas novas visões reformadoras sempre implicam uma reorganização entre indivíduos e grupos, mesmo quando não pregam isso abertamente. Em todos os casos, é possível relacionar grande parte da força persuasiva dessas visões à ideia de que elas abrandam, contornam ou transformam o conflito entre as condições que possibilitam a autoafirmação. Às vezes, elas chegam a alegar explicitamente poder abrir o caminho para uma resolução definitiva desse conflito. Mesmo assim, a prática da profecia política parece afirmar o que o conteúdo da mensagem profética tão frequentemente nega: a capacidade irreprimível do espírito individual para quebrar, mesmo que um pouco, a casca da convenção compartilhada e da rotina estabelecida.

Outro fato, porém, ensina-nos a lição da inconciliabilidade final das condições que possibilitam a autoafirmação. Trata-se da sedução do luxo. Pois aqui, no amor ao luxo, encontramos um conjunto de experiências que nos ligam à sociedade ao mesmo tempo que nos separam uns dos outros.

A busca pelo luxo atrai até mesmo aqueles que mal conseguiram garantir o essencial para sobreviver. Ela influencia suas imagens de lazer e diversão. Ela colore até mesmo a vida prática dos Estados, principalmente quando a rejeição das prerrogativas de classe coexiste com o malogro em desafiar os contextos institucionais nos quais os interesses privados são moldados e satisfeitos.

Três elementos distintos compõem a ideia de luxo. Primeiro, o luxo está acima e além do padrão socialmente definido de sobrevivência ou necessidade mínima. Segundo, o bem de luxo é feito de coisas difíceis de obter, ou é elaborado por meio de técnicas que vão além das técnicas normais de produção. Terceiro, o luxo pode proporcionar um prazer intenso não relacionado a nenhuma função utilitária imediata. Superioridade, raridade comparativa e desfrute independente – esses são os componentes do luxo. O terceiro elemento é de importância suprema em relação aos outros dois, e pode persistir mesmo na ausência deles.

Ao tentarmos especificar ainda mais o significado do luxo, descobrimos que ele inclui diferentes níveis de experiência. Embora suas conexões sejam

Paixão

paradoxais, elas transmitem, quando reunidas, uma mensagem poderosa sobre o que podemos esperar de nossos relacionamentos com outras pessoas.

Num primeiro nível, o luxo é apenas o que o terceiro elemento da definição preliminar indica: prazer direto. Observe, entretanto, o aspecto especificamente proto-humano dessa condição de prazer: ela não pressupõe nenhuma relação transformadora com o mundo. O bem de luxo pode muito bem ser o resultado de uma transformação produtiva da natureza pela habilidade humana e, até mesmo, pelas habilidades da pessoa que agora desfruta do bem. Ou o luxo pode consistir em serviço cuja prestação exige certo refinamento, que, por sua vez, requer a transformação do trabalhador. Em caso algum, porém, o desfrute real do luxo faz parte do processo de transformação. É mais provável que o desfrute seja concebido e experimentado como o oposto desse processo, pois ele não representa nem mesmo o consumo necessário para se continuar sobrevivendo e trabalhando.

Além disso, o prazer do luxo não requer nem incentiva, em si mesmo, o envolvimento de outras pessoas. O deleite que proporciona não envolve nenhuma transação com suas mentes ou sensibilidades, mesmo quando experimentado em sua presença física. Quanto mais intenso o prazer, mais ele suspenderá a consciência do tempo e, assim, todo o sentido de envolvimento no mundo histórico em que a sociedade existe.

Os elementos gêmeos da prática transformadora e da intersubjetividade estão entre aqueles que figuram com mais destaque em nossa imagem dominante do contraste entre o humano e o animal. Sua relativa ausência na experiência luxuosa explica por que essa primeira dimensão do luxo está no limiar de nossa consciência de humanidade. No entanto, essa explicação não diferencia o desfrute do luxo de outras variedades de consumo, exceto em seu grau de intensidade. O luxo é o orgasmo do consumidor.

Num segundo nível, o luxo e seu prazer associado envolvem afirmação do status social. Essa afirmação pode ocorrer numa de duas formas. Pode ser a exibição dos acessórios materiais esperados de uma pessoa de determinada posição social – nem muito nem pouco, apenas o que o código estabelecido de hierarquia determina –; ou pode ser a tentativa de reafirmar uma

Paixão

hierarquia generalizada em sociedades onde apenas limitadas hierarquias de papéis sociais tendem a ser abertamente reconhecidas. Muitas vezes, o conforto material deixa-se misturar comicamente com o deleite na reafirmação da hierarquia, a ponto de conferir um halo de prazer a um espetáculo que, na verdade, seria doloroso.

A afirmação de privilégio, diferente da experiência do puro prazer, possui um aspecto social. Porém, trata-se de uma sociabilidade que consiste exatamente na negação da comunidade mais inclusiva. Uma sociabilidade que se opõe ao indivíduo como tal, ou ao indivíduo identificado com sua casta, em relação a todos os outros com quem ele possa ter que lidar. Assim, o luxo como prerrogativa ecoa temas do luxo como prazer e antecipa um terceiro aspecto, mais sutil e genérico do luxo – a negação da vulnerabilidade.

O luxo pode representar a recusa da dependência em relação aos outros. Os prazeres passivos do luxo oferecem alternativa às alegrias do envolvimento real com outras pessoas; alegrias que o brando contentamento proporcionado pelo consumo ordinário e cotidiano não pode superar. Os prazeres do luxo vão além: eles prometem felicidade radiante sem sujeição aos riscos e decepções do encontro pessoal.

O fato de que essa extraordinária substituição nunca nos satisfaz completamente, e às vezes até nos provoca repulsa, resulta de nossa compreensão da real insubstituibilidade do que o luxo deixa de fora e do caráter falho do que inclui. Os prazeres do luxo não oferecem chances de transformação pessoal, exceto pelos estranhos perigos da sugestão e da repulsa. Além disso, o prazer luxuoso tem um elemento inconfundível de melancolia. Como o próprio modelo de sensualidade sem sociabilidade, ele passa rapidamente e deixa um vazio em seu rastro. Muitas vezes, exala até indícios de morte e decadência.

O luxo também serve como alternativa tática mais direta à dependência social. O bem de luxo é frequentemente um meio de satisfazer uma necessidade que não é, mas poderia ser, suprida por uma vida em comum. Se a cidade em que o indivíduo mora é desumana, se oferece poucas oportunidades de lazer na convivência entre amigos, ele não precisa se preocupar tanto. Em

Paixão

vez de tentar se aliar a outras pessoas para mudar o caráter da vida urbana, ele pode, simplesmente, encontrar refúgio em sua propriedade. É esse mesmo mecanismo de acomodação desmobilizadora que, de inúmeras maneiras, se repete em muitos outros eventos mais comuns da vida social. Ambos esses aspectos da negação da vulnerabilidade implicam, contudo, a aceitação da sociedade: pois uma forma de sociabilidade substitui a outra, mais exigente e ameaçadora.

Um quarto nível de luxo nega até mesmo esse grau reduzido de associação. Ele sugere uma solidão total e irredimível, que surge numa experiência do eu que não pode ser traduzida nas categorias do discurso social estabelecido. Sua qualidade desvinculada do mundo a distingue da pulsação inicial do prazer protossocial, com o qual ela se assemelha e o qual reafirma.

Há algo maravilhosamente etéreo nesse deleite: muitas vezes, o próprio excesso de sensação torna a pessoa impermeável aos traços distintivos do objeto que provoca a sensação prazerosa. No início, as características materiais específicas do item luxuoso são submersas na corrente de excitação sensorial; o prazer se torna genérico. Porém, o prazer não consegue sobreviver facilmente a essa abstração: separado de suas amarras a objetos e impressões particulares, ele se dissolve num brilho vacilante de contentamento.

As diferenças entre o mundano e o supramundano parecem, felizmente, irrelevantes para se entender essa condição. Pois ela aponta para uma integração da pessoa no mundo – uma rendição à natureza indiscriminada – que o liberta momentaneamente de seu constrangedor eu social. Outras pessoas podem tornar possível essa experiência; mas outros indivíduos são o que menos importa. A presença, no luxo, desse impulso de romper os laços do eu lança luz sobre a conhecida afinidade entre exuberância material e união mística.

Defensores de ideias republicanas têm tradicionalmente condenado o luxo, pois, corretamente, viram nele uma ameaça à vida cívica. Essa ameaça vai muito além da associação do luxo com a hierarquia. Afinal, oligarcas e republicanos têm frequentemente chegado a um acordo entre si. O problema maior apresentado pelo luxo reside, em vez disso, em sua promessa de um caminho para a felicidade que descarta a participação, a aliança e o conflito.

Paixão

O indivíduo pode ter a esperança do contentamento mesmo quando trata as pessoas a seu redor como meros fornecedores de prazer.

Os críticos do luxo, no entanto, esqueceram-se de mencionar que essa promessa de libertação dos envolvimentos na sociedade é tão falsa quanto verdadeira. É falsa porque o luxo não é substituto adequado para o encontro pessoal ou o envolvimento republicano. Mas também é verdadeira porque a felicidade do luxo é real e, de certa forma, insubstituível e profunda, pois repousa na tendência de algumas formas de realização individual em desconsiderar ou subverter os vínculos da sociedade.

Considere, novamente, as metamorfoses do luxo. A república pode atacar o luxo que consiste na exibição ostensiva ou na reafirmação fraudulenta de privilégios. Ela pode tentar encorajar condições que não induzam as pessoas a buscar no luxo um bálsamo para descontentamentos sociais cujas causas elas se sentem impotentes para transformar. Mas os primeiros e últimos aspectos do luxo – os sentidos do prazer proto-humano e a superação do eu – não podem ser abafados tão facilmente. Eles estão enraizados menos numa falha social específica do que na riqueza das possibilidades humanas que fundamentam as realizações do próprio esforço coletivo. A sabedoria política, portanto, nunca tentará suprimir essas experiências extrarrepublicanas ou antirrepublicanas. Ela desejará desvinculá-las o máximo possível dos fatos injustos, de modo que os meios para o prazer do luxo, embora provavelmente não dos luxos então apreciados, sejam distribuídos. Quando os prazeres do luxo sugerem formas insuspeitas de expressão e realização humana, a república tentará dar a essas variedades de luxo uma interpretação social que fortaleça os envolvimentos sociais em vez de destruí-los. Assim, diante da paixão pelo luxo, a república tentará cooptá-la, ao invés de reprimi-la ou proibi-la, ciente de que está enfrentando uma deusa astuta e volúvel.

As lições do luxo são reensinadas nos âmbitos da arte e do sexo, com os quais o luxo tem relações paradoxais e aos quais se assemelha em seu impacto na qualidade da experiência histórica.

Mesmo aquelas artes mais individualistas em inspiração, performance ou mensagem têm o poder de reafirmar os laços sociais. Pois a arte expressa e

Paixão

cria imagens de experiência compartilhada. Ela varia e, ao variar, amplia e aprimora a linguagem que permite às pessoas refletirem sobre seu dilema coletivo. Em contrapartida, mesmo a arte que pareça mais intensamente comunal perturba a coesão da vida em grupo.

Por um lado, a arte enfraquece o senso estabelecido de realidade na própria tentativa de torná-lo mais sutil. O mundo dos significados que ela reconstitui nunca é exatamente o mesmo do qual partiu. A invenção do artista individual ou coletivo abre uma lacuna entre a realidade aceita da vida cotidiana e o pressentimento de outras realidades que não se encaixam nela. Um pequeno vestígio de suspeita sobre pressupostos convencionais chega ao mundo social estabelecido e – quem sabe? – permanece dormente por muito tempo até que, em algum futuro distante, ajuda a destruir o mundo que, a princípio, parecia impotente para transformar.

Por outro lado, o momento do prazer estético é, por si só, subversivo à sociedade. O estudo de caso seria, por exemplo, a exaltação de uma dança ritual coletiva, que, de acordo com certos ingênuos, submerge a consciência individual em emoções coletivas e reafirma a unidade e a preeminência do grupo. Na verdade, porém, quanto mais envolvente é o estado, semelhante a um transe, induzido pela celebração, maior será o impacto disruptivo na textura real da intersubjetividade, que é a base e a própria natureza da sociedade. A manutenção dessa textura exige constante sondagem recíproca de percepções e sentimentos compartilhados ou divergentes. Esse estado de troca ativa é interrompido e até negado pelo olhar mudo, a perda do contraste discriminatório, que marca o clímax da exaltação coletiva. Tal afastamento das tensões da intersubjetividade acompanha, com maior ou menor força, cada momento de prazer estético. Assim, a arte, que tantas vezes funciona dando forma significativa a um excesso de sensação, também lembra o luxo em seu gesto de libertação dos limites impostos pela sociedade.

O sexo tem relação paradoxalmente semelhante ao envolvimento social. Ele pode representar um desejo por outro indivíduo que passa rapidamente do sensual ao cerebral. Mas, como lascívia não transformada pelo amor, ele também pode diminuir nossa capacidade de imaginar a alteridade das

Paixão

outras pessoas. Essa relação paradoxal da sexualidade com a sociabilidade é um tema importante na próxima etapa do meu argumento.

Assim, no luxo, de forma mais clara, na arte e no sexo, de maneira mais remota e contraditória, encontramos eventos que rompem os laços da vida social mesmo quando parecem reforçar esses vínculos. Cada um desses eventos sugere uma experiência de individualidade que minimiza a aceitação da sociabilidade mais ampla. Cada um oferece uma libertação da sociedade e um hiato na história – um senso de tempo abstraído do conflito social. E cada um nos lembra que a questão da solidariedade, manifestada na polaridade das paixões, também pode ser parcialmente contornada em vez de parcialmente resolvida.

O tom geral da experiência histórica é modificado pela descoberta de uma fuga parcial da aceitação ativa do envolvimento interpessoal. A força que nega eternamente toda a sociedade cresce a partir dos elementos constituintes da vida social. Esse paradoxo – uma verdadeira rachadura em nosso universo – é uma falha que nada pode consertar. Mas também é uma graça e uma abertura através da qual podemos esperar vislumbrar um fato que qualquer relato persuasivo de uma identidade humana compartilhada deve reconhecer e elucidar.

II

A personalidade que pode vivenciar as paixões é a personalidade capaz de refletir sobre si mesma. Autorreflexão ou consciência – termos usados indistintamente – é a capacidade de se mover de um lado para outro entre duas experiências do eu. Nenhuma dessas experiências pode excluir a outra, nem podem as duas serem integradas num único esquema coerente. Sua coexistência é contraconceitual.

A consciência é, em parte, a sensação de ser o centro do mundo. Sob esse aspecto autocentrado da consciência, outras pessoas são consideradas como se tivessem uma medida menor de realidade. Elas seriam sombras análogas a seu próprio eu, alvos de sua percepção ou esforço, e pontos numa rede de relações pessoais e sociais que se estende para fora de sua experiência imediata do eu. Assim, a humanidade é dividida em duas categorias: você e todos os outros. Todas as distinções sociais que se conectam diretamente à experiência subjetiva – como aquelas que contrastam os membros de sua classe ou comunidade com os estranhos – podem ser entendidas como extensões do contraste básico entre você e outras pessoas.

Mas a consciência também inclui um aspecto de auto-objetificação, sob o qual a pessoa é apenas uma dentre várias e não possui nenhuma realidade privilegiada. Ela pode superar a parcialidade de seu aparato perceptivo, tentando ver a si mesma por uma perspectiva externa e independente, como a de uma mente

Paixão

capaz de corrigir as distorções do autocentrismo. Assim, ela pode descobrir que as categorias de classificação que permitem que ela faça sentido de sua experiência social podem, na verdade, estar desvinculadas, de modo mais ou menos completo, de qualquer contraste prioritário entre ela e outras pessoas.

Ambos os aspectos da experiência estão presentes em cada episódio de uma vida passional totalmente desenvolvida. Vamos além do autocentrismo sempre que recorremos à imaginação da alteridade: o poder de reconhecer a singularidade de outros. Mas o modo primordial de experiência – a sensação de ser o centro – persiste na vivência das paixões, não apenas como qualidade voraz do próprio ego, mas como percepção relativamente obscura que se tem da experiência subjetiva de outras pessoas.

Nossa compreensão do mundo nos instiga a descartar como erro o elemento autocentrado da consciência. Devido à aparente conexão entre o egoísmo e a visão autocentrada, a aspiração moral parece confirmar a crítica teórica. Até mesmo a lógica tem algo a dizer sobre a questão: ao tratar outras pessoas como análogas menos reais ao eu, o aspecto autocentrado da consciência parece menosprezar os critérios de semelhança e diferença.

Em nossos esforços para dar sentido à natureza, podemos ser justificados em ignorar o lado autocentrado da consciência, desde que reconheçamos que teoria alguma poderá remodelar totalmente nossa percepção de nós mesmos. Mas, em outros empreendimentos – como a prática de atribuir força normativa a concepções de nossa identidade compartilhada –, essa exclusão pode ser perigosa. O argumento exposto na Introdução deste livro já sugeriu que, contrariamente aos ensinamentos do realismo metafísico, os pressupostos de nossas práticas básicas podem não ser conciliáveis entre si, pelo menos não sem prejuízo das razões que, a princípio, nos levam a nos engajar nessas práticas. Agora podemos dar sequência a este argumento, perguntando-nos por que uma visão de nossa identidade compartilhada, que visa ter peso normativo, deve levar em conta o elemento autocentrado da consciência. Algumas das razões têm a ver com os requisitos gerais de qualquer tentativa de atribuir força prescritiva a concepções de personalidade ou sociedade; outras, com a concepção específica de identidade humana defendida aqui. No entanto,

Paixão

como nossas práticas mudam de acordo com o que fazemos delas, esses dois tipos de razões não podem ser rigidamente distinguidos.

Um conceito de personalidade ou sociedade que possa apoiar um projeto existencial ou uma visão social deve ser aquele cuja realização envolva nossos interesses mais íntimos. Assim como nossas experiências perceptivas, esses interesses podem ser influenciados pelas ideias teóricas que temos. Mas, assim como as experiências, os interesses não são facilmente manipuláveis. Uma descrição de nossa identidade compartilhada pode parecer não nos dizer respeito, se não abordar os muitos problemas e paradoxos provocados por nossa capacidade de transitar entre os dois aspectos da consciência.

Algumas doutrinas morais e religiosas nos ensinam a ignorar o elemento autocentrado da subjetividade para que possamos satisfazer melhor os impulsos mais fortes do coração, dando à nossa existência uma sensação de perene satisfação que somente o descarte da ilusão pode garantir. Mas, em minha crítica à ética da fusão com o absoluto e suas defesas monísticas especulativas (por exemplo, em algumas versões da metafísica hindu e budista), já argumentei que tal projeto fracassa em seus próprios termos.

Um projeto existencial que tem como ponto de partida a reconstrução modernista da tradição romântico-cristã define o amor, em vez do altruísmo, como seu princípio orientador. Uma ética do altruísmo (como o utilitarismo clássico) pode ser facilmente conciliada com a tese de que o elemento autocentrado na consciência não passa de ilusão perigosa. Um ensinamento moral altruístico insiste que, uma vez que esse equívoco seja posto de lado, podemos nos dedicar à característica tarefa moral de combater o egoísmo. No entanto, segundo a ética do amor, essa nossa capacidade de imaginar um ao outro é crucial, mas é, também, precária. Tal doutrina deve rejeitar o implícito contraste altruísta entre a facilidade com que os indivíduos podem imaginar uns aos outros e a dificuldade da batalha que devem travar continuamente contra o egoísmo. Em vez disso, uma ética do amor é mais propensa a atribuir grande significado moral ao autocentrismo, que, ao teórico do altruísmo, pode parecer apenas a combinação de um preconceito perceptivo com um vício moral. Pois é no amor que o aspecto autocentrado

Paixão

da consciência é mais evidente. O amor que representa tanto conquista da imaginação quanto ato de doação de si mesmo. Somente aqueles que reconhecem as limitações que o autocentrismo incorrigível impõe à imaginação da alteridade, e o poder da clarividência alcançada perante essas limitações, somente eles poderão compreender a verdadeira qualidade do amor.

Esta parte do ensaio descreve marcos importantes na formação de um indivíduo capaz de paixão. Essa genealogia biográfica das paixões sugere a maneira como a visão distanciada de um eu que se assemelha a outros eus passa a coexistir com o autocentrismo, e como essas duas experiências formativas são por sua vez transformadas – embora nunca inteiramente substituídas – pela descoberta do problema da contextualidade. O objetivo é ampliar a concepção central da paixão, estendendo uma visão estática em direção a seu equivalente evolutivo. Essa reformulação, por sua vez, proporciona outra ocasião para mostrar como o problema da contextualidade – nossa necessidade de estar em contextos específicos e nossa incapacidade de nos contentar especificamente com quaisquer contextos – afeta o problema da solidariedade – o conflito entre as condições que possibilitam a autoafirmação. A influência que o caráter de nossa relação com nossos contextos exerce sobre nossa relação de uns com os outros já é prefigurada por uma dialética de satisfação e insaciabilidade que marca cada estágio da biografia da paixão. Todos os momentos dessa dialética repetem a estrutura significativa, senão o conteúdo explícito, da questão da contextualidade.

As distinções entre os estágios na formação do eu discutidos aqui têm base tanto analítica como empírica. Sua base analítica é a Introdução, em cada momento decisivo da biografia inicial do eu passional, de experiências pressupostas pela descrição geral da paixão. Sua justificativa empírica é a proposta de descrever eventos biográficos reais. Mas, em que sociedades? Em todas as sociedades, na proporção em que foram transformadas pelo compromisso esquerdista e modernista de misturar as formas de trabalho e conscientização disponíveis aos atores em diferentes papéis sociais, e na medida em que essa mistura enfraqueceu influências mais idiossincráticas sobre os desafios da infância e dos primeiros anos da adolescência.

Paixão

***

A princípio, o indivíduo não experimenta nenhuma separação clara entre ele e o mundo ou entre ele e os outros. Sua própria experiência de ser o centro do mundo não entra em conflito com nada que a contradiga, pois esse centro abrange tudo a seu redor. Embora possa não existir uma sólida concepção de identidade única entre o eu e as coisas que lhe cercam, tampouco haverá, entre eles, uma clara ideia de diferença.

A relação do eu com seu entorno, tão indistintamente separado de seu próprio ser, é percebida e vivenciada principalmente como desejo. Aparecendo pela primeira vez, o desejo é uma declaração de incompletude – uma luta pela saciedade – que ainda não pode contar com a ajuda da imaginação. A imaginação investiga a realidade concebendo suas possibilidades de transformação e, assim, muda a qualidade do desejo.

No sentido mais simples, a imaginação torna possível a atividade proposital. A ação intencional requer crenças sobre possibilidades alternativas. Essa exigência une as experiências de desejar e de agir no mundo de tal forma que suas respectivas características não podem mais ser claramente distinguidas. O prazer da ação intencional bem-sucedida mistura-se com o sentido menos preciso de saciedade física, e o transforma. Pois esse novo prazer exibe outra felicidade: o mundo deixa de ser vivenciado como algo meramente dado, por causalidade ou acaso. Em vez disso, o mundo é redescoberto como realidade que a imaginação e a vontade podem explorar.

O desejo, ainda não transformado pela imaginação, aparece para o eu sob o duplo aspecto de saciedade e insaciabilidade. Num dado momento, o desejo é realizado. A personalidade indistinta deleita-se com a consciência radiante de autocontentamento. Mas o eu satisfeito ainda não se diferencia do mundo a seu redor, ou de outros eus. A qualidade de seu contentamento é a de equilíbrio num espaço onde o eu e o mundo lhe parecem amalgamados.

Ainda que a saciedade possa ser real, ela também é efêmera. Outro desejo logo surgirá no lugar daquele que acabou de ser satisfeito. Esse renascimento incessante do desejo, inerente às realidades do organismo e às suas

Paixão

relações com o ambiente, define a insaciabilidade. Ela pode ser chamada de "insaciabilidade" em vez de, simplesmente, "falta de saciedade", porque sua constante reaparição já apresenta ao eu seu primeiro choque formativo: o choque de descobrir que a realidade indistinta e unificada em que vive está sujeita a interrupções recorrentes. A insatisfação momentânea é permeada pela inquietude, menos articulada e mais insistente, da impossibilidade de manter tudo na condição de razoável autossatisfação. O vaivém da saciedade e da insaciabilidade serve como ponto de partida para todo o crescimento futuro das capacidades cognitivas e experiências passionais. Desde o início, o desejo sofre a influência antecipada dessa história futura.

Considere o desenvolvimento do pensamento. A insatisfação repetida funciona como o impulso motivador para coordenar operações motoras, que interagem umas com as outras e com as ideias, antes que os pensamentos comecem a interagir uns com os outros e com a fala. A incapacidade de resolver certos problemas práticos usando-se o conjunto disponível de ideias e operações requer coordenações cada vez mais abstratas e abrangentes. O esforço para preservar as habilidades cognitivas adquiridas diante das dificuldades práticas que ameaçam superá-las requer que tudo já adquirido seja ocasionalmente reordenado: a estabilização exige engenhosidade. Cada uma dessas reordenações cognitivas representa outro passo no desenvolvimento do poder do eu para responder ativamente à realidade, transformando-a de reino opressor do acaso e da causalidade em campo de jogo da vontade e da imaginação. Assim, o tormento da insaciabilidade está associado na vida do eu à conquista da liberdade – a liberdade, nesse caso, de maior capacidade cognitiva – e à alegria que o contentamento simples e difuso da saciedade física não pode proporcionar.

O renascimento do desejo prefigura a história da paixão, assim como antecipa a história do conhecimento. No esforço para acalmar sua ânsia, o eu se volta repetidamente para outra pessoa. Logo ele começa a descobrir as diferenças entre si e os outros. Logo seu anseio por saciedade se confunde com sua busca por apego e aceitação. Logo ele começa a entender sua insaciabilidade como aviso de que nenhuma medida de resposta que venha de

Paixão

outra pessoa será suficiente para assegurá-lo definitivamente de que tudo está bem, e de que há, com certeza, um lugar para ele no mundo.

Diante do renascimento do desejo, a pessoa descobre que aquilo de que precisa sempre escapa de suas mãos, antes de reaparecer como algo que só pode ser alcançado por uma mudança mais básica de circunstância. As repetidas decepções da criança com cada satisfação alcançada levam-na a imaginar uma satisfação que nada poderia contrariar. Essa ambição de fazer a roda do desejo parar é talvez o primeiro sinal do anseio por um bem incondicional para além do tempo e da contingência. Ela confere à experiência inicial de insaciabilidade algo das qualidades tanto de uma visão da precariedade do eu quanto de uma rebelião contra as satisfações relativas e limitadas.

No início de sua infância, a criança começa a ter uma experiência mais definida da existentência à parte das outras pessoas. Ao descobrir seu isolamento, ela adquire um novo conjunto de interesses: ela depara com o drama do desejo e do perigo.

As pessoas que cercam a criança têm mais poder do que ela. Elas lhe satisfazem suas necessidades básicas. Dominam as situações nas quais a criança experimenta suas capacidades e reflete sobre si mesma. Pronunciam as palavras que lhe ajudam a revolucionar suas atividades e pensamentos, alcançando níveis mais elevados de abstração em sua compreensão do mundo. Mesmo que essas pessoas tivessem menos poder, a simples existência de sua alteridade seria suficiente para que a criança se sentisse ameaçada.

Qual é o significado do poder e da diferença revelados por outras pessoas? A visão que, hesitantemente, a criança desenvolve de sua própria identidade – de sua realidade e independência – deve ser compatível com as pistas que outras pessoas lhe oferecem. Sem a confirmação ocasional, qualquer visão perde sua credibilidade.

Assim, a criança recebe dos outros seu senso de ser. Deveria ela concluir que lhe falta uma existência independente e que ela existe somente como brilho nos olhos de outras pessoas? Ou elas lhe darão sinais de que a aceitam como ela é? Por meio dessa aceitação, elas indicam à criança que ela tem um

Paixão

lugar no mundo, e que, ao descobrir sua separação e seu desejo por elas, ela não descobriu, de modo algum, uma fonte de perigo e aniquilamento.

A marca significativa desse novo momento na vivência da paixão é a resposta empática. A criança encara o outro. O outro a abraça. A repetição desse ato representa uma experiência de liberdade tão básica quanto o desenvolvimento da imaginação. A existência de outras pessoas se transforma numa presença que sustenta o senso de existência independente da criança e lhe dá a convicção de que, ao se ligar mais intimamente a elas, ela não precisa negar ou dissolver a si mesma. Através da resposta empática, o mundo de relações da criança – o único mundo que existe, o mundo de ações e discursos compartilhados – torna-se o palco e o meio da autoafirmação. A descoberta da possibilidade de afirmação através do apego se une à descoberta do poder da imaginação de transformar e de negar para constituir a fundamental experiência da liberdade.

Não há limite claro para as formas que a resposta empática pode assumir ou para as pessoas que podem fornecê-la. A atribuição ao pai, mãe ou outros, de responsabilidades rígidas no oferecimento dessa resposta reflete simplesmente uma versão própria da vida familiar numa sociedade específica. Mesmo dentro dos limites estreitos estabelecidos pelo sistema reconhecido de papéis, a criança, ou os adultos aos quais ela recorre, podem encontrar caminhos inesperados para a empatia. Quaisquer decepções que a criança venha a sofrer poderão ser superadas mais tarde por atos semelhantes de amor e imaginação.

Uma nova dialética de saciedade e insaciabilidade surge ao lado da anterior. Agora, a satisfação consiste na alegria da aceitação por outra pessoa. A resposta da criança a essa alegria ainda não pode ser entendida como a paixão que descreverei como amor. A vida plena da consciência ainda não se desenvolveu. O amor se baseia em aspectos de autorreflexão que uma pessoa, ainda não totalmente formada, não pode ter alcançado. No entanto, esse episódio inicial de envolvimento pessoal lembra e prepara a experiência de amar e ser amado.

O elemento de insaciabilidade nessa experiência reside na incapacidade de qualquer gesto de aceitação de acalmar o anseio e o medo da criança. As

Paixão

razões para essa incapacidade antecipam a dialética do anseio e do perigo na vida plena da consciência. Uma razão é a liberdade da personalidade em seus atos de doação ou abertura de si mesma para os outros. Outra razão é a lacuna que sempre permanecerá entre o anseio pela outra pessoa e o gesto de aceitação que essa outra pessoa pode, de fato, demonstrar. Cada um desses pontos exige análise mais aprofundada.

Toda pessoa dá e tira. Nenhum ato de aceitação é definitivo. Vindo de um ser vivo, todo ato de aceitação continuará sempre sujeito a todas as formas de distração e mudança de opinião. Os significados de presença e ausência, fala e silêncio, podem ser alterados pelas variações sutis de uma intenção só vagamente percebida. Se uma pessoa parece aceitar irregovavelmente a criança, outras pessoas no mundo imediato ainda podem rejeitá-la. Na experiência mais simples do desejo, a insatisfação traz inquietude. O conflito faz o mesmo aqui.

A imperfeição da abertura de si para o outro pesa tanto quanto a revogabilidade da doação de si mesmo para o outro. Por razões que serão discutidas mais à frente, não somos capazes de compreender perfeitamente toda a vivência da paixão. Sua obscuridade confere a cada suposição sobre as intenções de outro indivíduo a qualidade de um jogo de azar, e faz com que cada visão desenvolvida sobre o jogo seja um jogo de azar em si mesmo. Outros sinais de aceitação serão sempre necessários para dissipar a incerteza dos sinais já dados.

A liberdade de doação e a incerteza da abertura de si mesmo não são capazes de esgotar o elemento de insaciabilidade na experiência do encontro pessoal. Mesmo que os atos de aceitação sejam repetidos e quase inequívocos, a criança continuará a desejar mais, a desejar como alguém que ainda não recebeu o que precisa. Pelo que ela chora? Talvez ela tenha uma intuição do problema que enfrentará num próximo momento significativo na história da paixão. Os outros podem abraçá-la. Ela pode se apegar a eles num só mundo de ação mútua e discurso compartilhado. Mas esse mundo, e sua própria existência nele, permanecem sujeitos ao tempo e à dissolução.

Embora essa descrição das preocupações da criança possa parecer absurdamente refinada, ela descreve apenas o começo da reflexão sobre

Paixão

a contingência – a descoberta de que as coisas poderiam ser diferentes. A criança já avistou a contingência em seus episódios anteriores de desejo insatisfeito. Mais tarde, ela a confrontará mais abertamente na surpreendente descoberta da morte. No começo, a contingência significa apenas que o paraíso do desejo saciado pode ser perdido. Gradualmente, a contingência passa a significar que o eu, ainda experimentado como o centro do mundo, e todos os seus anexos mentais e passionais podem se revelar como sendo outra coisa, podem se revelar como sendo absolutamente nada.

Algo na história inicial do encontro pessoal nos oferece uma pista dessa contingência mais drástica. A criança, chorando pela mãe ou pelo pai, chora por mais do que o necessário para a realização do desejo ou para a reencenação de um gesto de aceitação que, talvez, ela nem acredite que esteja realmente em perigo. Ela chora, também, contra o tempo. Ela chora porque teme a separação, física e temporária, como a insinuação de uma perda bem mais terrível, que ela ainda não sabe nomear. Ela chora porque, deixada sozinha consigo mesma e ciente de sua dependência, ela tem o pressentimento de que tudo está ameaçado e confuso, que tudo pode desaparecer, ou mudar, ou acabar se revelando diferente daquilo que parece. Se pudesse pensar com mais clareza, ela jamais pararia de chorar, mesmo quando o pai chegasse em casa.

Tendo marcado a história inicial do encontro pessoal, a compreensão dessa contingência mais drástica torna-se outra causa de insaciabilidade. Nenhuma quantidade de doação e abertura de si mesmo para outra pessoa poderá sufocar essa apreensão; nenhuma resposta desse tipo poderá satisfazer plenamente tal questão. Mesmo assim, a resposta que confirma a aceitação pessoal não é totalmente irrelevante nesse impasse. O abraço do outro será sempre a promessa da aceitação incondicional, da aceitação cuja força salvadora nenhuma separação poderá destruir e nada que aconteça no mundo poderá anular. Assim como a separação é temida como o presságio de um desastre mais terrível, o abraço é desejado como o prenúncio de um resgate mais definitivo. A combinação da relevância e da irrelevância da resposta a essa questão reforça a experiência da insaciabilidade. Nada é suficiente, mas tudo o que acontece assemelha-se a um passo em direção à solução.

Paixão

A nova dialética da saciedade e insaciabilidade que descrevi não substitui o estilo anterior de desejo satisfeito e insatisfeito. A criança ainda tem a sensação de prazer e desconforto físico, mas algo foi adicionado. Essa adição, porém, muda tudo: a experiência anterior é agora invadida e contaminada por seu próprio desdobramento.

Como o desejo físico e a satisfação material persistem ao lado do encontro pessoal, eles podem representar, a qualquer momento, uma alternativa ao encontro e até mesmo ao reconhecimento da separação que a vida do encontro pressupõe. A posse de coisas materiais serve como antídoto à dependência de outras pessoas. Num nível mais primitivo, o prazer físico – proporcionando, como o faz, uma satisfação diferente – oferece uma saída das dificuldades e riscos do encontro. Embora suscetível à instabilidade provocada pelo renascimento constante do desejo, tal prazer é imune às surpresas mais perigosas da rejeição e da separação pessoal. No momento de maior excitação física, quando o eu se deleita na luxuosidade dos sentidos, até a concepção da existência individual e da individualidade das coisas no mundo pode desaparecer numa suave aura de contentamento. A afinidade psicológica entre o prazer do luxo e a união mística é prefigurada na experiência inicial da criança. Ela é antecipada pela capacidade do prazer físico de oferecer uma fuga momentânea não apenas do encontro pessoal, mas da própria necessidade do encontro, em prol de uma existência ativa e individual.

No entanto, a individualidade e o apego, uma vez descobertos, já não podem ser completamente esquecidos. O prazer físico deixa de ser completamente ingênuo. Ele chega a ser corrompido por sua relação substituta com a nova vida do encontro. A criança percebe que essa vida conta a história de seu nascimento como personalidade, e que, evitando os riscos do encontro, ela só vai se afastar de si mesma.

Ao mesmo tempo que a nova experiência do encontro pessoal é alterada por sua coexistência com a dialética preexistente do prazer, essa mesma dialética também assume características da nova experiência do encontro pessoal. O prazer físico agora assume parte do significado redentor do ato de aceitação por outra pessoa. A indefinição do anseio pessoal participa do

Paixão

momento de desejo não satisfeito e o dota de um elemento adicional de insaciabilidade. Cada novo estágio da experiência estende suas características sobre aquilo que os estágios anteriores já haviam produzido.

Tendo descoberto o encontro pessoal, a criança conhece a individualidade dentro de um mundo de vínculos pessoais e discurso compartilhado. Ela descobre a incerteza porque vê, a todo momento, as linhas desse mundo sendo inteiramente construídas e destruídas. Mas ela ainda vê esse mundo como o único que existe ou poderia existir. Ela ainda não entende completamente o quanto essa realidade conhecível e aparentemente permanente é, de fato, opaca e precária. Agora, entretanto, ela está prestes a fazer outra descoberta. Essa descoberta irá destroçar a compreensão da criança sobre sua situação, infligindo-lhe uma ferida que nenhum consolo, nenhuma distração ou estupidez poderá curar totalmente.

O próximo momento significativo na história do eu ocorre quando a criança descobre a total contingência de seu próprio ser e do mundo ao qual ela pertence. A razão imediata dessa descoberta é o confronto com a morte.

A primeira consciência da morte pode lhe surgir enquanto a vida de encontros permanece em seus passos iniciais de definição. Mas a morte se torna mais plenamente compreensível num cenário de percepção mais ampla que a pessoa venha a ter dos fatos da separação e da dependência humana. Pois é interagindo com a totalidade das circunstâncias da consciência que a morte adquire seu significado distintivo na vivência da paixão.

Lembre-se de que a consciência é a coexistência de duas experiências, cada uma percebida como inconciliável com a outra tão logo a mente pondere essa relação. Há a experiência de ser o centro do mundo, de ser mais real do que outras pessoas. A descoberta da individualidade no momento anterior da história da paixão dissipou o senso de uma única realidade contínua, amálgama do eu e do mundo. A criança, porém, permanece aprisionada a sua mente e ligada a seu ser: ela não consegue conceber os outros como ela se concebe. Do ponto de vista desse elemento na consciência, um mundo sem o eu não é mundo algum. Por isso, quando uma pessoa imagina sua

Paixão

morte, ela ainda se imagina presente, como Deus observando a passagem do tempo.

O outro elemento contrastante na experiência da consciência é a capacidade do indivíduo de se ver como um entre muitos, como alguém que tem acesso a experiências semelhantes àquelas que outros podem acessar. A ligação entre esses dois aspectos da autorreflexão baseia-se nas características mais elementares do pensamento, linguagem e descoberta por meio da ação. Para pensar sobre si mesma, a criança deve absorver e reinventar um discurso comum: as ideias e a linguagem das pessoas que a cercam. Mas o uso individual dessa linguagem compartilhada e dessas ideias preexistentes pressupõe comparabilidade na experiência, mesmo que a experiência comparável não seja mais do que um conhecimento perceptual, minimamente interpretado, do mundo natural. Não há impulso de raciocínio nem comunicação em conversas que não pressuponham que seus agentes sejam como os outros, e que estejam todos juntos numa situação semelhante. As semelhanças podem até ser reduzidas ao mínimo. Mas nenhum mínimo será mínimo o suficiente para dar vazão à imagem de um eu incapaz de atribuir a outras pessoas e suas experiências a realidade à qual reivindica para si mesmo e para sua experiência. Uma vez mais, a criança deve desenvolver e testar seus pensamentos sobre si mesma ao experimentá-los em ação com outras pessoas. Assim, sempre que levar a sério demais a visão de si mesma como o centro da existência, ela logo será desmentida pela resistência de vontades opostas.

Agora, o confronto com a morte e a experiência dupla da consciência de si que ela pressupõe já estão em andamento desde o início da vida consciente do eu. Uma virada significativa ocorre quando o fato da autoconsciência e a consciência da morte avançam o suficiente para se transformarem mutuamente. O conhecimento da morte expõe o conflito das perspectivas sobre o eu que definem a consciência. Ao mesmo tempo, esse conflito – a capacidade e a incapacidade de se distanciar da experiência do egocentrismo – permite que a ideia da morte se torne o mais real possível.

Quando a consciência da morte é acrescentada à nossa convicção de sermos apenas parte de um todo, a qualidade dessa convicção muda. O fracasso

Paixão

da criança e de sua família imediata em manter o centro do mundo equivale a um descentramento mais terrível do que ela havia imaginado. Enquanto a intuição da morte ainda não havia sido assimilada, os dois elementos contrastantes na consciência podiam parecer apenas uma curiosidade, como a equivalência entre ondas e partículas nas teorias que descrevem a luz na física do século XX. Mas com a descoberta da morte, o valor da aposta aumenta. Não ser mais o centro também significa não ter nada seguro e definitivo, significa estar suscetível ao aniquilamento instantâneo e completo, e ver tudo aquilo a que nos apegamos vacilar sob o peso dessa mesma carga.

Por outro lado, a morte só adquire seu valor total quando apreciada num quadro de convívio social no qual a criança pode começar a se comparar a outras pessoas e a imaginar que sua própria vida tem formato semelhante ao delas. Ela pode não ser capaz de imaginar seu próprio aniquilamento, a não ser que continue a ver a si mesma como espectadora. De qualquer modo, ela já tem como imaginar que esse desaparecimento pode ser mais definitivo do que qualquer coisa que ela possa representar para si mesma.

A descoberta da morte é a mais chocante de todas em razão de uma qualidade especial da mente. Toda pessoa se vê como única. A rica particularidade de sua vida, seus vínculos, sua autorreflexão, está diante dela. E, ao mesmo tempo, ela não consegue aceitar nenhuma das definições fixas de sua identidade que outras pessoas possam tentar lhe impor. Ela se conhece como alguém que contém um panorama indefinido de possíveis experiências que nenhum plano de vida pode esgotar e nenhuma cultura compartilhada pode tornar inteligível. Assim, a morte se afigura mais terrível quando parece aniquilar algo inesgotavelmente particular, logo, insubstituível, mas também infinitamente produtivo em suas possibilidades, logo, incongruente como candidato ao aniquilamento total.

O estado mental que acabei de descrever nos permite, melhor do que qualquer outro, manter juntos em pensamento os dois lados da experiência da consciência. A ideia de ser o centro do mundo sobrevive como confiança na inesgotabilidade e unicidade do eu. Dessa forma, ganha um conteúdo que o indivíduo pode compreender: outras pessoas podem, pelo menos,

Paixão

compartilhar as mesmas qualidades de unicidade e inesgotabilidade. Tal estado mental pode parecer o privilégio de um intelecto educado e perspicaz. Porém, numa forma menos explícita, é algo familiar à criança e, mais tarde, ao adulto, sempre que sentem suas identidades distintas como reais e incertas. Assim, as pessoas se tornam mais vulneráveis ao receio da morte nos períodos da infância e da vida adulta nos quais um senso específico de identidade é ameaçado, ao mesmo tempo que a qualidade ilimitada da personalidade torna-se ainda mais clara. Se essa concepção conturbada da autoidentidade é, de fato, apenas uma forma intensificada da experiência geral da consciência, seus efeitos oferecem outra confirmação do elo entre o surgimento da consciência e o reconhecimento da morte.

A virada na história da paixão que é provocada pela interação entre a compreensão da morte e a experiência da consciência gera ainda outra dialética de saciedade e insaciabilidade. Os pontos de partida para essa nova experiência de realização e insatisfação são a percepção da contingência e o desejo por algo que a contingência possa isentar. Tanto a percepção quanto o desejo constituem resposta tácita aos fatos que formam essa virada final na história da paixão. A natureza dessa relação entre a ocasião e a resposta se tornará clara conforme nossa análise avança.

Antes de descobrir a morte e entrar completamente na experiência dos dois lados da consciência, a criança se imagina, ou imagina o mundo com o qual interage, como quadro de referência absoluto: uma realidade cuja existência e evidência não dependem de nada mais. Essa ideia de quadro de referência absoluto inclui dois elementos. Eles só podem se tornar distintos depois que o eu incipiente tenha sido transformado pela descoberta da morte e pelo desenvolvimento da consciência. Há um elemento de necessidade: as coisas são necessariamente o que são, não poderiam ser de outra forma. Há também um elemento de autoevidência avassaladora, pois a experiência de si mesmo que absorve nossa atenção inicial é apenas levemente mediada por pensamentos. A verdade dos pensamentos é sempre condicional porque depende, em última análise, da veracidade de outras coisas, e a verdade dessas outras coisas não pode ser conhecida com certeza. Por isso, a experiência

Paixão

de si mesmo só pode parecer segura na limitada proporção em que esteja separada do pensamento.

A consciência da morte abala o centro absoluto. Mesmo aquilo que mais corrobora o caráter de uma realidade indestrutível – o eu e seus vínculos imediatos – começa a parecer apenas um interlúdio momentâneo. A passagem do eu para a vida plena da consciência, tão intimamente ligada à descoberta da morte, abala o sentido de necessidade e autoevidência, pois enfatiza como nosso conhecimento de nós mesmos depende das práticas coletivas e do discurso coletivo. Podemos tentar transferir para esses eventos sociais o caráter absoluto que atribuíamos a nós mesmos e a nossos vínculos mais próximos. Mas, então, devemos lidar com duas dificuldades. Em primeiro lugar, só podemos compreender a cultura coletiva através de nossa subjetividade. Essa subjetividade ameaça constantemente substituir a qualidade autoevidente de uma cultura unificada e incontestável pela confusão de opiniões pessoais, hesitantes e conflitantes. Em segundo lugar, a história nos ensinará, desde que esperemos tempo suficiente e pensemos com clareza suficiente, ela nos ensinará que não só podemos, mas devemos agir e raciocinar ocasionalmente como agentes que não estão presos às restrições de esquemas estabelecidos de pensamento ou formas de vida. Assim, a própria prática da imaginação descredita a ideia de um quadro de referência absoluto, mesmo quando estamos tentando imaginar tal realidade absoluta.

No entanto, quanto mais a pessoa entende que nada fora de si pode ter o caráter absoluto que ela uma vez atribuiu a si mesma, mais incentivada ela se sente para renovar a busca fútil pelo autoevidente e pelo não contingente. Pois é exatamente porque pode quebrar as regras e ultrapassar os limites de todas as ordens rígidas da sociedade ou do pensamento que ela consegue reconhecê-las como não sendo absolutas. Essa capacidade irreprimível de transcendência e revisão mostra o elemento de verdade em sua visão inicial de si mesma como o centro necessário do mundo – a mesma ideia que todo o desenvolvimento da autoconsciência contribuiu para subverter. Não é de se admirar que ela queira transmitir aos mundos mentais e sociais em que habita algo da qualidade que detecta em si mesma e, assim, libertar-se da

Paixão

necessidade constante de escolher entre a supressão de seu poder de transcender o contexto e sua incapacidade de aceitar qualquer contexto mental ou social específico como espaço adequado e definitivo para sua luta. A doutrina modernista de nossa relação com os contextos de nossa atividade, discutida na Introdução deste ensaio, torna esse paradoxo emocional e epistemológico explícito e sugere os modos com os quais ele pode ser resolvido, e com os quais não pode.

A consciência autorreflexiva completa sua destruição da ideia de um quadro de referência absoluto quando conecta compreensão e transformação. Para entender como parte da realidade funciona, deve-se entender como ela muda sob diferentes pressões transformadoras. Assim, a própria habilidade de compreender um estado de coisas pressupõe a capacidade de vê-lo como algo que subsiste apenas na ausência de eventos transformadores, e a capacidade de imaginá-lo como algo que pode ser diferente do que ele é. O focado senso de perigo, gerado pela ideia da morte, é, desse modo, generalizado numa experiência do mundo que conecta realidade e possibilidade.

Essa nova e culminante dialética de saciedade e insaciabilidade pode ser redescrita de maneira, psicologicamente, mais direta. Digamos que uma pessoa se engaje num conjunto de atividades rotineiras e crenças convencionais. Ela foca seus desejos em recompensas tangíveis e identificáveis. Ela atribui a esses objetivos, ou ao contexto de crença e prática dentro do qual os busca, a força de uma realidade e de um valor incontestáveis. Ela empurra a morte para o segundo plano de sua consciência. O reino da ação e da crença onde brotam seus desejos ganha aparência de necessidade e autoridade. A satisfação desses desejos lhe dá a sensação temporária de ter um lugar no mundo, não apenas porque outras pessoas a aceitam, mas porque ela parece, a si mesma, ter entrado em contato com coisas de realidade e valor inquestionáveis.

Com o tempo, porém, ela tem seus momentos de decepção e desorientação. O que importa parece estar sempre em outro lugar. Seus objetivos reais parecem ter sido traídos por suas próprias realizações. Havia algo que ela realmente queria, mas o fato de, agora, o ter alcançado não lhe proporciona o que procurava, mesmo que ela estivesse apenas tentando satisfazer um

163

Paixão

desejo físico aparentemente simples. Esses são os momentos em que o desejo pelo não contingente parece insaciável.

Essa forma final de transição, indo e voltando, entre saciedade e insaciabilidade está para as duas formas anteriores (prazer físico e encontro pessoal) como a insaciabilidade está para a saciedade. Isto é, as formas anteriores persistem em sua existência independente. Mas a adição posterior as transforma. A satisfação física e o vínculo pessoal agora se tornam, entre outras coisas, defesas contra questões de significado último. Mesmo assim, o feitiço lançado sobre a mente apreensiva nunca será forte o suficiente para erradicar uma inquietude cuja força nem o enfraquecimento do prazer físico nem os acidentes do encontro pessoal conseguem explicar. Ao mesmo tempo, a busca pela satisfação física e pela aceitação pessoal adquire algo da intensidade adicional que acompanha a busca pelo quadro de referência absoluto. A indefinição do anseio pelo outro já havia entrado na experiência do prazer puro. Agora, um traço venenoso do caráter implacável e irrealizável do desejo pelo incondicional contamina a busca pela satisfação física e pela aceitação pessoal. Cada momento de encontro e prazer se torna uma representação provisória do absoluto inalcançável. Assim, todos os momentos de saciedade e insaciabilidade permeiam-se mutuamente. Essa mesma participação recíproca na natureza de uma e de outra acabará por caracterizar as relações entre as diferentes paixões.

A pessoa que passou pelos vários estágios de desenvolvimento narrados nas páginas anteriores está pronta para experimentar a vivência plena da paixão. Ocasionalmente, ela ainda pode retornar a um estágio anterior. Mais frequentemente, ela volta a um estado característico da divisão do eu. Esse estado de divisão enfraquece a capacidade de autoconhecimento e autotransformação. Ele circunscreve, particularmente, o papel dessas paixões transformadoras que permitem às pessoas aceitarem umas às outras mais plenamente e a reimaginar como a vida humana poderia ser.

Um eu nesse estado de divisão se rende aos automatismos de conduta e percepção. Como comportamento, esses automatismos são hábitos e rotinas

Paixão

que perdem qualquer relação ativa com o esforço deliberado. Como percepções, são um estoque limitado de analogias que controlam o que a pessoa pode ver e que empobrecem seu entendimento do real ao restringir sua percepção do possível. Sob a influência de tais automatismos, a consciência enfraquece. A vontade se desengaja da imaginação ou se torna escrava de uma imaginação cativa por uma concepção estreita dos possíveis estados de existência.

Um outro eu será capaz, em momentos de autorreflexão ou surpresa, de observar esses automatismos de conduta e percepção a partir de um ponto de vista mais distanciado e negar que eles esgotem o escopo de sua personalidade. Esse poder de se distanciar, já implícito pela natureza da consciência e pela qualidade indefinida de nossos anseios, é confirmado pela dialética tríplice de saciedade e insaciabilidade. Uma das manifestações mais marcantes da divisão do eu consiste precisamente na passagem do tédio à distração e vice-versa.

Assim, o eu se divide entre os automatismos que o confinam e a capacidade ocasional de observá-los pelo lado de fora. Compare esta divisão do eu com a divisão entre o que um mundo social condicional incorpora e o que ele exclui. Os moderados conflitos da política cotidiana e da controvérsia normativa servem como lembrete permanente, dentro da rotina social, de que a sociedade pode ser refeita e reimaginada através da intensificação da luta prática e visionária.

A gênese da autodivisão lança luz sobre a natureza da liberdade na vivência da paixão. A pessoa erra ao não se expor a situações em que suas relações imaginárias ou práticas com outras pessoas possam ser abaladas. Ela desconfia dos outros: do que lhe farão se seu comportamento e pensamentos não forem protegidos por uma carapaça de idiossincrasia compulsiva ou de submissão ao hábito coletivo. No entanto, o efeito de sua ação é escravizá-la ainda mais aos outros, privando-a dos meios de superação. Sua conduta revela descrença em seus próprios poderes de autoafirmação e autotransformação. Essa descrença equivale à falha em entender a natureza provisória de qualquer versão fixa de uma identidade individual. O indivíduo reduz sua identidade a seu caráter e nega seus elementos transcendentais e indefinidos.

Paixão

A liberdade de reimaginar e refazer o caráter é, contudo, comprometida pelos efeitos da sorte moral e confundida pela constante mistura, numa vida humana normal, de estados de divisão com momentos em que esses estados parecem ser superados. Para progredir no processo de autotransformação até romper a crisálida de seu caráter, a pessoa deve passar por um período de vulnerabilidade intensificada. Suas chances de avançar, porém, não dependem apenas dela. Elas também dependem de como os outros a recebem nesses momentos de agravada desproteção. Se a prejudicarem em vez de aceitá-la, ela muito poderá relutar antes de se lançar numa nova aventura na aceitação da vulnerabilidade. Pois, se nenhuma resposta única de outra pessoa pode constituir obstáculo intransponível para a reinvenção moral, o padrão total das respostas inclui um elemento de pura sorte sobre o qual o indivíduo, por mais que se esforce, não terá controle.

Novamente, a experiência comum sempre combinará autodivisão e a superação dessa divisão. O momento da divisão é uma condição de liberdade diminuída: o caráter e seus automatismos assumem vida própria. Esse contraste entre liberdade e restrição é, porém, sempre mais fraco do que parece. Os automatismos costumam ressurgir no cenário de imensa preguiça espiritual, de irresistível apatia, da experiência cotidiana. Mas sempre contêm elementos contrastantes; sempre se deparam com circunstâncias inesperadas que podem permitir que a pessoa os descarte.

Assim, a análise do estado de divisão já sugere a sutil qualidade da liberdade na vivência da paixão. As paixões não são nem atos de livre-arbítrio nem eventos que simplesmente acontecem às pessoas. São esforços num contexto de liberdade conturbada, sempre perdida e reconquistada. Assim como se referem a uma realidade humana que escapa do contraste entre compreensão e avaliação, elas também derrotam a simples oposição entre escolha e compulsão, pois revelam em que termos e por quais meios essa oposição pode surgir.

Considere agora um dos incidentes mais intrigantes e comuns na vivência das paixões: a experiência do vício ou desejo obsessivo. A análise dessa

Paixão

experiência evoca as ideias anteriores sobre o desenvolvimento e a divisão do eu. Ela mostra como essas ideias se conectam umas às outras e a seu contexto prático.

Por obsessão, refiro-me largamente a qualquer ciclo de comportamento repetitivo do qual uma pessoa se sente incapaz de se livrar. Minhas observações se aplicam principalmente aos casos em que tanto a dependência física quanto o compromisso ideológico desempenham apenas um papel secundário. Mas esses argumentos também se aplicam àqueles casos em que tal compromisso ou tal dependência surgem como resultado final de um desejo louco e obsessivo que os precedeu. Esse desejo pode ser, por exemplo, o vício num prazer sexual específico, no acúmulo de um bem específico ou na realização de uma atividade específica.

O vício, definido de forma inclusiva, pode ser considerado um paradigma da obsessão. Visto dessa maneira, trata-se, então, do transtorno mental mais comumente encontrado. É também o aspecto mais visível da loucura na vida cotidiana. Sua elucidação, portanto, revela algo importante sobre a vivência da paixão. Lembre-se de seus sinais característicos.

Primeiro, o vício envolve um estado de liberdade diminuída. A compulsão enfraquece tanto a vontade quanto a imaginação, mesmo que apenas isolando uma da outra. Segundo, o eu se sente vazio quando não está em interação direta com o objeto de seu vício, pois a interação se transforma num requisito de autodomínio. Terceiro, a condição real de desfrute não oferece um contentamento estável. Mesmo no clímax da interação com o objeto de seu desejo, o viciado sente algo errado e incompleto, como se o sentimento de satisfação retrocedesse. Quarto, toda a experiência de vício retém um elemento de obscuridade recalcitrante. Por um lado, o viciado não consegue realmente identificar o que deseja no objeto ou no estado de coisas desejados. Ele fracassa em todas as tentativas de repensar sua própria fascinação. Por outro lado, o desejo é altamente direcionado, mas é também capaz de tomar um redirecionamento súbito e, aparentemente, caprichoso. Num momento, parece fixo numa entidade bem definida. No momento seguinte, já retorna a um estado de indefinição ou muda inexplicavelmente de objetivos. Essas

Paixão

características ainda são apenas superficiais. Seu significado mais profundo será revelado quando se reexaminar o vício à luz das ideias anteriores sobre autodivisão e autodesenvolvimento.

A condição viciante ou obsessiva é, em certo sentido, apenas uma exacerbação dos automatismos de conduta ou imaginação que caracterizam o eu dividido. Mas, no estado normal de consciência, esses automatismos são vivenciados de maneira objetiva. Eles simplesmente aumentam a qualidade apática da experiência cotidiana: o esforço calado e persistente para se passar de uma tarefa à próxima e de uma percepção à outra. No momento do vício, pelo contrário, há uma ruptura frenética com o tom da experiência cotidiana.

O estado dividido do eu se aprofunda em vez de ser superado. Enquanto o momento de desfrute inquieto dura, os automatismos passam a ser sentidos como os repositórios de ambas as metades do eu dividido. O viciado trata o comportamento viciante (obsessivo) como se fosse mais do que um conjunto localizado de automatismos dos quais seu eu mais livre, verdadeiro e indefinido, poderia se afastar. Ele também vê no vício uma expressão dessa mesma personalidade mais livre. É como se as duas metades do eu dividido – o eu rotineiro e o eu além das rotinas, as partes da personalidade que o caráter inclui e as partes que não inclui – tivessem sido dobradas uma sobre a outra. A repetitividade da rotina se combina com a sensação de arrebatamento que toca o núcleo vital da personalidade.

A gênese da paixão na autoconsciência ilumina o elo obsessivo entre frenesi e repetição. Esse elo evoca mais diretamente o estágio final do desenvolvimento do eu: o estágio em que, tendo aprendido a buscar prazer físico e aceitação pessoal, o indivíduo parte em busca do não contingente. A fixação compulsiva e agitada pode parecer uma regressão aos estágios mais primitivos da experiência. Mas, embora essa fixação funcione através da repetição, através do bloqueio normal ao desenvolvimento, ela reanima os aspectos mais refinados e desenvolvidos da experiência do eu.

O viciado se comporta como se, ao alcançar o objetivo fixo de seu desejo, ele pudesse satisfazer os anseios mais insaciáveis. Na experiência comum, a saciedade temporária rapidamente se transforma em insatisfação, e o restabelecimento da insatisfação constitui a experiência da insaciabilidade. No vício, a passagem de um lado para o outro entre satisfação e insatisfação é congelada num único momento, assim como as duas metades do eu dividido são sobrepostas uma à outra. Dessa forma, a qualidade distintiva e atormentadora do episódio viciante é a fusão de saciedade e decepção num episódio concentrado e prolongado de desejo fixo e angustiado. A saciedade e sua negação agora aparecem unidas como uma única experiência.

Os aspectos insaciáveis de nossa busca por aceitação pessoal são normalmente disseminados pelos encontros de toda uma vida. Os aspectos insaciáveis de nossa busca pelo não contingente são geralmente investidos num mundo social ou numa realidade transcendente. No momento do vício, no entanto, as pessoas agem como se todos esses elementos de desejo indefinido pudessem ser capturados e satisfeitos através da realização de um objetivo específico. O vício concentra os aspectos mais fortes e imensuráveis do desejo num único ponto. Nossos desejos, contudo, não perdem sua qualidade indefinida e insaciável ao serem deslocados e fixados dessa maneira.

Desses fatos surge a mistura ansiosa de contentamento com insatisfação e de repetição com frenesi. Deles também surge a estranha coexistência da fixação no desejo com mudanças caprichosas na direção dos anseios viciantes.

O vício requer que o anseio seja perene para que ele possa colocar a conduta ou percepção sob um princípio de repetição. Mas nenhum objeto particular do desejo será comensurável com a qualidade indefinida de seu próprio desejo. A arbitrariedade da ligação entre o desejo e seu objeto assemelha-se à arbitrariedade da conexão entre signo e significado numa linguagem: o vício é uma linguagem que expressa os aspectos mais fortes e obscuros do desejo em formas absurdas e arbitrárias. Uma história pessoal de associações individuais pode explicar a preferência de um indivíduo por algumas fixações em detrimento de outras. Mas a realidade básica do vício permanece na fragilidade da ligação entre o anseio e seus objetos. O reflexo dessa fragilidade na experiência subjetiva do viciado é o reconhecimento da obscuridade de seu vício.

III

O ponto de partida para esta análise das paixões é o efeito que a visão modernista de nossa relação com nossos contextos tem sobre a concepção romântico-cristã de intersubjetividade e encontro pessoal. Antes de elaborar uma análise das paixões específicas, reformulo a tese modernista, para enfatizar sua mensagem sobre a conexão entre paixão e sociedade.

O primeiro elemento da tese modernista é a crença de que as paixões não têm contexto social natural e que, para se afirmar e desenvolver. Por isso mesmo, devem desobedecer ao roteiro que cada sociedade e cultura escreve para elas. A ausência de um único modelo autoritário de arranjos sociais priva as emoções de uma ordem inquestionável. Pois as paixões, devidamente compreendidas, são simplesmente as relações que entre as pessoas, vão além do aspecto instrumental; são relações subjetivamente vivenciadas, sentidas e compreendidas.

Por que as paixões devem resistir às instituições e dogmas da sociedade? Porque somente através dessa resistência, as pessoas podem evitar que a polaridade das paixões seja superada e ocultada pelo desempenho compulsivo de papéis sociais predefinidos. E somente quando tratamos uns aos outros como indivíduos, em vez de substituíveis intérpretes de papéis, elas podem abrir espaço para as oportunidades da paixão.

Paixão

O segundo elemento do princípio modernista é o reconhecimento da necessidade e especificidade de um contexto coletivo para a vivência do encontro pessoal. Embora aparentemente negue o primeiro princípio, a segunda tese pode ser vista com mais precisão como uma especificação adicional. Ordens sociais e culturais específicas não podem ser dispensadas, mesmo que careçam da autoridade final que lhes permitiria servir como modelos para a paixão. Ideias e instituições, muitas delas inevitavelmente específicas para uma sociedade, faixa etária, classe ou comunidade, formam paixões particulares. A própria maneira como uma pessoa sente ciúme ou vaidade pode depender significativamente de crenças e arranjos que ela só pode entender parcialmente, e só pode transformar aos poucos. De fato, o eu embarca numa busca fútil quando tenta defender vínculos passionais que flutuam acima do mundo prosaico de arranjos sociais e ideias herdadas. Veja, por exemplo, os amantes românticos que buscam compulsivamente uma troca de emoções puras para além das restrições sociais. Eles descobrirão que, como o sentimento que valorizam é incapaz de admitir uma presença social, e de se encaixar num conjunto mais amplo de responsabilidades e devoções pessoais, ele deve desaparecer rapidamente sem exercer a influência transformadora que os amantes esperavam dele. Se forem autocríticos, também descobrirão que sua concepção de amor traz as marcas de um episódio bem descrito na história de sua cultura.

Os dois primeiros elementos do princípio modernista podem parecer, em conjunto, frustrar qualquer esperança de se vivenciar a paixão de maneira que não perverta suas qualidades mais importantes. Juntos, esses elementos parecem apresentar outra variante do perigo duplo que ameaça, divide e desorienta o projeto de autoafirmação: derrota por retirada ou derrota por submissão – nesse caso, fuga das regras da sociedade e da cultura estabelecidas ou submissão a essas regras. Muitos realmente entenderam o princípio modernista dessa maneira, como incentivo para buscar numa liberdade vazia e angustiada a única alternativa ao aprisionamento e à ilusão.

Mas a visão modernista da paixão e da sociedade inclui um terceiro componente que altera o significado dos outros dois. Essa terceira ideia é a crença

Paixão

de que as formas de vida social diferem na medida em que permitem aos indivíduos lidarem uns com os outros como pessoas, em vez de agentes de categorias coletivas de classe, sexo ou comunidade, em vez de superiores e subalternos numa cadeia fixa de hierarquia, em vez de produtos passivos de uma tradição coletiva que eles são incapazes de revisar.

A mudança modernista na visão que herdamos de solidariedade deve ser justificada por sua contribuição para a compreensão de nossa experiência imediata de encontro e sociedade. A análise da experiência se tornará mais fácil agora, quando o argumento avança da natureza fundamental da paixão e da formação do eu passional para o estudo das paixões particulares e da vida que elas compõem.

Vistas individualmente, as paixões mostram as transmutações de nossa necessidade e medo mútuos. A série dessas emoções individuais pode parecer, à primeira vista, constituir uma tabela de formas distintas indestrutíveis de encontro pessoal. Mas, à medida que nossa compreensão do eu e da sociedade se afasta das preconcepções injustificáveis sobre as possibilidades de experiência, e à medida que a vida social em si se torna menos enraizada numa estrutura protegida de divisão e hierarquia, as distinções entre as paixões perdem sua clareza ilusória. Cada vez mais, as paixões parecem ser variações mutáveis e sobrepostas dos temas fundamentais do amor e do ódio, temas que, por sua vez, se inserem um no outro. Se as paixões formam um sistema, elas o fazem menos como elementos indistinguíveis conectados por relações fixas do que como amplificações umas das outras.

Para fazer uma análise modernista das paixões particulares, lançamos mão aqui de antigas categorias moralistas, o discurso das virtudes e vícios. Mas esse arcaísmo voluntário – a expressão externa de um esforço para tratar o modernismo como um momento na transformação da visão romântico--cristã de nossa identidade compartilhada – não deve obscurecer as mudanças de sentido acumuladas a que essas categorias têm sido submetidas. Essas conversões de sentido simplesmente espelham e estendem a reconstrução modernista da visão romântico-cristã de solidariedade e a revisão modernista do estilo clássico de argumento normativo.

Paixão

Através de uma conversão de sentido, cada categoria usada para rotular uma paixão combina análise psicológica com postura avaliativa. O diálogo entre a análise e a postura recorre a uma prática de julgamento normativo que enfatiza a importância de cada paixão para a polaridade central das paixões e trata nossos esforços para lidar com essa polaridade como parte de nosso projeto de autoafirmação.

Por meio de outra conversão de sentido, as diferenças entre as paixões individuais são enfraquecidas. Cada paixão é concebida como nada mais do que um ponto típico e recorrente dentro da mesma experiência unificada de anseio e perigo mútuos. E cada um desses pontos sugere percepções e reanima motivações que nos convidam a ocupar outros pontos. Precisamente porque as distinções entre elas são tão frágeis, uma paixão individual pode incorporar a polaridade unificadora das paixões.

Através de mais uma conversão de sentido, a concepção de paixão exemplificada por esta discussão de pontos típicos se recusa a definir paixão em contraste com a compreensão racional ou convenção social. Em vez disso, ela vê as paixões como o conjunto de possibilidades elementares de conexão humana que transbordam as restrições impostas por instituições e preconcepções estabelecidas. Uma consequência dessa abordagem é que uma teoria das paixões tem implicações para a compreensão da mente e da sociedade. E, precisamente porque ela pode gerar reivindicações epistemológicas e políticas, essa teoria não precisa se desculpar por sua falta de base epistemológica ou política explícita.

Meu estudo de paixões particulares começa com emoções que se relacionam apenas indiretamente com a polaridade central do desejo e do perigo, mas que, por essa mesma razão, revelam ainda mais claramente as forças em ação nessa polaridade. Essas experiências de paixão irrompem na vida social a partir de uma posição em sua fronteira. Isto é, são protossociais. Elas parecem surgir menos do dar e receber do encontro do que das predisposições ou vulnerabilidades que, em parte, preexistem, envolvem ou interrompem nossas experiências centrais de sociabilidade. Elas interrompem o fluxo da

Paixão

vida social comum de maneiras que iluminam nossa relação com os contextos de nossa ação, e que mostram como essa relação influencia a experiência do anseio e do perigo mútuos. Essas paixões são a lascívia e o desespero.

Lascívia e desespero são protossociais no sentido em que, mais do que qualquer outra emoção, parecem pertencer a uma constituição que precede, em força e caráter, nossa vida em sociedade. Além das necessidades físicas de alimentação e abrigo, nenhum impulso é mais impaciente na espera por um ambiente favorável para se firmar do que a lascívia e o desespero. Ao longo da vida humana e da história das sociedades, elas reaparecem como forças destrutivas, que devem ser domadas ou exorcizadas para que uma ordem civil possa subsistir.

Movida pela lascívia, a pessoa age como um ego voraz pronto a desempenhar um papel num drama biológico que ofusca as convenções sociais. Esse papel faz com que se sinta incapaz de conceber a sociedade ou outras pessoas, exceto como auxílios ou impedimentos para o aquietamento temporário de um desejo insaciável. É verdade que o desejo sexual humano não padece de ocasiões ou manifestações incontornáveis, mas, embora essa indeterminação possa permitir que o desejo seja mais profundamente influenciado por práticas institucionais e crenças compartilhadas do que, de outra forma, seria possível, ela também confere à lascívia uma insistência e onipresença que, de outra forma, lhe faltariam. Na verdade, a qualidade errante e desfocada do desejo, sua natureza frequentemente andrógina e seu desligamento potencialmente completo dos imperativos da reprodução explicam como a lascívia pode aparecer como força que escapa ao alcance da cultura, bem como à disciplina da sociedade.

O desespero é protossocial de maneira semelhante. Ele, também, surge como uma experiência enraizada numa capacidade que trazemos para nossos envolvimentos na sociedade. Ele, também, combina o senso de impulso com uma base na capacidade que mais distingue nossa constituição: nossa capacidade de nos afastarmos dos contextos ordinários de nossa atividade e nos perguntarmos sobre seu status e sua autoridade. Podemos nos desesperar porque podemos experimentar a nós mesmos como donos de uma

175

Paixão

liberdade de reflexão que excede imensuravelmente nosso poder de imprimir nossos interesses pessoais imediatos nos mundos social e natural em que nos encontramos. Podemos fazer mais perguntas sobre nossos contextos sociais e mentais do que poderíamos responder. Que as respostas que não nos podemos dar sejam as únicas que importam pode parecer simplesmente um subproduto infeliz de nossa liberdade de violar as regras dos mundos sociais e mentais que construímos.

Essas observações já sugerem um sentido mais sutil e complicado do caráter protossocial da lascívia e do desespero. Essas paixões ameaçam não apenas a estabilidade e a autoridade de formas particulares de vida social e estilos particulares de existência pessoal. Elas ameaçam também as reivindicações fundamentais que a sociedade e a cultura fazem sobre nós. Elas apresentam esse desafio mais radical ao perturbar nossa capacidade imaginativa de nos colocarmos na atitude mental que a sociedade – qualquer sociedade – exige de nós, e que mesmo o conjunto mais simples de encontros e compromissos pessoais invariavelmente requer. Ao atacar os fundamentos imaginativos de nossos compromissos sociais, essas paixões também diminuem nossa disposição para realizar as infinitas pequenas tarefas e fazer os incontáveis sacrifícios anônimos que ajudam a sustentar esses compromissos.

No entanto, mesmo nesse papel subversivo, o desespero e a lascívia podem revelar verdades sobre nós mesmos que qualquer concepção adequada da vivência das paixões deve reconhecer. Todas essas verdades têm a ver com nossa inadequação a circunstâncias de dependência mútua e com nossa capacidade de agir na sociedade como se não fôssemos feitos para ela, como se tivéssemos outra vocação, que as restrições do discurso e da prática não pudessem aceitar. Assim, as formas de experiência e visão que podemos alcançar em momentos de lascívia ou desespero representam eternos embaraços para todas as doutrinas que nos retratam como meros produtos de instituições sociais e normas culturais. Nesse fato, reside a importância especial dessas paixões para o modernismo e para a tentativa de unir a concepção modernista de nossa relação com os contextos de nossa ação com a visão romântico-cristã de nossas relações mútuas. O restante deste trecho

Paixão

trata da lascívia e do desespero como paixões que combinam oposição a ordens sociais particulares, ameaça à autoridade de toda sociedade e cultura, e revelação de fatos sobre nossas suscetibilidades e capacidades que qualquer visão adequada do eu deve reconhecer.

A lascívia é a atração sexual não transformada pelo amor e, de maneira mais geral, incapaz de imaginar a alteridade do próximo. A outra pessoa figura principalmente como fonte indistinta de prazer. Embora características específicas de seu corpo possam se tornar objetos de interesse obsessivo, sua atração não depende de pertencerem a uma personalidade complexa e única. Logo se torna aparente que esse sacrifício da individualidade distinta ao prazer indiscriminado serve simplesmente como ponto de partida: o jogo do prazer rapidamente dá lugar a um confronto de vontades, e esse confronto pode, por sua vez, permitir uma redescoberta da individualidade distinta da outra pessoa.

A lascívia ataca o elo mais importante entre biologia e cultura. A sexualidade se rebela contra sua função reprodutiva na sociedade e ameaça subverter as regras de parentesco e domesticidade. Ela se transforma numa força flutuante e potencialmente disruptiva.

Mas o que, exatamente, essa força põe em risco? Antes de nossa própria era de política de massas e história mundial, muitas culturas apresentavam uma imagem de convivência humana que nós, filhos da era da emancipação parcial da falsa necessidade, em grande parte rejeitamos. Essa imagem propunha um modelo de convivência humana que via poder, troca e lealdade comunitária como natural e adequadamente imerso nos mesmos encontros pessoais. Seu programa era transformar toda a sociedade num mundo de patrões e clientes. Sua convicção era que esse clientelismo universalizado representava a única alternativa à guerra social selvagem e ao egoísmo desenfreado. Relações de poder rígidas tornaram-se o contexto assumido de troca prática. Os aspectos instáveis e autocentrados da troca deveriam, por sua vez, ser moderados pelo reconhecimento de lealdades mútuas que restringiam a disposição de cada parte em exigir da outra – superior ou subordinada – o que as circunstâncias permitiam. Embora esse modelo de associação humana geralmente fosse destinado a ser aplicado a todas as áreas da vida social, seu contexto mais exemplar de aplicação era caracteristicamente a família e a comunidade imediata. De fato, seus defensores frequentemente argumentavam que todas as relações sociais entre superiores e subalternos ou entre governantes e súditos deveriam ser modeladas com base num certo padrão idealizado de vida familiar.

Onde quer que essa concepção das formas possíveis e desejáveis de associação humana demande lealdade, a lascívia aparece como força dissolvente, pois desobedece aos padrões da relação patrão-cliente. Mas, ao ajudar a destruir essa relação, ela também pode revelar a oportunidade para um estilo alternativo de coexistência. Pois, assim que a lascívia passa da busca pelo prazer para o confronto de vontades, ela sugere que esse confronto pode mudar as relações de poder nas quais as formas estabelecidas de comunidade e troca estão inseridas.

O mesmo ponto pode ser reformulado em termos mais gerais, termos que mostram como uma experiência de sexualidade sem amor pode exercer esse efeito destrutivo e construtivo mesmo quando o ideal de patrões e clientes já perdeu sua autoridade. A lascívia sempre soa como afirmação pessoal descontrolada. A sexualização das relações de poder se assemelha à violência física e ao conflito coletivo em sua capacidade de gerar conexões e combinações que as instituições estabelecidas e os dogmas dominantes não podem aceitar. As pequenas e cômicas lutas a que essa sexualização dá origem facilmente se tornam veículos para a afirmação de necessidades, e de meios para a satisfação de necessidades, que a ordem existente ignora. Assim, no harém, tomado como metáfora para uma sociedade dedicada à busca do prazer, o conflito a respeito dos termos básicos da vida coletiva é supostamente reduzido ao mínimo (lembre-se de Montesquieu). A obediência se disfarça de rendição à sensualidade. No entanto, a capacidade das mulheres de seduzir os eunucos que as mantêm e o senhor que desfruta delas, e de despertar seu ciúme e desconfiança, funciona como força sinistra e insondável, capaz de desorganizar até mesmo o que ela pode ser impotente para reconstruir. Pois nossos desejos têm qualidade indeterminada e enganosa: aqueles que não

Paixão

podem ser totalmente suprimidos servem como meio para afirmar outros, mais facilmente esmagados, e os sonhos que foram banidos do mundo público reaparecem no privado. Os mais teimosos desses sonhos e desejos são aqueles que expressam nosso anseio por sermos aceitos e cuidados.

Assim, a lascívia pode representar o ataque a uma forma particular de vida social, ataque que ajuda a criar, no âmbito minúsculo do encontro pessoal, imagens antecipatórias de uma ordem social alternativa. No entanto, a lascívia também pode representar um desafio mais radical às bases imaginativas da vida social. Ela o pode fazer diminuindo nossa capacidade de imaginar a alteridade de outras pessoas.

Quanto mais negamos a originalidade de outras pessoas, mais empobrecida e rígida se torna nossa concepção de sociedade. Vemos uns aos outros como produtos inevitáveis de nossas formas de vida social e de nossas tradições de discurso, em vez de ver essas tradições e formas como manifestações parciais e provisórias de nós mesmos. Como nenhum conjunto de arranjos sociais e dogmas culturais pode conter plenamente nossas conexões práticas e passionais, nenhum grau de entrincheiramento de uma ordem social e cultural contra desafios efetivos pode justificar a negação imaginativa da originalidade em nós mesmos e nos outros.

O extremo dessa negação é nossa tentativa de reduzir os outros à condição de meras oportunidades para o gozo de prazeres solitários, se todo prazer já não for solitário por sua própria natureza. Um extremo menor de negação é a visão de outras pessoas como egos resistentes num conflito de poder ou como calculistas estratégicos num sistema de troca que, supostamente, requer apenas um fluxo interminável de desejos aleatórios e um conjunto estável de papéis neutros. Aqui, já se começa a ver a outra pessoa como uma vontade distinta e potencialmente oposta, mesmo que não lhe atribua forma mais ricamente definida de experiência subjetiva. Tendo reconhecido esse mínimo de distinção, o indivíduo se abre para a possibilidade de ser surpreendido: a pessoa desejada pode conseguir chamar sua atenção não para um desejo isolado a ser negociado por um desejo seu, mas para uma personalidade única em busca de aceitação, ou pode propor-lhe uma concepção dos

Paixão

termos apropriados para o recíproco acesso material e emocional que entrará em conflito com a concepção do indivíduo.

A negação radical da alteridade e, portanto, da sociedade, que é implicada pela lascívia, consiste na experiência solipsista de ver outras pessoas como meros gatilhos para momentos de prazer. A origem do prazer no corpo de outra pessoa é acompanhada pela incapacidade de imaginá-la como sendo, em qualquer sentido interessante, outra pessoa. Nesse sentido, um episódio de lascívia nos proporciona uma experiência momentânea do que seria a inexistência da sociedade.

Mas toda experiência de prazer já incorpora algo de um conflito de vontades: os outros devem ser excluídos. Na lascívia, essa exclusão assume sentido mais dramático, pois é a própria fonte do prazer que deve ser impedida de falar e agir como pessoa radicalmente única e independente que, de fato, é. Assim, se todas as nossas experiências de prazer tendem a ser encobertas pelo exercício do poder, ou pela luta em torno do poder, essa sobreposição é ainda mais inevitável na vida sexual. Em nenhum outro lugar essa transição do acúmulo de prazer ao conflito de poder é mais claramente demonstrada do que na facilidade com que a lascívia assume caráter sádico ou masoquista. Tendo começado com uma completa absorção em nossos prazeres e uma cegueira voluntária em relação a sua fonte, logo somos atraídos para um conflito de vontades que muda o caráter e diminui a força de nossa negação da alteridade das outras pessoas. O que agora é negado é a possibilidade de conciliar dois eus independentes na mesma relação: o indivíduo deve negar veementemente a si mesmo (masoquismo) ou ao outro (sadismo) a condição de um eu que busca e merece ser aceito por outros eus. Assim, de maneira taxativa, o indivíduo responde negativamente à questão colocada pela polaridade central das paixões – se podemos conciliar as condições que possibilitam a autoafirmação.

A lascívia que passou da busca ingênua do prazer ao ansioso jogo pelo poder não vê autoafirmação que não seja também isolamento. Como modelo de encontro pessoal, a lascívia nos condena a abandonar a esperança de mudar a relação entre nossa necessidade de sermos aceitos pelas outras pessoas,

Paixão

participando com elas de formas de vida compartilhada, e nossa necessidade de manter e desenvolver uma atuação independente. O abandono dessa esperança, por sua vez, é o núcleo da experiência do desespero; e essa semelhança já começa a sugerir como as duas paixões protossociais se conectam.

No entanto, esse exemplo extremo de rendição à desesperada visão de relações pessoais paralisadas oferece oportunidade para sua própria correção. O objeto resistente de um desejo sem amor espera pela chance de mostrar quem ele é. Os interlúdios mais insignificantes de constrangimento, distração ou decepção podem servir para revelar o verdadeiro indivíduo. E quando finalmente ele se faz ouvir, fá-lo numa circunstância que enfatiza ainda mais sua individualidade surpreendente. Pois no encontro sexualmente obcecado, que começa buscando no prazer uma alternativa à sociedade, e depois passa de um prazer não social para uma confrontação austera de vontades, as categorias de divisão social e hierarquia podem ser colocadas a distância maior do que em grande parte da experiência comum. O objeto da lascívia pode, portanto, aparecer com ainda mais clareza, quando aparece, como o indivíduo único e inesperado que sempre é. E uma vez que se reconheça a outra pessoa como o indivíduo que ela é, talvez se consiga imaginar uma forma de conexão com ela em particular – e com outras pessoas em geral – que modere o conflito entre as condições que possibilitam a autoafirmação.

Dessa forma, a lascívia pode antecipar a dinâmica do amor, cuja ausência parecia definir sua própria natureza. Num amor sexualmente realizado, a sequência de respostas inclui a consciência de que o outro nos deseja em nossa forma corpórea, e culmina na experiência de transbordamento através da atividade corporal involuntária, de fato, uma atividade voltada para outra pessoa, representada pelo corpo dela. Superamos nossa repugnância pela carne de outra pessoa e o fazemos de modo que nos confronta da forma mais inequívoca com nossa própria existência como carne. Assim que o outro é mostrado como algo mais do que fonte indistinta de prazer ou vontade resistente, o contraste entre lascívia e amor perde sua força e dá lugar a um impulso de afirmação e anseio: anseio pelo outro encarnado, afirmação do eu encarnado.

Paixão

A relevância mais geral da lascívia para a compreensão do eu agora se torna clara. Nossa encarnação, acompanhada por todo o caráter sensual de nossa experiência, torna possível a alienação imaginativa da outra pessoa e a consequente petrificação da polaridade central das paixões. Mas, ao nos tornarmos corpos que colidem e que se desejam mutuamente, essa encarnação também ajuda a tornar impossível isolarmo-nos completamente das outras pessoas. Teríamos que ser espíritos desencarnados para alcançar o isolamento completo ou a transparência e comunhão totais.

O desespero é a outra paixão protossocial. A experiência central do desespero reside na sobreposição de dois eventos: uma sentida incapacidade de conciliar nossa necessidade e nosso medo de outras pessoas e uma convicção de que nossa circunstância básica no mundo torna essa conciliação impossível. Desesperados, experimentamos a indisponibilidade da liberdade fundamental que consiste na capacidade de basearmos nossas ações em concepções alternativas de nossas relações imediatas com outras pessoas. Tais concepções oferecem limitar o conflito entre as condições que possibilitam a autoafirmação e prometem oportunidades de vínculo que também servem como ocasiões para a descoberta e desenvolvimento de uma identidade independente. Porém, a qualidade distintiva do desespero é que essa impossibilidade de liberdade percebida surge menos de nossa visão de outras pessoas do que da compreensão dos contextos em que nossas atividades pessoais estão inseridas, desde as rotinas idiossincráticas de relacionamento que revelam o caráter até a estrutura social e natural de nossas vidas. A base imaginativa do desespero pode surgir numa maneira específica de vivenciar o bloqueio de nossos encontros pessoais. Essas manifestações íntimas e distintas de nossa "imaginação do desastre" são aqui o principal objeto de nossa atenção.

Observe que a ideia de desespero engloba a distinção psiquiátrica moderna entre tristeza comum e depressão clínica. Essas concepções psiquiátricas descrevem diferentes graus do mesmo calvário da impossibilidade. Mesmo quando os casos mais graves desse calvário podem ser atribuídos a uma causa biológica discreta e predominante, a estrutura imaginativa interna da experiência permanece a mesma. Os casos mais graves, de causas biológicas,

Paixão

podem, na verdade, revelar mais plenamente uma concepção de nossa situação que os casos moderados e psicológicos, que a apresentam apenas de forma incompleta (veja o Apêndice deste ensaio).

Há um desespero do aprisionamento e um desespero da estranheza. Ambos podem colocar em risco nossa disposição de nos envolver ativamente numa sociedade específica ou em qualquer outra. Quando o alvo do desespero se torna uma ordem social específica, a crítica implícita nesse desespero pode servir como princípio de reconstrução social. Mesmo quando o desespero toma a direção mais intransigente do ataque às próprias bases da cultura, ele ensina uma lição sobre nossa constituição e capacidades que pode exercer influência construtiva na reforma do caráter e da sociedade.

Considere primeiro o desespero do aprisionamento. Sua modalidade mais familiar é o pesar pela perda de outras pessoas e pela ruptura dos laços que nos uniam a elas. A tristeza que sentimos pelo destino do outro se combina aqui com a tristeza que sentimos por nós mesmos. Esse pesar normal se transforma em desespero quando seu foco se torna uma descrença em nossa capacidade de reafirmar e reconstruir nossas identidades individuais na ausência das relações extintas. Assim, a qualidade especial desse desespero se destaca mais claramente quando a ocasião é o desaparecimento de todo um complexo de relações, talvez até de um modo de vida ricamente definido.

O abandono da fé na capacidade de sobreviver à perda de certas relações não se tornaria causa de desespero se a pessoa não sentisse obscuramente em si mesma uma personalidade que transcende essas ou quaisquer outras relações. Muitos aspectos de sua experiência atestam a circunstância básica que a visão modernista de nossa relação com os contextos de nossa ação tentou iluminar: nossa incapacidade de encontrar espaço suficiente para percepção, desejo e vínculo prático ou passional em qualquer um dos mundos mentais e sociais que construímos e habitamos temporariamente. O indivíduo é, portanto, dilacerado entre a intuição de que é mais do que uma série específica de relações sociais e o receio de que não possa sobreviver ao desaparecimento delas.

O desespero do aprisionamento também ocorre em outra modalidade, invertida e menos comum. Aqui, o desespero se apresenta pela nossa

Paixão

vivenciada incapacidade de nos livrar de um conjunto de rotinas – de nos distanciar delas e revisá-las ou delas participar em termos mais independentes e conscientes. Em vez de duvidar de sua capacidade de sobreviver ao desaparecimento do ambiente relacional cotidiano, a pessoa duvida de seu poder de escapar ou mudar esse ambiente. Mas como ela continua a entender o poder transcendente de seu próprio eu, o que poderia ter sido vivenciado como participação livremente concedida começa a ser sentido, em vez disso, como compulsão aprisionadora – uma mudança que enfatiza a ligação entre compulsão e desespero. Em ambas as formas do desespero do aprisionamento, a força da emoção surge da incapacidade de conciliar a consciência do eu transcendente com o reconhecimento da dependência que submete o eu a relações particulares.

A qualidade de prisão pode ser atribuída a uma forma inteira de vida social, em vez de apenas às rotinas imediatas do caráter. Mesmo nessa forma mais geral, no entanto, o elemento fundamental desse desespero permanece sendo a incapacidade da pessoa de agir com base na ideia de que seus vínculos possam libertá-la. Imaginando sua situação dessa maneira, ela não realiza os experimentos pessoais que lhe poderiam permitir a reconstrução de seus ambientes cotidianos ou a reconstrução de si mesma na ausência deles. E como ela não realiza esses experimentos voluntariamente, ou não aproveita os elementos de oportunidade involuntária em sua situação, sua experiência real começa a dar ênfase exagerada às suas preconcepções.

Ao lado do desespero do aprisionamento, há o desespero da estranheza. O aspecto-chave desse segundo tipo de desespero é a incapacidade de darmos sentido aos cenários de nossas vidas pessoais em termos que possam ser relacionados a nossos interesses mais urgentes e, em particular, à dinâmica do anseio e do perigo mútuos. Essa falha de conexão é sentida como obstáculo à nossa capacidade de conciliar as condições que possibilitam a autoafirmação.

O desespero da estranheza pode ser direcionado contra uma forma específica de vida institucionalizada. Em toda ordem social estável, as infinitas possibilidades de associação entre as pessoas logo são trocadas pela lealdade

Paixão

a um esquema de modelos reguladores de associação humana. Esse esquema permite que as pessoas compreendam e elaborem um sistema de direitos que vai além de simples ferramenta ou expressão de poder coercitivo. De forma mais ampla, ele permite que a vida cotidiana seja inteligível.

O esquema pode propor a mesma forma exemplar de conexão humana para todas as áreas da existência social (lembre-se do caso do reaparecimento do princípio patrão-cliente). Mas pode, também, como em nossas próprias sociedades, atribuir diferentes modelos de associação humana a diferentes esferas da vida social. Alguns desses modelos – como as ideias ocidentais modernas de comunidade familiar privada ou de cidadania dentro de uma nação democrática – retratam formas de vínculo que também servem como caminhos para a autoafirmação. Outros, como a mistura de acordo contratual e hierarquia técnica a qual abandonamos nossas vidas cotidianas, não fazem tal promessa; sua suposta justificativa reside nos riscos de impraticabilidade e despotismo que qualquer tentativa de substituí-los por formas mais moralmente ambiciosas de conexão humana possa implicar.

As sociedades podem, portanto, diferenciar-se na medida em que reconhecem áreas de prática social relacionadas ao problema apresentado pela polaridade das paixões. Quanto maior a variedade de experiências cotidianas que parecem incapazes de ser traduzidas na linguagem dos interesses pessoais centrais, maior o papel do desespero na vida comum. No entanto, esse desespero nos convida a imaginar uma reforma dos arranjos sociais que, de fato, introduziria mais profundamente em nossa existência cotidiana formas de conexão humana que nos encorajariam a reinventar e nos permitiriam reconstruir a relação entre individualidade independente e vínculo pessoal ou comunitário.

A questão do desespero da estranheza pode ser alargada para incluir a vida social em si, em vez de qualquer ordem social específica, e o lugar da sociedade e da cultura dentro da natureza. O indivíduo pode ver a vida social como aninhada num cenário natural mais amplo que torna ilusórias ou insignificantes nossas preocupações de anseio e perigo mútuos, enquanto nos nega a possibilidade de escapar dessas preocupações. Ele pode, por exemplo, rejeitar

Paixão

todas as concepções de vida social, exceto aquelas que possam ser formuladas na linguagem da ciência natural. Em tal visão, o vocabulário com o qual lidamos uns com os outros, rico como é com os interesses da paixão, não pode ser levado a sério em seus próprios termos. Como alternativa, esse desespero mais radical pode assumir a forma da crença de que nossas comunidades humanas de sentido e afeto são infundadas: que nada fora delas justifica as questões urgentes e os juízos de valor que tanto lhes preocupam. Tudo o que podemos fazer, de acordo com essa doutrina, é escolher um mundo social e cultural e tomar esse mundo como realidade. Em tal visão, os cenários naturais e sociais da atividade humana são hostis ao sentido com que dotamos a vivência da paixão, porque são incapazes de sustentar qualquer sentido.

No entanto, não é necessário tirar dessa percepção de insustentabilidade – ou da descontinuidade entre a sociedade e a natureza – a conclusão alcançada pelo desespero da estranheza. Afinal, uma das variantes mais notórias do modernismo faz exatamente o oposto: infere da ideia de falta de fundamentação uma razão adicional para reconhecer a soberania avaliativa e a autossuficiência de nossas tradições específicas (lembre-se da piada sobre Leibniz. O otimista diz: "Esse é o melhor de todos os mundos possíveis". O pessimista responde: "Você tem razão"). A concepção imaginativa que subjaz ao desespero da estranheza deve ser confirmada pela sentida incapacidade de rompermos o caráter paralisado das relações pessoais e, assim, moderarmos o conflito entre as bases da autoafirmação.

A possibilidade de radicalizar o desespero – o desespero do aprisionamento ou o desespero da estranheza – através de uma ruptura com o envolvimento confiante na vida de encontro e compromisso dependerá sempre da relação conturbada com os contextos de nossa ação. O desespero do aprisionamento enfatiza a dificuldade de afirmarmos nossa transcendência para além das relações particulares nas quais nossas identidades individuais estão invariavelmente envolvidas. O desespero da estranheza depende, em vez disso, da suspeita de que devemos viver nossas vidas em circunstâncias que são fundamentalmente indiferentes, e até mesmo antagonistas, a nossos objetivos mais íntimos, e que tornam a busca desses objetivos refém da ilusão.

Paixão

Mas, seja qual for a ênfase imaginativa, o ponto crucial acaba sendo a percebida incapacidade de agirmos com base na crença de que a relação entre nosso perigo mútuo e nosso anseio mútuo possa ser reformada. Tendo atribuído essa incapacidade a uma característica inerradicável de nossa situação no mundo, encontramos no padrão resultante de conduta e consciência a confirmação espúria de nossa visão inicial. Nosso senso de bloqueio no núcleo mais íntimo das relações pessoais engloba áreas cada vez mais amplas de nossa experiência. Rendemo-nos a formas repetitivas de comportamento e percepção que somos incapazes de reconhecer como expressões de nós mesmos ou como possíveis objetos de atividade transformadora. Porém, como nunca podemos nos entregar compulsivamente até mesmo às nossas compulsões mais irreflexivas, devemos encontrar, numa concepção desesperadora de nossas circunstâncias, um argumento para nosso comportamento. Assim, a análise do desespero revela a ligação entre os elementos compulsivos e melancólicos da experiência cotidiana. A restrição da possibilidade pessoal e da possível relação pessoal é imaginada como desespero e vivida como infeliz repetição.

Essa restrição imaginada e executada representa o elemento central em toda a psicopatologia. Na verdade, a análise do desespero sugere as características indispensáveis de qualquer psicoterapia bem-sucedida, que aborde a perturbação mental por meio do discurso, encontro e ação, em vez de intervenção física ou farmacológica. Primeiro, o principal tópico de tal psicoterapia deve ser o caráter dos vínculos passionais do indivíduo a outras pessoas e, especialmente, o problema da conciliação das condições que possibilitam a autoafirmação. Segundo, a psicoterapia deve procurar persuadir o paciente de que ele pode reimaginar sua relação com outras pessoas, e agir com base nessa nova concepção de maneiras que propiciem a autoafirmação por meio do envolvimento e engajamento. Embora uma explicação sobre como a restrição desnecessária ou aparência de restrição veio a surgir possa ser parte importante desse ato de persuasão, não é parte necessária. Terceiro, uma versão da possibilidade mais ampla de relação pessoal deve ser encenada no ambiente terapêutico. E a encenação deve assumir uma forma que permita ao paciente replicar o novo estilo de associação em maior escala, fora desse ambiente.

Na vida coletiva da sociedade, também nos encontramos como vítimas relativamente passivas de arranjos institucionais e preconcepções imaginativas. A emancipação política, que nos liberta da submissão inquestionável a essas restrições, avança por meios que se assemelham àqueles da psicoterapia. As questões abordadas agora são muito mais amplas do que a forma assumida pelas condições que possibilitam a autoafirmação na vivência da paixão. No entanto, o conflito a respeito dos interesses distintos depende de suposições básicas sobre possíveis conjuntos alternativos de arranjos institucionais e alianças sociais. Homens lutam por seus interesses, observou Hume, mas o que são seus interesses é uma questão de opinião. Entre as opiniões mais importantes que definem os interesses estão aquelas que definem o alcance dos contextos coletivos realizáveis nos quais podemos buscar nossos supostos interesses. À medida que o escopo do conflito coletivo e das alternativas seriamente consideradas se amplia, a luta pelos interesses se funde num confronto maior sobre as variedades e bases do empoderamento individual e coletivo.

Uma versão desse empoderamento é o desenvolvimento de capacidades práticas por meio da resolução, socialmente organizada, de problemas. Outra versão é a diminuição do conflito entre nossa necessidade de ajuda prática ou emocional de outras pessoas e o medo justificado de sujeição que elas nos inspiram (um conflito que generaliza o embate entre as condições que possibilitam a autoafirmação, como encontramos na vivência da paixão). Ambas as variedades de empoderamento requerem não apenas que as relações sociais sejam embaralhadas, mas que se mantenham num estado de alta plasticidade. Essa condição, sinalizada pelo abrandamento do contraste entre rotinas preservadoras de contexto e disputas revisoras de contexto, é, em si mesma, uma forma de empoderamento, bem como uma exigência dos outros dois modos, pois nos dá domínio sobre os cenários sociais de ação. O estado de plasticidade aumentada deve ser antecipado nos conflitos crescentes e nos desvios localizados que ajudam a provocá-lo. A realização parcial

Paixão

e antecipatória de formas mais fortalecedoras de associação humana, pelos movimentos sociais que as defendem ou pelas formas anômalas de prática corrente que as exemplificam, representa o equivalente político ao ensaio terapêutico de possibilidades mais amplas de conexão pessoal.

Em todas as situações sociais, há muitos pequenos desvios da ordem institucional e imaginativa dominante. Algumas dessas aberrações resultam da superposição histórica dos resíduos de esquemas passados de vida social; outras, da necessidade constante de adaptar um determinado esquema a novas circunstâncias; e ainda outras, da incapacidade de qualquer esquema de conter plenamente nossa experiência de colaboração prática direta ou vínculo passional. A arte da persuasão que acompanha uma prática política transformadora consiste em aproveitar esses desvios. Mostra como eles podem vencer seus rivais mais estabelecidos em seu próprio jogo, seja o jogo da eficiência prática ou da fidelidade a ideais aceitos. E demonstra, mais pela prática do que pelo ensino, que, uma vez adequadamente revisadas, essas exceções localmente bem-sucedidas podem se tornar, por direito próprio, novos princípios dominantes.

Tanto nos contextos psicológicos quanto nos políticos, a ampliação das possibilidades pode ser temporariamente servida por um mito que apela à falsa necessidade. Tal mito pode ver uma ordem social alternativa, mais empoderadora e corrigível, como resultado de uma evolução social compulsiva. Ele pode alegar que a emancipação surgirá da restrição, e pode dispensar seus adeptos da necessidade de descreverem a estrutura do mundo que desejam. Ou a falsidade pode consistir numa narrativa que localiza a origem da restrição em aspectos localizados de sua experiência, como a marca que a vida em família imprimiu em sua infância. Tal relato diz ao indivíduo que ele pode entender a origem de suas compulsões e de seu desespero, e agir com base numa visão mais ampla das possibilidades relacionais de maneiras que, no entanto, minimizem a necessidade de romper com aspectos mais abrangentes de sua vida presente ou de sua sociedade.

Ainda que tais garantias possam se mostrar convenientes na causa da emancipação, elas têm um preço. Como o impostor que engana a si mesmo, o

Paixão

crente não saberá quando parar de levá-las a sério. Ele pode se considerar em desacordo com restrições que, de fato, não existem (as preconcepções do marxista sobre possíveis alianças de classe, a exortação do freudiano para enfrentar o legado de envolvimentos familiares específicos ou impulsos sexuais). Ele pode, desse modo, eximir-se de tarefas indispensáveis para alcançar graus mais elevados de emancipação (assim, o freudiano deixa de imaginar as formas de autoafirmação que poderiam ser possíveis além dos limites de uma existência isolada e autocentrada da classe média, e o marxista deixa de fazer o árduo trabalho de conceber alternativas institucionais detalhadas às formas atuais de organização governamental e econômica e as estratégias de transição que poderiam torná-las possíveis). Seria melhor ter uma teoria da sociedade e do eu que não traísse seu programa em seus argumentos. Com efeito, um dos objetivos deste ensaio é contribuir para tal teoria.

Esta discussão sobre lascívia e desespero oferece uma perspectiva inicial da vivência completa da paixão. A desolação do coração tem sua base em nossa incapacidade de encontrar a verdadeira imagem de nós mesmos, como personalidades vivas ou mentes curiosas, em qualquer conjunto específico de relações sociais ou construções mentais. Se pudéssemos descobrir o contexto natural para desejo e discurso – aquele que acomoda todas as verdadeiras descobertas e todas as formas valiosas de conexão humana –, talvez pudéssemos também ter um meio de nos tornar transparentes uns aos outros. Saberíamos exatamente como seria se sentir como outra pessoa em outra situação. Em vez de implantar medidas maçantes para obter acesso incerto a outras mentes, precisaríamos apenas analisar a estrutura embutida desse contexto compartilhado para poder enxergar nossa natureza comum. A ordem social canônica sustentaria e seria sustentada por uma ordenação canônica das emoções dentro de cada um de nós; um caráter natural combinaria com uma sociedade natural. E as palavras com as quais relatamos nossa experiência subjetiva teriam significados indiscutíveis e estáveis.

Como tal contexto natural não existe, podemos sujeitar outras pessoas ao imperialismo de nossas imagens. Ao vivenciar essa falta de acesso a outra mente como impedimento para mudar a relação entre nossa necessidade dela e o perigo em que ela (como representante de todos os outros) nos coloca, nossa autoabsorção se transforma em desespero. Ela assim o faz ao nos negar os meios que nos permitem ou nos distinguir do cenário relacional imediato de nossa vida (o desespero do aprisionamento), ou conectar esse cenário a nossos mais íntimos interesses de aceitação e empoderamento (o desespero da estranheza). Pois o instrumento da conexão e o da distinção é um só: o envolvimento com outras pessoas, com pessoas cuja realidade independente consigamos imaginar e aceitar. A prática da autoabsorção, por outro lado, destruirá nossa capacidade de imaginar o outro.

A ilusão de contexto natural ganha uma realidade de segunda ordem à medida que a ordem institucional e imaginativa da vida social se torna imune aos efeitos desestabilizadores do conflito ordinário. Como nenhum mundo social pode garantir o reconhecimento alucinatório de sua própria necessidade e excluir completamente experimentos em associação que violem suas suposições institucionais ou imaginativas, nenhum mundo social pode nos proteger do desespero. Mas quanto mais fraca a autoridade da reivindicação naturalista, menos resguardados contra o desespero nos tornamos.

A lascívia pode agora ser reinterpretada como a circunstância na qual o desejo sexual expressa a autoabsorção em vez de ajudar a superá-la. O indivíduo não experimenta verdadeiramente a lascívia – assim como não experimenta verdadeiramente o desespero – até que perceba, mesmo que vagamente, essa autoabsorção pelo que ela é. Uma vez que ele reconheça a presença de outra pessoa e, ao mesmo tempo, seja incapaz de imaginá-la concretamente e de agir com base nessa imaginação, o palco está montado para o embate de vontades que transforma o prazer físico descomplicado na prova mais sutil da lascívia.

Todo o conjunto de nossos confrontos com lascívia e desespero evidencia a perturbação permanente de nossas relações recíprocas que resulta da ausência de um contexto incondicional de ação. Para retomar às categorias apresentadas na Introdução, tudo acontece como se o problema da contextualidade tivesse sido absorvido pelo problema da solidariedade. Somos impedidos de resolver este sem resolver aquele. Essa fusão dos dois

Paixão

problemas – mais clara aqui do que em qualquer outro aspecto da vivência da paixão – explica o interesse extraordinário que essas emoções protossociais despertam para uma sensibilidade modernista.

A origem da perturbação é também base para a esperança. Como nos falta um contexto natural, podemos mudar tanto o caráter individual quanto a ordem social de maneiras que nos ajudem a conciliar mais plenamente as condições que possibilitam à autoafirmação. Como nossos encontros questionam nossa relação com nossos cenários caracterológicos e coletivos, podemos mudar esses cenários no decurso de nossas relações mútuas, práticas ou passionais. Podemos alterar não apenas o conteúdo, mas a qualidade de nossas rotinas, o sentido, afinal, em que são rotinas.Ao fazer isso, podemos nos expor mais completamente às dinâmicas da razão prática e da paixão. A primeira abre a vida social para a invenção e a recombinação. A segunda nos torna capazes de amar ao nos livrar da mesma ação compulsiva e da mesma visão rígida que nos tornam suscetíveis à lascívia e ao desespero. Pois, se o amor é a antítese da lascívia e do desespero em sua mensagem sobre a compatibilidade entre as condições da autoafirmação, ele se assemelha a essas emoções em sua apostasia dos automatismos da sociedade e do caráter e na urgência que confere aos eventos comuns da vida comum.

Assim, já se pode ver, nesta fase inicial da análise das paixões particulares, a direção tomada pelo projeto existencial cujas bases este ensaio discute. O esforço para diminuir a interferência entre nossa necessidade de apoio e aceitação e o perigo que representamos uns aos outros é a forma geral de nossa busca pela liberdade. Embora a natureza dessa busca não possa, em lugar algum, ser mais clara do que no terreno da paixão, a estrutura da dificuldade é a mesma que encontramos em nossas atividades práticas e cognitivas. À medida que avançamos na descrição interna da paixão, devemos manter esse padrão recorrente em mente.

Em todos os palcos de nossa experiência, o empoderamento advindo da moderação do conflito entre as condições da autoafirmação requer e produz uma mudança em nossa relação com nossos contextos. Seja o contexto em questão um tipo de discurso e explicação, uma estrutura institucional e imaginativa organizadora da vida social, ou mesmo um caráter individual, a mudança a ser buscada sempre tem a mesma qualidade. Deve ser inventada uma ordem que, considerada de um ponto de vista, minimize os obstáculos às nossas experimentações na resolução de problemas e na aceitação da vulnerabilidade, e, vista de outra perspectiva, multiplique os instrumentos e oportunidades para sua própria revisão. Tal ordem representa a melhor opção, fora o contexto incondicional, cuja indisponibilidade ajuda a nos tornar o que somos. Sua forma caracterológica é uma preocupação central desta investigação; suas versões cognitivas e políticas são sugeridas de passagem.

Em resumo, enfrentamos dois problemas principais. Um é que os requisitos da autoafirmação entram em conflito. O outro é que, embora devamos nos estabelecer em contextos específicos, nenhum contexto em particular faz justiça a nossos desejos e capacidades. Entendemos a nós mesmos ao descobrir as maneiras insuspeitas pelas quais esses dois problemas se envolvem um com o outro. Empoderamo-nos quando nos apegamos a ambos os lados desses dilemas e inventamos, por meio de formas de vida e estratagemas da imaginação, a liberdade que é possível apesar e por causa de sua insolubilidade.

Ódio, vaidade, ciúme e inveja definem uma falha única em nossa tentativa de aceitar a presença uns dos outros no mundo. Cada uma dessas paixões tem um centro que une suas muitas manifestações aparentemente distintas. Em cada caso, essa ideia central tem a ver com um bloqueio especial na resolução de nosso desejo e nosso perigo recíprocos na convergência da mútua vulnerabilidade e da mútua confirmação do ser, que define a economia do amor.

O ódio ofusca o terreno dos vícios. Ele envolve uma rejeição total do outro: um abandono da esperança de que a existência dele possa reafirmar a nossa própria. Nosso ser é ameaçado e diminuído pela mera existência presente ou passada do outro.

Essa incompatibilidade radical transcende qualquer conflito particular de interesses ou ideais, embora possa ser desencadeada por tais conflitos e, certamente, possa ajudar a criar novos ou agravar os antigos. A percepção

Paixão

de inconciliabilidade baseia-se, em vez disso, numa experiência primária de antagonismo que ocorre no campo da personalidade, em vez de na esfera de interesses ou ideais. Essa é a chave para que entendamos como o ódio se relaciona com o problema fundamental da associação.

Através de todos os encontros de sua vida, um indivíduo tenta determinar se sua existência como pessoa desenvolvida pode se tornar compatível com a existência de seus semelhantes. O ódio é apenas o desespero de tal conciliação, um desespero transfigurado, por um senso de urgência e imediatismo da questão, numa rejeição ativa da pessoa odiada. Embora o conteúdo dessa rejeição provavelmente seja peculiarmente opaco, sua característica principal é que o ser da pessoa odiada representa, por si só, um ataque ao ser do indivíduo. Nas formas mais puras e terríveis do ódio, a força desse ataque tende a se tornar quase independente do que a pessoa odiada de fato faça, ou de como ela realmente ameace a capacidade do indivíduo que a odeia de alcançar seus próprios objetivos.

Essa antecipação do antagonismo absoluto pode ser distinguida das formas mistas e, portanto, enfraquecidas do ódio. O indivíduo precisa de outras pessoas não apenas como provedores de bens e serviços, mas como sujeitos que podem reconhecê-lo como uma pessoa com certas qualidades, e que podem permitir-lhe se transformar ao compartilharem consigo oportunidades de colaboração e conflito. Conseguirá ele ganhar seu favor e reconhecimento apenas por acreditar como elas acreditam e agir como elas agem? Esse seria o ódio na direção do medo. Aproveitarão elas a necessidade que ele sente delas para rebaixá-lo? Esse seria o ódio na direção da desconfiança. Defenderão elas coisas que negam os objetivos pelos quais ele se define? Esse seria o ódio na direção da repugnância ou do desprezo.

Qualquer forma de vida social envolve as pessoas num teste recíproco de suas respectivas demandas de serem o que são, bem como de suas demandas de coisas e papéis específicos. O encontro com outra pessoa sempre suscita a questão: essa outra existência confirma a minha ou simplesmente a prejudica? Pode-se sempre abandonar a esperança da conciliação. Pode-se sempre também tratar essa oposição como intolerável porque ela exerce pressão

Paixão

direta sobre nossa personalidade, pressão que, embora mais forte do que qualquer outra força no mundo, exceto o amor, pode não ter indícios de dano tangível. O ódio é a realização combinada dessas duas possibilidades.

A experiência desse antagonismo urgente pode ser descrita como julgamento, ou como resposta na qual o julgamento não desempenha nenhum papel. Como qualquer outra paixão, o ódio nunca cruza o limite em que os aspectos cognitivos e não cognitivos da personalidade divergem.

O ódio altera a percepção da realidade, forçando constantemente o conflito a ir além do ponto necessário para atender aos interesses declarados ou justificáveis das pessoas em resultados específicos. No final, o ódio turva a capacidade do indivíduo de definir claramente os objetivos de sua ação e, assim, corrompe sua capacidade de se entender a si mesmo. Acima de tudo, o ódio leva as pessoas a subestimarem radicalmente a oportunidade de conciliar as condições de autoafirmação.

Lembre-se de que o encontro pessoal direto é o ponto de partida e modelo de todas as nossas experiências de vida social. Ele ensina as únicas lições sobre o que podemos ou não esperar da vida social, lições que não podemos esquecer facilmente. Assim, o ódio é o evento na história que predispõe mais tenazmente as pessoas a descrerem na possibilidade de mudar as condições que podem fazer o anseio e o perigo avançarem em direção ao risco e à conciliação. A possibilidade de tal progressão é a chave mestra de todas as outras possibilidades de associação, assim como a reivindicação de ser, que o ódio nega à pessoa odiada, está subjacente a todas as demandas mais específicas.

A vaidade é a rendição da autoestima à opinião de outras pessoas. Todo indivíduo deve enfrentar um paradoxo de dependência. Por um lado, ele precisa do reconhecimento dos outros sobre seu ser e valor para desenvolver uma imagem de si mesmo, uma confirmação de suas habilidades e uma compreensão de suas limitações. A maneira mais fácil de obter essa aceitação é pensar e agir como os outros pensam e agem – considerando-se os desvios tolerados, essa é, de fato, a única maneira. Por outro lado, quanto mais o indivíduo se entrega como refém da opinião dos outros, mais ele é tomado pelo receio da arbitrariedade de sua própria identidade e valor, uma vez que eles

Paixão

são baseados nas concepções mutáveis e convencionais de seus companheiros. Para aplacar esse medo, que toca o cerne de seu ser, o indivíduo deve buscar cada vez mais o narcótico da aprovação. O tratamento, porém, agrava a doença. Ser vaidoso é abandonar a esperança de quebrar esse vício.

Como todos os outros vícios, a vaidade é um desdobramento do ódio. É uma forma especial e suavizada do desespero da conciliação. O indivíduo se concilia com a existência de outras pessoas, fazendo um acordo com elas: elas lhe oferecem aprovação, e ele, por sua vez, jura obediência à regra da imitação recíproca. Em vez de rejeitar a reivindicação delas à existência independente, ele rejeita a sua própria.

Ambas as rejeições, no entanto, expressam descrença fundamental na possibilidade de vulnerabilidade e confirmação mútuas. Essa descrença implica uma desvalorização da outra pessoa que é menos completa do que a do ódio, mas é análoga a ela: o outro é reduzido ao papel de medidor de consenso e dispensador de aprovação e, assim, negado em sua singularidade. Ninguém se torna servo sem conseguir punir seus senhores.

Para entender a força total da vaidade é preciso compreender, porém, como o dilema moral ao qual responde se assemelha ao impasse da mente no mundo. O sentido é, em última instância, parasitário ao consenso, mas apenas em última instância. O indivíduo ganha o selo de sanidade mental através de sua capacidade de persuadir outras pessoas de que o que diz faz sentido, embora possa ser falso. Essas outras pessoas, entretanto, podem compor, às vezes, uma humanidade distante ou futura, em vez de serem as pessoas reais que o cercam.

O que esse poder de recorrer à comunidade real de discurso e, ao mesmo tempo, a uma comunidade hipotética implica para suas relações com seus interlocutores? Significa que o indivíduo pode quebrar algumas das regras de sentido e, mesmo assim, esperar ser compreendido pelas mentes cujas regras ele está quebrando. Pois se pessoas distantes ou futuras puderem ser convertidas aos novos critérios de sentido que embasam suas expressões desconcertantes, também poderão ser convertidas as pessoas que, agora, estão diante dele. Em ambos os casos, a chance de conversão repousa no poder

Paixão

da razão de transcender os critérios de sentido que ela mesma emprega: é possível descobrir algo verdadeiro que ainda não faça sentido e, em seguida, formular as regras que tornarão a verdade recém-descoberta acessível a outras mentes.

Toda vez que se tenta expandir os limites do sentido, corre-se o risco de não persuadir ninguém. Se o indivíduo assumir esse risco com muita frequência e perder com muita frequência, ele será privado dos meios que lhe permitem distinguir em si mesmo a sanidade da loucura. No outro extremo, se assumir o risco muito raramente, só poderá descobrir aquelas verdades sobre o mundo cuja expressão é permitida pelas convenções inevitavelmente limitadas de uma comunidade estabelecida de fala e percepção. Em qualquer situação da vida real, essa aquiescência total ao domínio dos cânones do discurso nunca impede completamente as pessoas de verem e discutirem experiências que esses cânones, simplesmente, não conseguem acomodar. Mesmo a vida mais simples e mais curta está cheia de tais eventos subversivos.

Além disso, a menos que se consiga ocasionalmente distinguir o sentido do consenso, a atitude em relação ao conhecimento será sempre falha de uma das seguintes maneiras: pode-se permanecer irrefletidamente dentro de um único universo de discurso, convencido de que ele abrange toda a província da razão; ou pode-se entender a especificidade desse universo e, no entanto, supor que não haja como sair da bolha de um universo estabelecido ou de outro. Tudo que resta é a possibilidade de escolher seu próprio mundo de comunicação e seguir suas regras; a busca pelo sentido e pela verdade em si torna-se uma questão de obediência ao convencionalismo da cultura. A esperança de escapar dessa dialética da ingenuidade e do relativismo na vida da mente exige algo que deve ser uma conquista vivenciada antes que possa se tornar uma convicção argumentada: o poder do sentido tanto para se basear no consenso quanto para superá-lo.

A recusa em se aventurar nessa busca de sentido para além do consenso é o lado cognitivo da vaidade. É a tentação de entregar incondicionalmente a outras pessoas os critérios que governam nossa autoestima como seres que sabem mais do que nossas suposições permitem.

Paixão

A vaidade não precisa desse paralelo cognitivo para afetar as preconcepções sobre realidade e possibilidade. A busca da pessoa vaidosa por prestígio reafirma ou interrompe essas preconcepções. Em sua vaidade, o indivíduo busca a aprovação de outras pessoas – menos como meio para um objetivo independente do que como fim em si mesmo. Ele alcança o sucesso, enche-se de orgulho, pavoneia-se, faz poses, age em relação aos outros de maneiras que não teria ousado antes – enquanto permanece mais ou menos atento às bajulações e ameaças daqueles que o cercam. O coro de aplausos o leva a pensar que pode ir mais longe do que realmente pode. De repente, alguém desmascara sua farsa. Ele é insultado, frustrado ou atacado. O balão da egolatria murcha, se já não tiver explodido. Ele é forçado a entrar na linha, percebendo que contrariou os padrões tácitos de comportamento correto ou realista em sua situação.

Agora, então, o indivíduo tem uma escolha. Ele pode responder à dor da humilhação voltando a seu lugar e concentrando-se novamente na imagem de propriedade e realidade que seu narcisismo havia ofuscado. Ao aceitar resolutamente, embora desanimado, o código estabelecido de comportamento adequado, ele abraça também a concepção de realidade social e possibilidade humana que a acompanha.

Mas há outra resposta, um tanto desafiadora, ao naufrágio da vaidade. O indivíduo pode reagir confrontando as ligações que existem entre noções de propriedade e diferenciais de poder, a influência surpreendente que esses laços exercem sobre suas concepções do que pode ser feito na sociedade ou com ela, e, portanto, também a vulnerabilidade dessas concepções a mudanças na maneira como a sociedade é organizada e como as pessoas interagem. Esses confrontos podem parecer exagerados perante um revés tão insignificante como o naufrágio de sua vaidade. Mas, à medida que seus casos de superexpansão e recuo se acumulam, o indivíduo perde o equilíbrio e, em intervalos repetidos, mas imprevisíveis, acaba se desajustando das pressões da vida comunitária.

Essa condição de instabilidade temporária, embora recorrente, pode tentá-lo a identificar ainda mais tenazmente o que deveria ou poderia ser com o

Paixão

que já é. Mas também pode levá-lo a perceber como sua liberdade de manobra é limitada por rotinas estabelecidas que são, ao mesmo tempo, premissas sobre como as pessoas devem agir e suposições sobre o número limitado de formas que podem ser dadas à vivência da paixão. A infração de tais rotinas provoca um ultraje baseado numa mistura complicada de ideias sobre o que é certo e crenças sobre o que é normal.

As mesmas circunstâncias que revelam essa tirania do hábito também expõem suas raízes no poder que as pessoas, de fato, são capazes de exercer umas sobre as outras. Pois é o poder que, no final, estoura o balão e confronta o homem vaidoso com a amarga verdade de sua dependência. Mas o que o poder ajuda a criar, o poder pode destruir. Assim, ao ser subjugada, a vítima recebe um sinal da fragilidade dos próprios padrões em cujo nome ela foi derrubada.

A vaidade geralmente coexiste com uma experiência que, a princípio, parece exatamente seu oposto. É o recuo que chamamos de orgulho. O cerne do orgulho é a recusa em reconhecermos – ou pelo menos a determinação em agir como se não reconhecêssemos – nossa dependência real da opinião de outras pessoas a nosso respeito. Nesse sentido, o orgulho é um vício, um impedimento para a resolução de nosso desejo e medo mútuos numa experiência recíproca de vulnerabilidade à mágoa e confirmação do ser. É nesse sentido também que o orgulho representa a antítese da vaidade. Mas o uso comum coloca essa concepção mais restrita de orgulho num ambiente mais amplo e indistinto, onde ela abrange os territórios da virtude e do vício. Nesse sentido mais abrangente, o orgulho é simplesmente uma afirmação voluntariosa da realidade do eu: do valor de seus projetos e da profundidade de sua liberdade, contra toda restrição, adversidade ou condenação. A importância dessa afirmação do eu – seu significado como virtude ou vício – depende do lugar específico que ela ocupa numa vida: ou seja, se o orgulho leva ou não em conta a aceitação da vulnerabilidade e a capacidade de conciliar essa aceitada vulnerabilidade com a autoexpressão e o autodomínio. Mesmo esse vago alargamento do sentido da ideia de orgulho acabará sendo justificado pelas sutilezas dessa paixão.

Paixão

Há uma relação paradoxal entre nosso entendimento comum do orgulho e nossa observação comum de seu papel na vivência da paixão. Muitas vezes, vemos o orgulho como o oposto da vaidade. Mas todos sabem que pessoas orgulhosas são frequentemente vaidosas. Às vezes, elas mostram um desses lados, às vezes o outro. Às vezes, desejam aprovação descaradamente; outras vezes, recusam-na ostensivamente. Às vezes, fazem um espetáculo de sua humilhação diante do que outras pessoas dizem; outras vezes, uma demonstração de firmeza diante da opinião comum.

Mesmo quando um homem orgulhoso mostra apenas orgulho, suspeitamos que ele esconda os traços de uma vaidade secreta: que ele, de fato, importa-se desesperadamente com o que outras pessoas dizem e pensam dele. Esse elemento surpreendente em nossas observações deixa sua marca em nossas ideias: embora, quando pressionados, possamos definir vaidade e orgulho como um par de elementos que se contrastam, também podemos esquecer completamente o contraste e tratá-los, de forma mais livre, como se fossem a mesma coisa. Essa imprecisão é mais do que justificada; ela é a chave para a compreensão correta do orgulho.

O orgulho é a má consciência da vaidade. É a vaidade, na forma de uma variação especial. Mas a variação está tão intimamente ligada ao tema, e tão frequentemente troca de lugar com ele, que vaidade e orgulho são melhor tratados como dois aspectos da mesma paixão.

Comece com a ideia genérica de orgulho como contenção: o eu afirma voluntariosamente seu peso e valor, apesar da contingência radical de sua presença na natureza e na sociedade, a inevitabilidade de sua dependência de outras pessoas e, principalmente, o poder de sua necessidade de ser aceito por outras pessoas. Tente agora separar as cordas da paixão, tão frequentemente amarradas nas experiências mais complicadas de orgulho; só então se pode descobrir o que é e como ele se relaciona com a vaidade.

Primeiro, há o elemento de negação da falsa vulnerabilidade: a afirmação tácita que o indivíduo pode fazer coisas – na verdade, existir – de maneira que não dependa do aplauso de outras pessoas para seu valor. Sua necessidade moral e material dos outros, de fato, não faz dele refém de um consenso,

Paixão

de modo que a vaidade nunca seja apenas um reconhecimento inevitável da maneira como as coisas são. O indivíduo confia que sua devoção – a seu trabalho, às suas alianças, a seu julgamento fundamentado do que é certo – irá resgatá-lo. Sua retirada de muitos tipos de relações sociais é um dispositivo de autoexpressão e prudência. Ele se recusa a dar a impressão de ter aceitado a autoridade das opiniões de outras pessoas e protege seus compromissos dos ataques ou lisonjas que possam colocá-los em perigo. Seu orgulho pode ser justificado: a confiança na devoção como antídoto para a vaidade pode ser o elemento enobrecedor no orgulho, como a indignação justa na experiência igualmente confusa e inclusiva da inveja.

O segundo elemento no grande desafio do orgulho é o esforço para se afastar das outras pessoas a fim de resistir à vaidade. O indivíduo sente a sedução da vaidade. Ele se livra de muitos emaranhados sociais como parte do próprio processo pelo qual afirma a realidade e o valor do eu. Mas sua maneira de se livrar o compromete drasticamente, forçando-o a reduzir a esfera dentro da qual se expõe a outras pessoas. Ao exibir tão ostensivamente sua autonomia, ele se afasta dos outros; não se submete ao risco do equívoco, do ridículo, da humilhação. Contudo, a astúcia do afastamento não é mais sábia do que as desesperadoras suposições em que ela se baseia.

Todo esse resguardo do envolvimento produz um endurecimento do eu. Ao se afastar de uma série de situações moralmente perigosas, mas também promissoras, o indivíduo nega a si mesmo, na mesma medida, os meios de autotransformação. A aceitação da vulnerabilidade permite que ele refaça seu caráter. O esforço para escapar da vaidade ao vestir uma armadura contra um dos modos característicos de vulnerabilidade – o poder que as opiniões de outras pessoas exercem sobre si – prende-o ainda mais firmemente a seu caráter, diminuindo sua liberdade para ter novas experiências em seus relacionamentos pessoais. Fugindo de uma forma de fraqueza do eu, o indivíduo restringe a área em que pode ocorrer a autoexpressão, bem como a dimensão que a autorreconstrução pode alcançar. A cidadela pode ser fortificada, mas continuará sendo uma cidadela – com todas as restrições à experiência que esse fechamento implica. O indivíduo sabe de tudo isso,

Paixão

e seu conhecimento disso, por mais inarticulado que seja, faz parte de sua familiaridade com o orgulho.

A distinção crucial entre esse elemento no orgulho e o aspecto descrito anteriormente reside na natureza da fuga da vaidade. Num caso, a vaidade é vivenciada como algo desprezível apenas porque envolve uma forma de sujeição. O esforço para escapar da sujeição, nascido do desejo de eliminar uma vulnerabilidade especial, é alcançado ao custo de uma rigidez de caráter e uma contração da experiência. No outro caso, a contenção é animada por um sentimento de que outras pessoas em geral – ou um grupo específico de outras pessoas – não têm autoridade para lhe dar ou negar seu valor e sua realidade. Esse sentimento ganha força a partir da devoção a outra fonte de realidade e valor. No entanto, em nossa experiência real de orgulho, essas duas orientações são tão frequentemente misturadas que até a mais profunda autoanálise pode ser incapaz de distingui-las.

Por um lado, há uma ambiguidade recorrente na justificação do orgulho. Na maioria das vezes, a afirmação de ser indiferente às opiniões que outras pessoas formam a nosso respeito é simplesmente um recurso a um padrão de julgamento mais impessoal, mas igualmente convencional: pense na pretensão do aristocrata de expressar em seu ser e suas ações a excelência de sua casta. A vaidade é refinada e disfarçada em vez de desfeita.

Por outro lado, mesmo a devoção que reflete um compromisso maior com o trabalho e as tarefas pode não ser suficiente para compensar a pressão da vaidade e o impulso para negar essa pressão através da ostentação de autossuficiência no autojulgamento. Onde poderá, então, um compromisso total com o trabalho em questão encontrar apoio? No valor inerente ao trabalho? Mesmo as maiores realizações podem ter valor incerto quando inicialmente realizadas, e até mesmo as pessoas mais confiantes podem buscar a aprovação de seus seguidores e correligionários. Com essa aprovação em mãos, os orgulhosos esperam entrar num mundo de discurso que lhes permita confirmar, corrigir e desenvolver seu senso do que é valioso e do que é real. Ou poderá a dedicação dos orgulhosos encontrar apoio no caráter sedutor da própria atividade, independentemente do valor final de seus resultados e das

Paixão

opiniões de outras pessoas? Não, nenhum tipo de autoexpressão, incluindo a imersão no trabalho, pode afastar completamente o problema colocado pela qualidade mutuamente reforçadora da dependência dos outros e do domínio do eu. Afinal, Mozart estava certo ao perguntar a todos: "Você me ama?".

Além disso, mesmo o distanciamento que revela uma devoção afirmativa em vez de mero desejo de escapar da vaidade ainda é distanciamento. Ele ainda restringe o alcance da aceitação da vulnerabilidade. Portanto, ainda prende o indivíduo a seu caráter, a menos que o compromisso se transforme, na ocasião, numa vulnerabilidade diferente. Para que tal mudança ocorra, no entanto, a devoção a uma tarefa deve compartilhar de alguma forma a qualidade do amor.

A negação enfática do desejo de aprovação e o recurso a um padrão independente não esgotam a experiência do orgulho. Também existe nessa experiência uma tentativa de fortalecer-se contra a opinião sem que, realmente, se consiga contrabalançá-la. O homem orgulhoso suspeita da futilidade e falsidade de sua retirada para a cidadela. Lá, em meio a sua vistosa demonstração de independência, comprada a um custo humano tão alto, ele ainda sente sua fraqueza na presença de outras pessoas, encaradas como seus juízes. A dor intermitente da condenação real ou imaginada é ainda mais violenta porque o orgulhoso não tem como expressar seu anseio por aceitação e aprovação, e porque suspeita quão enganosa é sua negação e quão cara é a simplificação da experiência e do caráter. Ele sente que, afinal, só pode dominar sua dependência negando-a, mas sabe que a negação não é suficiente.

A experiência comum do orgulho envolve uma constante mudança entre estes diferentes aspectos da paixão: a emancipação parcial da pressão imediata da opinião por meio do compromisso com um padrão independente de realidade e valor, a rejeição voluntária da dependência humilhante por meio do esquivamento deliberado das relações que possam trazer essa dependência à tona, e a exibição conscientemente enganosa de indiferença ao poder sentido como inconquistável. Nessa distorção da emoção, o orgulho como mera fuga torna-se um ponto instável de transição entre o orgulho como emancipação parcial e o orgulho como mentira transparente. Parte do

Paixão

desafio distintivo do orgulho resulta da sentida incapacidade de interromper a terrível angústia dessas circunvoluções.

O impulso unificador em meio a todas as variações do orgulho é a sensação de ameaça ao eu representada pelo julgamento de outras pessoas e a determinação de enfrentar essa ameaça, afastando-se dela: em direção a algo diferente, se possível, ou a nada, se necessário. Os outros – em seu caráter como pessoas que observam o indivíduo, fazem julgamentos sobre ele e reivindicam algo dele – são uma esponja que o absorve, uma peneira na qual ele está desaparecendo e se dissolvendo. Então, ele deve se apegar a um ponto rígido de realidade e valor real ou fingido para resistir a essa dispersão de seu ser, esse nojento prenúncio de morte.

Há, aqui, deficiência de amor: falha da imaginação que poderia permitir que o indivíduo reconheça o poder que os outros têm sobre si, mas esvazie esse poder de sua capacidade de forçá-lo à subserviência ou à fuga. O amor pode realizar essa mudança, movendo as relações decisivas entre as pessoas em direção à doação e à confirmação recíprocas que não precisam excluir momentos de intensa desaprovação e distanciamento. A disponibilidade desse acesso recíproco, através das barreiras do elogio ou da condenação, torna possível carregar o fardo de viver num mundo no qual o valor de algo nunca poderá ser definitivamente separado da forma como outras pessoas consideram sua natureza e seu valor.

A relação do orgulho com a deficiência de amor também sugere por que o orgulho tem um elemento irredutível à estrutura imaginativa do ódio. Se todas as nossas relações recíprocas não podem, de fato, ser compostas pelo amor (embora permaneça incerto até que ponto o amor possa ir), devemos, então, encontrar forma alternativa e menor de autoafirmação diante da restrição imposta pela opinião. Quando essa forma é o orgulho como devoção, dificilmente poderemos evitar sua contaminação pelos outros aspectos vizinhos da paixão. Esses aspectos – orgulho como fuga e orgulho como mentira – bloqueiam o avanço em direção à economia do amor: a resolução de nosso desejo e terror mútuos e ilimitados em risco voluntário e confirmação provisória. A retirada da pessoa orgulhosa para dentro de si mesma equivale à

Paixão

recusa dos riscos que, inevitavelmente, acompanham qualquer tentativa de mudar a relação entre nosso terror e nosso desejo.

O oposto dessa deficiência de amor é a mesma distorção do ódio que está na raiz da vaidade: rejeita-se não a reivindicação dos outros à existência, mas a sua própria. No entanto, aqui, essa negação se transforma, por um caminho tortuoso, em seu aparente oposto: a demonstração de independência incondicional. Mesmo como demonstração, porém, essa independência evita outras pessoas por medo de se abalar e desmoronar na presença delas.

A coexistência antagônica e mutuamente parasitária de vaidade e orgulho pode agora ser vista pelo que ela é: uma imagem em pequena escala do fracasso paradigmático na vivência das paixões. Pode-se até dizer que ela *é* o fracasso, num modo específico: o modo em que as pessoas importam umas às outras principalmente como doadoras e negadoras de aprovação. Cada ponto no sistema das paixões apresenta todo o sistema sob um aspecto particular: determinado pela vulnerabilidade distinta que uma pessoa enfrenta e o grau em que essa vulnerabilidade é vivida como algo que fortalece ou destrói o autodomínio.

Ciúme é a percepção que o indivíduo tem de que sua capacidade de chegar a termos favoráveis com alguém é ameaçada toda vez que a pessoa desejada se envolve com outras pessoas. O indivíduo se desespera ao tentar alcançar o cerne da outra personalidade; ela parece recuar constantemente diante de si e se desintegrar numa miríade de relações sociais sobre as quais ele não tem o menor controle. O melhor que pode esperar é interromper essa espécie de desperdício da outra personalidade: guardar o mistério dela para si mesmo, mesmo que não consiga decifrá-lo.

É como se essa pessoa de quem tem ciúmes fosse um tesouro escondido num baú que o indivíduo não tem permissão para abrir. Somente sua capacidade de impedir que os outros se aproximem desse baú para tentar abri-lo por conta própria poderá convencê-lo de que ele não o perdeu definitivamente. A imagem formativa do ciúme é sempre de propriedade ou posse: o poder de exclusão, que dá vida à ideia de propriedade, torna-se, no âmbito das relações pessoais, o segundo melhor, depois do amor.

Paixão

Para ver como e por que o ciúme assume esse papel consolador, considere a relação do ciúme com o ódio. Numa definição, quando o indivíduo odeia uma pessoa, ele nega que ela tenha um lugar no mundo (ou seja, no mundo dele); ele perde a esperança de poder conciliar a existência dela com a sua. O ciúme, por sua vez, é baseado na percepção de um grau menor de inconciliabilidade – a impossibilidade de um fortalecimento mútuo do sentimento de ser. Como resultado, resta apenas uma esperança menor: a esperança de manter um relacionamento privilegiado com a outra pessoa por meio de um gesto de exclusão e dominação. Esse gesto se assemelha ao amor, reconhecendo a existência da pessoa desejada como vital para sua realidade e valor. Mas o ciúme também se assemelha ao ódio de duas maneiras.

Primeiro, considere a atitude em relação a outras pessoas, vistas como rivais presentes ou potenciais em relação à pessoa de quem se tem ciúmes. Quanto mais iminente a rivalidade, mais a existência delas parece incompatível com a sua. Essa hostilidade pode não chegar ao ponto do ódio, simplesmente porque, diferentemente do ódio, ela está vinculada à percepção de um dano específico.

Um registro mais interessante do ódio aparece na atitude do homem ciumento em relação à pessoa desejada. Ao afirmar o direito de posse enquanto perde a esperança da reciprocidade profunda, ele tenta se apoderar dela através do lugar que ela ocupa na sociedade, em vez de através da individualidade que transcende o papel social. De fato, ele quer lhe negar a riqueza de envolvimentos pessoais que permitiriam que essa singularidade crescesse e se expressasse mais plenamente.

O ciúme finalmente se deleita com o que já foi motivo de angústia: a natureza fugidia e velada da pessoa, que deveria ser apreciada como indicação de humanidade – sinal de nosso poder de nos revelar e nos esconder simultaneamente –, acaba sendo valorizada por si só. É como se o indivíduo estivesse apaixonado pela elusividade em vez de pela pessoa que o elude. Essa negação da individualidade viva compartilha o caráter do ódio.

Assim, o ciúme pode ser visto como amor degradado e desesperado ou como ódio vacilante e confuso. Mais do que qualquer outra paixão, ele media entre os extremos do ódio e do amor.

Paixão

O ciúme necessariamente incorre em dupla ilusão, que produz duplo malogro. Cada um desses fracassos ensina às pessoas algo sobre o que podem e o que não podem esperar umas das outras. Essa lição tem o poder de contradizer as suposições dominantes de uma cultura a respeito das possibilidades de associação humana.

Primeiro, há o caráter autodestrutivo da possessividade. O ciúme é um reconhecimento de que as pessoas precisam ser reconfirmadas umas pelas outras em suas reivindicações básicas de autoafirmação. Mas a única confirmação que realmente conta é aquela livremente dada por uma pessoa que é, ela própria, um rico, original e irrepetível exemplo de humanidade.

O ciúme se esforça para satisfazer essa necessidade por meios que frustram sua satisfação. Se o ciúme conseguisse o que deseja, a pessoa desejada seria isolada das outras pessoas, o máximo possível e pelo maior tempo possível. Mas, quanto mais isolada ela se tornasse, mais lhe seriam negadas as surpresas e riscos da associação que poderiam permitir-lhe entender e desenvolver sua própria singularidade. Ela seria incapaz de oferecer ao amante ciumento a singularidade que ela não conseguiu reconhecer e nutrir.

Certamente – pode-se argumentar –, isso tudo é fantasia: afinal, nenhum projeto de isolamento poderia ser tão eficaz. Além disso, os ciúmes mais intensos são frequentemente anseios por exclusividade que nunca são traduzidos em estratégias de cerco. Ainda assim, o empobrecimento da pessoa desejada ocorre na mente do ciumento: assim como o indivíduo vaidoso é levado a ver a outra pessoa como provedora abstrata de aprovação e consenso, o ciumento é tentado a vê-la como alguém que deveria estar disponível como propriedade exclusiva porque ela não pode se tornar disponível em sua pura individualidade.

A segunda razão pela qual o ciúme está condenado à frustração é que ele busca um objetivo inatingível e mal concebido, independentemente dos meios utilizados para alcançá-lo. A personalidade não tem um núcleo que possa ser capturado por um único ato de apropriação. Seu cerne de identidade, intelecto e vontade existe no tempo como um horizonte longínquo. O poder da transcendência reside precisamente na capacidade da pessoa, capacidade essa jamais totalmente suprimida, de romper os hábitos e papéis

Paixão

que encrustam sua existência. O tempo se volta contra o ciúme: pois, embora o tempo endureça o hábito, que anestesia o desejo, também mostra que, no final, a pessoa sempre é mais do que uma mera série de momentos de presença ou estados de ser.

Essa coexistência de um centro evasivo com uma periferia instável e descontínua confronta o homem ciumento com a escolha entre duas compreensões que são igualmente subversivas de seu sentimento. Se ele conclui que toda a ideia de um núcleo de personalidade é ilusão, o melhor que pode esperar é dominar as posições oscilantes da pessoa desejada no mundo físico e humano. Essas posições, porém, só interessam ao homem ciumento na medida em que ele as pode relacionar à personalidade que parecem manifestar, pois é esse eu oculto que o fascina e o ilude. No entanto, quando o ciumento aceita a existência desse centro transcendente, ele também afirma sua inacessibilidade. Ser verdadeira e insanamente ciumento é acreditar que a pessoa desejada tem uma alma, e que ela não pode ser alcançada.

Esse dilema só pode ser superado se o indivíduo ciumento conseguir mudar sua concepção da pessoa desejada. Ele não deve vê-la apenas pelo ângulo de uma dialética entre identidade evasiva e particularidade espacial ou social. Ele deve trocar com a pessoa tantas e tão significativas vulnerabilidades que ele seja atraído para o círculo íntimo da experiência dela: embora incapaz de definir ou estabilizar os traços que definem a identidade da pessoa, ele adquire uma noção de como eles se expressam ou deixam de se expressar nas ações dela. Assim, ele pode se reconhecer como autor e beneficiário desse outro eu. Mas essa relação privilegiada pressupõe disposição prévia para lidar com o outro como pessoa livre e transcendente, que tem o poder de revelar ou ocultar, de doar-se ou negar-se. Assim, aquele que anseia pelo outro está na situação de um físico quântico que infere a existência de novas partículas a partir dos traços de energia que suas colisões deixam como rastros, e cuja descoberta transforma a realidade que ele quer entender. Desejar o outro dessa maneira é passar do ciúme para o amor.

Ao se transformar em amor, o ciúme escapa da fixação alternativa no centro evasivo e na periferia opaca da pessoa desejada. Mas a fuga é sempre

Paixão

parcial. Outras pessoas representam ameaça ao meu amor, ameaça contra a qual não há proteção a não ser a prudência e ainda mais amor. E nada pode dissipar o enigma de uma pessoa real ou preencher a lacuna que sempre permanece entre o eu oculto, potencial e multifacetado, e suas ações no mundo. Somos constantemente forçados a nos dar conta do pouco que sabemos a respeito das pessoas que melhor conhecemos, e o quão facilmente esquecemos até mesmo aqueles que mais amamos. Toda a textura da experiência pessoal é composta por esse horror especial: no meio de nossas maiores descobertas a respeito dos outros, permanece a sombra do segredo, e a felicidade do amor carregará sempre um toque do veneno do esquecimento antecipado.

O ciúme, como a vaidade, tem um contraponto cognitivo que destaca essa impenetrabilidade derradeira do eu. Trata-se de nossa dificuldade em compreender a singularidade das entidades no mundo, sem que tenhamos outra ferramenta senão os procedimentos abstratos e generalizantes do pensamento discursivo. Parecemos forçados a escolher entre duas respostas parciais à particularidade das coisas. Uma resposta aceita as distorções de categorias abstratas em troca de sua promessa de precisão e poder. A outra solução busca na arte uma maneira de descobrir e evocar percepções gerais por meio da própria nitidez com que representamos fenômenos ou emoções particulares.

Mas há ainda outro caminho: podemos adquirir conhecimento prático das situações sociais participando delas e tentando mudá-las. Os conceitos são então vistos como não tendo limites rígidos; cada perspectiva sobre uma determinada situação reflete um interesse especial em sua manutenção ou mudança; e o acúmulo de perspectivas nos aproxima da particularidade da circunstância sem jamais esgotar suas riquezas. Esse é o conhecimento pessoal que define um dos aspectos do amor.

Mesmo nesse estado expandido, porém, o conhecimento do outro permanece, inevitável e radicalmente, incompleto. Pois a própria condição que torna esse conhecimento possível – o vínculo passional entre pessoas que têm o poder de se revelar ou se esconder, de rejeitar a rotina e desafiar as expectativas – estabelece limite para a compreensão. Todos os nossos esforços para conhecer o mundo, uns aos outros e a nós mesmos são amaldiçoados pelo

209

Paixão

páthos da particularidade: nossa incapacidade de fazer justiça à singularidade de cada objeto ou evento. No conhecimento das pessoas, esse *páthos* é superado de algumas maneiras, mas, de outras, é reafirmado e agravado.

Assim como o erro do ciúme revela as condições de nossa percepção mútua, ele também sugere um princípio de crítica social e reconstrução social. Os pontos epistemológicos e políticos estão intimamente relacionados, embora a conexão se torne clara apenas quando sua base compartilhada na vivência das paixões é compreendida. O equivalente político à visão de conexão pessoal que o ciúme implica pode ser um tipo de ordem social que lida com o problema da dependência mútua, estabelecendo uma hierarquia das reivindicações que indivíduos em papéis e posições específicas podem fazer uns aos outros. Ou pode ser um estilo de organização social que ensina cada pessoa a buscar segurança numa fortaleza de direitos proprietários, a partir da qual ela pode tentar minimizar sua dependência dos outros enquanto maximiza a dependência deles em relação a ela.

Assim como o ciúme, essas formas de vida social nos prometem uma solução para o problema da dependência mútua por meio do exercício do controle e da posse. Mas o resultado é o mesmo que no ciúme em si: a restrição do empoderamento. A forma política dessa restrição é o limite que a ordem resistente ao conflito impõe à dinâmica do empoderamento prático e da aceitação da vulnerabilidade, que juntos representam as grandes forças de emancipação na vida social.

O paralelo político à visão moral que supera o ciúme é o compromisso de renunciar à busca pelo controle possessivo em nossas relações mútuas, enquanto reinventamos formas de autonomia que não pressuponham nem produzam quebra de reciprocidade. Podemos manter esse compromisso construindo uma ordem institucional que garanta às pessoas sua imunidade vital contra opressão e privação, e multiplique suas oportunidades e razões para o engajamento em conflitos a respeito dos termos básicos da vida social. Para que tal iniciativa seja bem-sucedida, os meios institucionais com os quais se estabeleceria essa imunidade não deveriam criar oportunidades para a contenção desses conflitos, oportunidades essas que acabariam por renovar os mecanismos de subjugação. Uma sociedade respeitosa desse princípio está mais aberta a um conhecimento que vai além do ciúme.

A inveja é o impulso de negar a outra pessoa suas vantagens, independentemente de ela ter direito a elas ou não. É uma experiência de perigo e anseio. O indivíduo vivencia o prazer do outro em desfrutar de benefícios que lhe são negados como se isso representasse uma diminuição intolerável de si mesmo. Ele se sente como se tivesse direito a compartilhar dessas delícias ou, no mínimo, como se esperasse ver a pessoa invejada privada delas.

Os prazeres que formam o objeto da inveja sempre ganham sua atração, mais ou menos diretamente, do valor que se acredita que um público atribui a eles. Esse público pode estar distante ou no futuro, e seus padrões de julgamento podem estar em total desacordo com aqueles que prevalecem em seu ambiente imediato. Assim, o indivíduo pode invejar uma pessoa pela realização de um ato que, ele supõe, poderá lhe trazer a glória, mesmo que, talvez, somente aos olhos de poucos selecionados, em algum ponto distante no futuro. De uma forma ou de outra, a confirmação social de seu julgamento sobre o que constitui uma vantagem ajuda-lhe a ter certeza de que a pessoa invejada está se aproveitando de algo valioso, mesmo que seja um prestígio imerecido. O selo de estima social também destaca a cumplicidade dos outros na distribuição de vantagens que fornecem a ocasião para sua inveja.

No cerne da inveja, então, está a rejeição da diversidade. A diversidade dos indivíduos leva a diferenças nos benefícios aos quais eles têm acesso e na maneira como são julgados por seus semelhantes. Mas a experiência da diversidade – e de seu reconhecimento e aprovação por outros – é indispensável para toda nossa experiência de individualidade. Por esse motivo, a inveja, como todos os vícios, acaba sendo um ataque à existência individual daqueles contra os quais é direcionada.

Considere a conexão entre inveja e ódio: o indivíduo vê o lugar da pessoa invejada no mundo como degradação de seu próprio lugar. A diferença é apenas esta: quando o indivíduo odeia, é o ser da outra pessoa, em sua singularidade nua, que parece incompatível com o seu; quando ele inveja, esse outro ser lhe preocupa apenas na medida em que parece desfrutar de

Paixão

uma vantagem. Sua hostilidade é filtrada através de uma textura socialmente estabelecida de disparidades entre as coisas que as pessoas podem fazer, os recursos que têm à disposição e a admiração que recebem de seus semelhantes.

A inveja inequívoca deve unir dois elementos. O desfrute da pessoa invejada das vantagens pelas quais é invejada não deve ser baseado numa injustiça. Além disso, o invejoso deve perceber, por mais vagamente que seja e até mesmo sem o admitir, que sua paixão não se baseia em nenhuma reivindicação normativa bem fundamentada contra a outra pessoa. Se ambos os componentes estiverem faltando, falamos de indignação justificada ou demanda por justiça, em vez de inveja.

Se o indivíduo ressente as vantagens de outra pessoa, que deveriam ser compartilhadas, mas não se reconhece com direito a elas, é melhor chamá-lo de moralmente confuso em vez de invejoso. No entanto, uma vez que defina como inveja o que deveria considerar como indignação justificada, ele assume muitas das características do homem invejoso; seu ressentimento autocondenatório limita sua capacidade de aceitar e apreciar muitas outras facetas da individualidade da outra pessoa.

Mas e o caso mais familiar de inveja em que chamamos o indivíduo de invejoso porque acreditamos que ele deseja o que não é seu, embora possa insistir – e mais ou menos acreditar – que sente e age por indignação justificada, em nome de si mesmo e de todos aqueles em posição semelhante? Se ainda o chamamos de invejoso, apesar de suas protestações de boa-fé, é porque suspeitamos que a preocupação com a justiça esteja em segundo plano em relação a uma paixão mais mesquinha, ou que tenha permitido culposamente que seu julgamento das disparidades e direitos relativos fosse corrompido por seu interesse em vantagens pessoais. Assim, esse último caso de inveja marca a estreita ligação entre os aspectos objetivo e subjetivo dessa paixão. Para entender o quão estreita é essa ligação, comece levando em conta dois fatos.

O primeiro é que sentimentos de ressentimento invejoso e percepções de disparidades de vantagem ou direito se misturam ao ponto de se confundirem numa névoa densa. Mesmo o indivíduo que se analisa com toda a boa-fé

Paixão

pode achar difícil separar os fios do julgamento moral, da precisão factual e da dinâmica autopropulsora do antagonismo pessoal.

Em segundo lugar, uma complexidade especial está embutida em qualquer tentativa de resolver o que é certo e o que é errado na inveja e na indignação. Até que ponto uma determinada ordem social reforça essas paixões? Até que ponto ela as deixa cegas, mudas e amargas? Ou as canaliza para a prática do debate público e do conflito legítimo sobre a justiça e a injustiça dos arranjos sociais? Precisamente porque mesmo a boa-fé será, muitas vezes, insuficiente para traçar a linha entre a inveja e a indignação justificada, queremos instituições que não estimulem as formas de inveja ou indignação mais resistentes à análise, persuasão e compromisso. Nessa inveja mais amarga, reagimos contra o que parece ser uma ostentação de vantagem pelos outros – ostentação que passa a mensagem de que eles valem tudo e que nós não valemos nada. Mas, em que momento temos o direito de discernir esse insulto ao nosso amor-próprio numa situação de vantagem desigual? E se estivermos sendo simplesmente enganados por nossa inveja ao interpretar como ofensa uma expressão de diversidade contra a qual não temos nenhuma outra queixa justificada?

Além desses dois conjuntos de fatos, a confusão entre a inveja e a indignação justificada tem origem ainda mais profunda: a relação intrincada entre diversidade e igualdade. Investigar essa relação é descobrir o significado social mais amplo da inveja. Toda diversidade entre os indivíduos assume a forma de disparidade entre suas situações – os benefícios e o reconhecimento que desfrutam. Ao objetar a essas disparidades, seja ou não baseadas em direitos, a inveja também protesta contra as diversidades que as fundamentam. Abordamos a inveja de maneiras diferentes, de acordo com onde acreditamos que a igualdade aproximada deva prevalecer: nas oportunidades de avanço, no custo dos recursos materiais disponíveis para a satisfação dos desejos das pessoas (se não no prazer que elas obtêm dos recursos disponíveis) ou em características específicas de suas situações. Nossa resposta também depende do esquema concreto de formas possíveis e desejáveis de associação humana a que prestamos nossa lealdade.

Paixão

Às vezes, as pessoas fingem uma geometria de ideias morais que poderia distinguir, de uma vez por todas, as ocasiões de inveja das situações de indignação justificada. Na verdade, a autoridade persuasiva dessas ideias, enganosamente precisas, sempre se baseia em sua capacidade de resposta às imagens mais profundamente estabelecidas de associação humana disponíveis para nós num dado momento qualquer. Essas imagens descrevem e prescrevem para nós os padrões de convivência apropriados para os diferentes contextos de vida social. Lembre-se de que, em algumas sociedades, esse mapa da ordem moral é organizado em torno de um modelo dominante de relacionamentos humanos a serem repetidos com variações adequadas em todos os campos da vida social: cada relacionamento recorrente deve ser uma mistura de contrato, comunidade e dominação. Em outras sociedades, contrato, comunidade e dominação são considerados reciprocamente repelentes, e um modelo organizador diferente de associação se aplica a cada região da vida social: uma versão específica de comunidade para a família, outra para a república e, no meio, uma grande área entregue à mistura de troca contratual e hierarquia técnica. A cuidadosa exclusão das formas familiares ou democráticas de associação dessa área intermediária da vida social comum pode até ser vista como condição para o sucesso de seu funcionamento nos âmbitos que lhes são próprios.

Os princípios que demarcam os limites adequados da desigualdade – e, portanto, a fronteira entre a inveja e a indignação justificada – não podem ser mais claros ou mais fortes do que os argumentos que sustentam os esquemas canônicos de associação possível e desejável aos quais esses princípios se referem, pelo menos tacitamente. Tais esquemas podem ser testados pelo alcance do empoderamento individual e coletivo que eles possibilitam ou impedem. Mas a luta pelos esquemas continua na controvérsia a respeito dos testes. E mesmo que pudéssemos chegar a um acordo a respeito dos padrões, o valor da sondagem permaneceria limitado pelo senso restrito de possibilidade que trazemos a nossos julgamentos. Os modelos de associação disponíveis até mesmo para a crítica social mais radical são traçados por analogia com o estoque limitado de formas sociais estabelecidas e lembradas e, por

Paixão

extensão, a partir daquelas experiências incongruentes de conexão prática ou passional que não se encaixam nem na ordem nem no dogma presentes. A contestabilidade resultante de nossas concepções maiores de associação possível e desejável contamina tanto nossa defesa da igualdade quanto nossas definições de seu conteúdo, e torna impossível desembaraçar conclusivamente os fios de indignação e inveja. Isso faz com que nossas ideias sobre inveja e igualdade, como os esquemas imaginativos da vida social que expressam, permaneçam vulneráveis à mistura ácida de ressentimento invejoso e percepção profética.

Nas circunstâncias comuns da vida social, os casos intermediários de inveja reaparecem em toda parte. A genuína incerteza da distinção entre inveja e indignação justificada é agravada por ilusões contrastantes: a aceitação irrefletida de ideias convencionais sobre as formas adequadas de associação humana, embutidas com seus respectivos padrões de justiça, colide com a visão interesseira que considera cada situação de inferioridade como ultraje pessoal.

Nesse estado de percepção moral vacilante, o indivíduo pode se afundar numa angústia característica de comparação invejosa. Ele oscila entre duas visões de cada desvantagem que enfrenta. Se for o resultado de injustiça: as regras do jogo são injustas e manipuladas contra ele. Se for sinal de fracasso pessoal: as regras são justas, mas ele jogou e perdeu. Seu fracasso revela uma falha dele mesmo, e ele deve agradecer a seus anjos da guarda por não ter perdido ainda mais. Ele sofre uma alternância implacável entre sentimentos de vitimização e inadequação. O contraponto social característico desse ritmo de comparação invejosa é a frequente hesitação das classes baixas entre ressentimento ou rebelião contra seus chefes ou governantes e a aceitação das percepções e ideais dos mais poderosos como legítimas. Essa hesitação ganha coerência improvisada com a afirmação de que os dominantes traíram seus padrões declarados de justiça: aqueles bons e velhos costumes nos quais todos podiam confiar.

A dinâmica da comparação invejosa pode ajudar a destruir muitas das barreiras à igualdade na sociedade. Ao fazê-lo, permite-nos distinguir melhor a

Paixão

inveja e a indignação justificada e obter compreensão mais profunda da relação entre amor, ódio e aceitação da diversidade.

Imagine uma sociedade em que a mobilização em massa contínua destruiu o domínio de elites bem definidas sobre o poder supremo, e as divisões hierárquicas e comunitárias entre as pessoas foram parcialmente, embora apenas parcialmente, criticadas, fragmentadas e apagadas. Grandes disparidades de vantagem ainda existem: sejam aquelas facilitadas pela riqueza e oportunidade herdadas, ou aquelas que os indivíduos podem adquirir por meio de esforço e sorte. Nessa sociedade, homens e mulheres constantemente comparam suas vantagens com as das pessoas acima ou abaixo deles. Suas comparações não param nos limites das classes ou comunidades mais próximas às suas. As vantagens que medem o sucesso ou o fracasso tendem a se tornar a moeda comum de comparação da situação de cada um com a de todos os outros. As implicações econômicas, políticas e morais vão bem longe.

A ampliação da comparação pressupõe e alimenta uma visão que considera todas as disparidades estabelecidas de poder e vantagem como contingentes. Desprovidas de sua aura de naturalidade e santidade, elas devem ser vistas como resultado de lutas recorrentes e tréguas temporárias ou de imperativos práticos da organização coletiva. Cada vez mais, elas devem ser defendidas, em termos explícitos, se não como parte integrante de um modo de vida que mereça defesa, como meio, então, para a satisfação de necessidades práticas geralmente reconhecidas. Uma vez que todas essas desigualdades estejam agora potencialmente expostas à crítica e à reforma política, as desigualdades remanescentes começam, num dado momento, a parecer arbitrárias: consequência do equilíbrio de forças e preconceitos. Ao parecerem arbitrárias, também parecem mais intoleráveis. Assim, mesmo quando as desigualdades diminuem, a dor e a raiva causadas por aquelas que permanecem tendem a aumentar ao invés de diminuir. A alternância do indivíduo entre seu senso de injustiça e seu senso de inadequação será agora agravada pelos julgamentos comparativos que se expandem, e que essa alternância ajudou inicialmente a provocar. As crenças contraditórias de que ele não é nada e merece ser tudo, e de que ele é pouco e merece ser menos, formam toda a sua vida em sociedade.

Paixão

No entanto, essa confusão mais consciente de inveja e indignação pode fazer parte de uma história da política que esclarece as questões de inveja e igualdade, corrigindo as desigualdades que as pessoas não podem, no final, justificar como meios indispensáveis para o bem-estar prático ou como características irremediáveis da vida civilizada. Com o tempo, a desestabilização recorrente das desigualdades pode ter o efeito de distinguir a inveja da indignação justificada. Muitas desigualdades podem ser moderadas ou destruídas. Outras podem alcançar, por algum tempo, uma reivindicação mais forte de justificação. Tendo sobrevivido a ataques práticos e visionários, elas podem ser defendidas como imperativos de necessidades práticas amplamente reconhecidas ou como características de imagens defensáveis de associação.

Mesmo no melhor dos casos, essa crescente clarificação permaneceria imperfeita. A definição das necessidades práticas ainda seria contestável, e suas implicações para o trabalho e para a hierarquia, ainda incertas. A percepção profética das oportunidades não realizadas de associação continuaria a ser suscetível a revoluções surpreendentes. Além disso, a luta pelo poder e autoridade poderia a qualquer momento causar desigualdades mais terríveis do que as outrora existentes.

Imagine, no entanto, que a redução da desigualdade injustificada avance até seus limites extremos, diminuindo os motivos para indignação justificada e privando a inveja de seus disfarces. O que seriam, então, os interesses da inveja e o que eles nos revelariam sobre o significado da diversidade individual para o amor e para o ódio? Mesmo então – se as circunstâncias materiais da vida fossem completamente igualitárias, se todos tivessem uma chance justa de encontrar uma vocação, e se todo o poder estivesse sujeito à escolha e ao conflito coletivo, de modo que a mobilização renovada repetidamente quebrasse a estrutura rígida da vida social – mesmo então, pelo menos dois objetos de inveja permaneceriam.

Um objeto seria a fortuna moral de um indivíduo: sua capacidade percebida de amar e ser amado, sustentar seu amor através da fé e da esperança, prepará-lo e protegê-lo e, assim, fazer do mundo um lar. Tudo o que é físico

Paixão

ou social, conquistado ou acidental, que parecesse ter contribuído para esse sucesso, cairia sob os olhos da inveja.

O outro alvo contínuo da inveja seria a capacidade da pessoa de se tornar veículo de revelação visionária na arte, na teoria ou na política, ou de se apresentar como líder em meio ao conflito. Embora tal pessoa ainda precise ser reconhecida, ela é uma criadora privilegiada do mundo em que muitos viverão. Para ela, esse mundo estará marcado para sempre pelos traços de seu próprio eu. Esse poder supremo de definir os termos da comunidade ou do discurso comum oferece mais do que uma dissolução parcial da externalidade da realidade externa; ele tem um toque da mesma qualidade que torna a fortuna moral tão invejável. O líder e o criador se tornam vulneráveis num mundo que não controlam, mas, de sua luta silenciosa ou ruidosa, eles emergem com uma experiência aprimorada de autoexpressão e autodomínio. Se a invenção não é a mesma coisa que o amor, ainda assim traz muitos dos dons do amor. A inveja do poder criador pode não diferir muito da inveja que sofre com a visão da felicidade íntima de outra pessoa.

Diante desses motivos mais recalcitrantes para a inveja, numa circunstância que torna difícil confundir a inveja com indignação justificada, o indivíduo passa por uma experiência de bloqueio e derrota. A diversidade entre as pessoas, que deveria ter sido estímulo para sua própria liberdade no autodomínio, provoca, em vez disso, raiva contra a plenitude de outros seres. Os triunfos de felicidade e invenção deles parecem o rotular como um dos condenados, incapazes de escapar da economia do ódio, incapazes de transformar, como eles o fizeram, o anseio e o perigo infinitos em risco e confirmação mútuos. A fortuna moral deles parece revelar um destino, para além do bem e do mal, que governa a vida passional de cada pessoa; seu ódio, direcionado àqueles que o indivíduo inveja, transborda, como em todas as variações do ódio, como visão odiosa do mundo. As realizações inspiradoras deles aparecem como um poder irresistível e inexplicável sobre ele – sobre as condições de sua vida e conversa –, lembrando-lhe de seu vazio e confirmando-o nele. Uma vez que a mera existência deles pareça limitar suas chances de se sentir em casa no mundo, ele experimenta essa existência como incompatível com a sua, levando-se em conta que sua consciência da incompatibilidade só poderá se concentrar nos invejados, se ele, primeiro, focar em suas vantagens.

As vitórias da justiça e as conquistas da percepção crítica agravam os sofrimentos da inveja. Para começar, elas a privam de suas desculpas. Depois, tiram-na de sua dispersão e a direcionam para objetos de grande interesse. Nesse estado de decepção, somos forçados a confrontar o envolvimento inevitável da individualidade real – e, portanto, do próprio amor – numa circunstância que permite uma disparidade profunda e inerradicável das vantagens mais relevantes. Essa disparidade constantemente nos atrai para a economia do ódio quando não aprendemos a absorvê-la numa visão compensatória de solidariedade.

Somente o amor pode corrigir essa falha na capacidade de imaginar diversidade e comunidade. Convide os invejosos a experimentar a fortuna moral da qual acreditavam estar excluídos; se a sorte pode privá-los do dom moralmente ambíguo de um contentamento doméstico tranquilo, ela não lhes poderá negar as oportunidades de autodoação (ainda que o elemento da sorte seja mantido pela possibilidade de falta de retribuição ou afastamento). A visão redentora que o amor revela aceita a diversidade radical – incluindo a diversidade de fortunas morais e poderes criativos – como parte do contexto em que pessoas radicalmente individuais podem existir. Na medida em que as relações entre as pessoas são tocadas e transformadas por tal fé, é possível amar na presença de disparidades de fortuna e inspiração sem condescendência ou ressentimento.

O amor pode realizar esse trabalho de emancipação quando toma a própria pessoa invejada como objeto – ou quando, em forma diluída, mais impessoal, como comunidade, leva-a a iniciativas de interesse coletivo. Mesmo quando o amor tem um objeto diferente da própria pessoa invejada, ele insinua um mundo em que as disparidades residuais não estabelecem barreiras invencíveis para a passagem bem-sucedida do eu através de suas provações na aceitação da vulnerabilidade.

O problema da inveja que persiste, mesmo numa situação de justiça idealizada, lança luz sobre o que as pessoas devem fazer para escapar da inveja

Paixão

quando ela permanece confundida com a indignação justificada, em situações nas quais a diversidade permanece entrelaçada com a injustiça. Num só movimento, o indivíduo pode se lançar em ação e reflexão transformadoras sobre como a desigualdade injustificada corrompe a comunidade e a colaboração. Através de sua participação em conflitos e controvérsias sobre desigualdade e diversidade, ele pode começar a separar, em si mesmo, a inveja e a indignação. Por outro movimento – o movimento do amor –, ele tem, aqui e agora, uma experiência de associação na qual nenhuma disparidade de vantagem o prende à espiral descendente do ódio. Através do esforço duplo dessa resposta à desigualdade, os fatos que poderiam ter levado ao ciclo que reforça sua inveja, com sua aceitação restritiva das limitações estabelecidas sobre a ação e a visão, tornam-se, em vez disso, estímulos para a descoberta das possibilidades que essas limitações obstruem.

Fé, esperança e amor não parecem ser gerados pelas tensões internas da vida social, como ódio, vaidade, ciúme e inveja, ou pelos limites que o impulso biológico e a dúvida racional impõem à ordem social, como a lascívia e o desespero. Pelo contrário, eles aparecem como enviados não convidados de outro mundo, resolvendo conflitos que pareciam insolúveis e rompendo fronteiras que pareciam intransponíveis. Eles têm a força da surpresa.

Presos a corpos moribundos e preocupações mundanas, podemos nos perguntar se teremos tempo para nos conciliarmos uns com os outros. Poderão a fugacidade e a temporalidade do eu ser compatíveis com uma experiência de revelação, presença e sacrifício mútuos? Poderá esse ato de fascinação e entrega ser mais do que o refinamento da lascívia ou a dissolução da outra pessoa numa miragem da nossa própria criação? Se for ilusão, não deverá desaparecer repentinamente, deixando-nos, nós amantes, intrigados com o que poderia ter nos atraído? Ou nos afundaremos, então, num hábito covarde de tolerância ressentida?

O amor é a própria substância dessas perguntas antes de poder ser qualquer resposta específica a elas. Elas são mais do que questionamentos feitos por um observador externo. Em vez disso, essas perguntas existem

Paixão

como insinuações latentes mesmo nas experiências mais intensas de amor, assim como uma sugestão de ateísmo persiste até mesmo na mais fervorosa fé em Deus.

O amor é um impulso em direção à aceitação do outro, menos em seus traços físicos e morais distintos (que o amante pode criticar e desvalorizar) do que em sua individualidade como um todo. As características específicas da pessoa nunca são irrelevantes – de que outro modo se poderia conhecê-la? –, mas são tomadas como encarnações de um eu que fala através delas e as transcende. Essa aceitação, feita diante do ser inexoravelmente oculto e ameaçador da outra pessoa, sempre tem algo de milagroso. É um ato de graça desprovido de condescendência ou ressentimento.

Mas a inevitabilidade do ocultamento e da ameaça significa que o amor não pode ser puro. Ele deve ser acompanhado pelo pressentimento de sua própria fragilidade e por, pelo menos, uma sugestão de repugnância defensiva e inescrutabilidade em relação ao outro. Essa sugestão anuncia a presença do ódio dentro do amor.

Em seu auge, o amor dispensa a convergência de interesses e ideais. Ele enxerga, através das expressões espaciais e sociais do eu, a personalidade única e viva. Portanto, não exclui nem a crítica nem o conflito. A independência do amor em relação à aprovação e ao consenso permanece, porém, limitada de várias maneiras.

Ela é limitada até mesmo nos casos protótipos de amor pessoal, como a plena união sexual entre homem e mulher. A capacidade de aceitar a outra pessoa pode depender, num grau espantoso, de traços específicos de aparência ou caráter cuja influência sobre o amante parece desproporcional a seu valor real como sinais da individualidade do amado. As manifestações do amado tornam-se fácil e continuamente uma tela que o oculta e reflete de volta ao amante a imagem de sua própria insaciabilidade. As características do corpo e da mente da pessoa amada a tornam o que ela é, pois são diretamente, se não detalhe por detalhe, a representação de seu eu. Se a aversão do amante a essas características for longe e profunda demais, seu amor não pode sobreviver. Ficar entediado com outra pessoa é apenas ter perdido, ou nunca ter

Paixão

ganhado, o senso de como sua presença rotineira revela um eu misterioso. Nesse caso, o tédio, em vez da aversão, é a ruína mais comum do amor.

À medida que nos afastamos desses casos exemplares de amor pessoal para analisar os laços de amor dentro de grupos maiores, a necessidade de objetivos compartilhados e estima mútua aumenta. Não existe uma divisão que separe claramente o amor total entre homem e mulher do amor entre amigos e, em última análise, do amor dentro de um grupo mais amplo, embora muitas vezes prefiramos falar apenas de amizade no segundo caso, e de simpatia, lealdade ou solidariedade no terceiro.

A força do afeto comunitário depende de uma lealdade que compense a atenuação inevitável do amor num ambiente social mais amplo. A lealdade necessária é o compromisso com a iniciativa comunitária como, em certa medida, um fim em si mesmo, independentemente dos objetivos específicos que promove. Essa lealdade é mal compreendida ou pervertida quando é confundida com uma paixão por uma entidade coletiva supostamente natural e inalterável. Tal paixão degrada a experiência de colaboração na idolatria de uma personalidade artificial, o próprio grupo. As experiências comunitárias mais completas são aquelas que mais se assemelham ao amor: o compartilhamento de objetivos é complementado por uma rede de vínculos pessoais que se espalha a partir de cada indivíduo, sem talvez abranger todos ou a maioria dos outros membros do grupo. A consciência de propósitos comuns torna-se finalmente inseparável do senso de envolvimentos próximos com indivíduos específicos.

Colocar a questão dessa forma é reconhecer que, dentro de um grupo maior, o amor inevitavelmente se enfraquece. A multiplicidade de encontros pessoais, a impossibilidade de escolher parceiros de grupo pelo critério do amor e a importância de realizar tarefas que ajudem a justificar a existência do grupo e que permitam que ele sobreviva e prospere – tudo isso explica o enfraquecimento. Quanto menor o papel do amor na vida comunitária, maior a necessidade de consenso sobre os objetivos compartilhados do projeto comum, bem como de uma consciência meticulosa dos direitos entre seus membros. Os participantes devem, pelo menos, ver uns aos outros

Paixão

como capazes de contribuir para a iniciativa conjunta. Se o vínculo e o consenso falharem, o grupo se degenera na direção da barganha interesseira: as pessoas tratam-se mutuamente como meios para alcançar seus fins e, uma vez realizada a transação, se separam.

Há, porém, uma imperfeição mais radical no amor. Para entender essa falha, é preciso reconectar a análise do amor aos fatos fundamentais dos infinitos medo e anseio mútuos. O amor existe quando o indivíduo vivencia a existência da outra pessoa como confirmação de sua própria. A aceitação da alteridade presente na individualidade dela o ajuda a descobrir e fortalecer seu próprio ser distinto. Por meio da afirmação do outro, ele entra mais plenamente no domínio de si mesmo.

Mas não basta querer para que isso aconteça. A simples experiência de desejar o outro e a disposição para a autoentrega não podem, por si só, efetivar esta confirmação recíproca. O que fará a outra pessoa diante do anseio e da autoentrega do indivíduo? Na verdade, pouco importa o que ela fará. Mesmo que ela tenha a mesma experiência em sentido inverso, nada pode justificar categoricamente a crença de que a existência dela reafirma a dele ou o protege definitivamente da angústia do anseio contínuo e do risco de malograr depois..

Se querer não é o bastante, essa deficiência se revela pelas muitas maneiras através das quais o amor pode ser destruído. Embora o amor não precise desaparecer instantaneamente diante de uma rejeição, também é improvável que sobreviva à falta de reciprocidade indefinida. Mais geralmente, a vulnerabilidade aumentada que o amor requer e cria pode se tornar, a qualquer momento, ocasião para mágoas. Além disso, o amor pode entrar numa disputa perdida com a economia do ódio à medida que os vícios se enraízam em outras áreas da vida. A impossibilidade de justificação conclusiva para o amor só aumenta a realidade do risco. Como todas as paixões, o amor une predisposição à ação e visão das condições para conciliar a autoafirmação e o vínculo. E nada no mundo poderia fornecer justificativa definitiva para essa visão.

Como predisposição e como crença, o amor remete a uma intuição básica sobre as possibilidades derradeiras das relações entre as pessoas: a convicção

Paixão

de que o indivíduo pode agir em relação a outra pessoa, tratando-a como fonte de sustento simplesmente porque ela é quem é. Em compensação, o indivíduo oferece a ela um eu inteiramente exposto, pronto para receber um sinal semelhante de aceitação radical. Mas o mundo, como o encontramos, não emite nenhuma opinião conclusiva sobre a verdade dessa intuição. Por isso, nos perdemos em nossas emoções e reflexões, recolhemo-nos a nossos próprios eus, por desencanto, tédio e preocupação mundana, e, por fim, morremos antes de termos a chance de descobrir a verdade. Por essa razão, a renovação do amor num mundo que não valida nem refuta sua verdade depende de outros eventos e oportunidades na vivência da paixão.

Visto que o amor é tão difícil, e que devemos suspender o julgamento sobre a realidade de suas sugestões, precisamos de meios adicionais para afirmar a realidade dos outros sem ceder à lógica do desejo e do desespero ou à economia do ódio. Às vezes, encontramos essa alternativa na empatia ou simpatia, que, fortalecidas pelos padrões coletivos de decência, levam o amor diluído para além da intimidade. A empatia nos ensina a ver em cada existência uma pessoa lutando sob o peso de seus próprios problemas. Às vezes, encontramos o antídoto numa forma de arte, como o romance literário, que nos mostra como a compreensão e aceitação dos outros em sua alteridade pode sobreviver às desilusões e decepções do mundo.

Essa concepção geral do amor, de suas possibilidades, limites e perigos, pode ser reafirmada como hierarquia das formas de amor, cada vez mais desapegadas da ilusão sobre o amado e sobre a natureza do próprio amor. Quanto mais se subir nessa hierarquia, menos o ardor da emoção dependerá da extensão de uma distorção. À medida que o amor se liberta da ilusão, ele também se torna menos suscetível ao desencanto repentino e mais capaz de sobreviver diante da realidade cotidiana. A conciliação entre autoafirmação e vínculo se torna mais plena porque o amor alcança o ser amado de forma mais íntima e se torna menos dependente do repertório de imagens do amante. Assim, essa hierarquia descreve um movimento que se afasta do narcisismo e da passividade, em direção a uma condição em que a aceitação da alteridade acompanha a descoberta do extraordinário no ordinário.

Paixão

No nível mais baixo da hierarquia, o amor aparece numa de várias formas intimamente relacionadas. Todas têm em comum a predominância de uma compulsão que torna a realidade concreta da outra pessoa quase totalmente irrelevante, exceto na medida em que ela consiga satisfazer as exigências muito limitadas, embora muitas vezes altamente indeterminadas, feitas por cada uma dessas variedades de amor. Assim, o amante pode estar obcecado por qualidades físicas ou psicológicas distintivas do amado. Essas qualidades podem responder a uma imagem de necessidade e desejo que a experiência passada dele impõe e sobre a qual ele perdeu o controle ativo. Ou ele pode se apaixonar movido principalmente pela opinião social predominante sobre o que ele deve fazer e sobre quem ele deve considerar desejável. A imagem tirânica surge então da sociedade, e não da biografia. Mas seu efeito permanece o mesmo: ela transforma o que poderia ter sido a experiência exemplar de liberdade e realismo em automatismo frenético e ilusão.

Mais alto nessa hierarquia de formas de amor está o amor que deseja o ser amado como a expressão daquilo que o amante não é: a parte escurecida, não realizada e, portanto, supremamente valiosa do eu do amante. Possuir o amado é curar a mutilação de seu próprio eu e compensar, finalmente, todos os aspectos da experiência que lhe negam o sentido de ser o centro do mundo. Até a atração física mais imediata se deixa permear pelo anseio pelo eu inacabado. Esse é o amor como doença pelo ideal. Ele difere das formas mais grosseiras de amor em sua busca pela autocompletude e transformação e em sua disposição para estabelecer uma conexão imaginativa mais próxima entre a personalidade real do amado e o ideal buscado pelo amante. Mas ele se assemelha àquelas outras versões do amor em sua subordinação da pessoa real à visão das necessidades do próprio amante.

Assim é o amor descrito pelo mais elevado mito romântico, o amor que tenta transformar o ser amado em redentor. A busca por esse amor torna-se ainda mais tentadora numa sociedade cuja cultura dominante acostuma as pessoas a buscarem no amor uma salvação para além da fusão da sensualidade com a ternura, ao mesmo tempo em que incentiva a descrença em outras possibilidades de redenção, sejam elas divinas ou seculares.

Paixão

Um amor ainda mais elevado não pressupõe nenhuma idealização. O amado, objeto de dependência que também é exercício de autonomia, pode ser visto como apenas uma pessoa comum, embora única e individual. Aqui, a aceitação da alteridade da outra pessoa e o confronto com a realidade humana comum atingem seu ponto máximo. Por essa razão, o amado não pode ser confundido com um redentor cujo poder salvador está em proporção direta com uma falta de características próprias e individuais. Enfim, a aceitação do outro deverá sempre ser reconhecida como limitada e precária.

Cada etapa na hierarquia das formas de amor representa um avanço duplo em relação à anterior: há um movimento adicional que se afasta do narcisismo e da ilusão, e há um passo a mais em direção à aceitação do amado em sua realidade imperfeita, ambígua e original. Portanto, não é surpreendente que a relação entre compreensão e amor mude ao longo dessa progressão.

Nos níveis mais baixos, a compreensão destrói o que é considerado amor. O vínculo enfraquece quando o indivíduo se dá conta de que sua fascinação depende de uma imagem determinada pela biografia ou pela opinião socialmente dominante. Com a chegada dessa clarividência, nada resta além da manipulação. O indivíduo passa a manipular a outra pessoa, ora revelando sua visão revisada do vínculo para assustá-la e submetê-la, ora ocultando essa mudança para renovar a esperança dela. Ele pode até manipular a si mesmo. Assim, pode se expor a experiências que revigorem aquela imagem biográfica ou aquela opinião social. Ele pode iludir a si mesmo, encontrando, nas tarefas compartilhadas, nos infinitos enigmas e nas dependências ainda existentes na paternidade e na vida comunitária, um substituto mais realista para a fascinação infantil que ele superou, como se uma comunidade indiferente pudesse compensar o vazio deixado por uma experiência de desejo solipsista, compulsiva e passada.

Por outro lado, nos patamares mais elevados dessa hierarquia do vínculo amoroso, a clarividência torna-se o protetor em vez do destruidor do amor, torna-se algo que não coloca o amor em risco e do qual o amor não pode prescindir. A visão desencantada da carne e do coração – a carne moribunda e

Paixão

frágil, o coração secreto e dividido – não precisa destruir tal amor. No entanto, haverá momentos de inércia espiritual, de desespero, raiva, conflito e decepção com a desproporção entre anseio e circunstância. Em momentos como esses, o indivíduo será tentado a compensar o tropeço do amor com uma recorrência mais fraca e benevolente da manipulação que acompanha aquele outro amor, mais contaminado pela ilusão. Ele precisará de inteligência moral para resistir a essa tentação. Uma resistência que nasce de sua consciência dos perigos do narcisismo e do solipsismo que acompanham uma ficção estratégica, cuidadosamente planejada, destinada a fazer o trabalho exigido pelo encontro, trabalho para o qual não há roteiro pronto.

Para compreender a concepção de amor descrita nas páginas anteriores, e entender melhor o que essa paixão nos ensina sobre a paixão em geral, deve-se distinguir os dois registros do amor – o sexual e o assexual – e ver como eles se conectam. No registro sexual, a base primordial do amor pessoal é a demanda pelo corpo do amado – demanda marcada não pelo interesse excludente caracterizado pelo ciúme, mas por um desejo impensado e implacável, embora intermitente. No amor pessoal, essa demanda violenta – violenta porque ameaça as condições mínimas de civilidade e distanciamento – é sobreposta e transformada por um elemento de delicadeza: delicadeza para com o outro corpo e, enfim, para com a pessoa encarnada.

A violência e a delicadeza estão tão frequente e fortemente conectadas que a distinção entre lascívia e amor sexual pode ser pouco mais do que um contraste de direções predominantes (definir lascívia como violência pura sem nenhum toque de delicadeza, mesmo a delicadeza que aparece como remorso ou hesitação, restringiria a lascívia às perversões mais extremas). Numa situação ideal, esperamos que a delicadeza dure e que transfigure a violência. Mas ela nunca o fará completamente. No amor sexual, uma pessoa experimenta a si mesma como encarnada e, portanto, como parte da natureza. Ela também se reconhece como necessitando de outros corpos, que são partes da natureza e pessoas como ela mesma. O fato de a ternura e a violência no amor sexual estarem tão comumente ligadas não significa que se unam harmoniosamente. Quanto mais o amor é vivido em termos sexuais e

Paixão

quanto menos suas expressões sexuais forem contidas e transformadas por um contexto rico e estável de vida social ou por uma imaginação artística, menos provável será que a ternura transforme a violência.

O registro assexual do amor é revelado com mais clareza num amor relativamente assexuado entre pessoas separadas pelos complicados laços da intimidade familiar (pais e filhos, irmãos e irmãs). Sua base elementar é a experiência de desejar a liberdade de outra pessoa, o desejo de dá-la a si mesma. É a postura do espírito altivo em sua pose sacrificial e criativa.

A princípio, isso pode parecer ser a mais clara afirmação de humanidade – uma experiência de liberdade na doação de liberdade, uma vontade de que o outro seja independente, sem nada pedir em troca, nem mesmo gratidão. Na verdade, porém, esse amor estabelece uma relação grosseira com a outra pessoa, uma relação que não pode capacitar nem o amado nem o amante. A razão para esse limite é que o amor sacrificial se protege de qualquer perigo e se coloca num plano superior de benevolência e negação de si mesmo. Ele não oferece ao amado a oportunidade de se confirmar e se reinventar por meio do envolvimento com outra imaginação e vontade, nem permite ao amante alcançar essa experiência por si mesmo. Tal amor trata a confirmação mútua como projeto que se quer tornar real, sem que se tenha, de fato, vivido e corrido riscos. Ele nega a condição do espírito ao mascarar a força da necessidade que uma pessoa tem de outras.

No entanto, no registro assexuado do amor pessoal, a consciência da necessidade que sentimos de outra pessoa frequentemente acaba superando nossa diligente vontade de protegê-la para seu próprio bem. O espírito começa como demiurgo orgulhoso e autossuficiente, antes de retornar humilhado e abalado por seu anseio. Ele anseia não o simples ato de gratidão, mas o ato mais complicado de presença e resposta da pessoa amada (assim, o crente insiste que o amor que Deus tem por Suas criaturas humanas seria incompreensível para nós se não atribuíssemos a Ele a necessidade do homem, e se não experimentássemos nosso anseio por Ele através de Seu anseio por nós). Mas a recusa de si mesmo, a negação do amor em termos iguais, jamais será completamente superada no amor assexual, simplesmente porque o peso

Paixão

total da fragilidade não é levado a seu extremo, desde que o corpo não seja incluído na doação de si mesmo e no desejo pela presença do outro.

Agora, por meio de uma série de observações sobre esses dois registros do amor e a relação entre eles, pode ser possível identificar as variedades de amor sexual e assexual que mais importam para o projeto geral de uma teoria das paixões. Para isso, precisamos expurgar a doutrina de todo elemento de sentimentalismo para ver o que lhe resta, pois esse resíduo será a verdade sobre a paixão como amor.

Tanto o amor sexual quanto o assexual estão sempre à beira de se reduzir ao mesmo interesse minimalista. Esse interesse é a demanda física pelo corpo do outro ou a vontade enérgica pelo bem do outro. Em ambos os casos, a qualidade subjetiva especial dessa demanda é o reconhecimento de que algo se perdeu, de que algo está faltando. O amante está inquieto. Ele é incapaz de permanecer contente consigo mesmo. Mas, ao se voltar para o amado, ele permanece preocupado com sua própria insaciabilidade: sua atenção é direcionada ao desejo do corpo ou ao exercício da vontade criativa e sacrificial. Na versão minimalista do amor sexual, a outra pessoa se torna o corpo complacente ou resistente. Na variante minimalista do amor assexual, a outra pessoa é o beneficiário, mantido à distância e impedido, pela postura sacrificial de seu benfeitor, de abraçá-lo e constrangê-lo. Em ambos os casos, o amado não é visto como um ser com imaginação social, ou seja, com o poder de inventar ficções sobre vínculos e colocar essas ficções em prática.

A realidade da outra pessoa só é mais plenamente aceita à medida que o desejo é superado pela delicadeza, e a vontade sacrificial é superada pela consciência da necessidade. O surgimento da ternura no desejo ou amor sexual requer a habilidade de imaginar o amado e discernir sua experiência do encontro. O drama da necessidade no amor assexual implica não apenas desejar o bem do outro, mas se submeter às demandas imprevisíveis e perturbadoras de seu amor, e de seu próprio reconhecimento de sua necessidade desse amor. Só então, no amor assexual, a outra pessoa se torna mais do que uma ocasião para sacrifício e alvo fixo da vontade benéfica; ela se torna um centro de ação por direito próprio.

Paixão

Considere cada um desses dois registros do amor quando nenhum deles foi transformado pela descoberta do outro registro. Eles, então, mostram uma qualidade subjetiva paralela. O amor sexual e o assexual podem até coexistir: um se sobrepondo ao outro (como na relação entre o orador e a multidão). Mas, de modo algum, eles poderiam se unir e ser vivenciados como elementos relacionados de um único encontro. Eles almejam diferentes objetivos e buscam coisas incompatíveis na pessoa amada. Do ponto de vista do elemento de violência na demanda pelo corpo do outro no amor sexual, a atitude benevolente e demiúrgica do amor assexual parece uma irrelevância ou interferência. Do ponto de vista dessa atitude assexual, a demanda sexual é uma profanação, a profanação de uma postura protetora por um desejo egoísta.

A fusão do sexual e do assexual só se torna concebível quando a ternura entra no desejo pelo corpo e a vontade criativa se concilia com sua necessidade pelo amado. Assim, tocar o corpo do outro, em demanda e delicadeza, pode ser vivido como aprofundamento do reconhecimento da necessidade. Assim, o desejo simultâneo pelo bem do amado e o reconhecimento do anseio sexual podem ser vividos como extensão da experiência de desejo e ternura em relação ao corpo. A descoberta do outro – a aceitação dele como uma pessoa com vontade e imaginação – é o único terreno em que o amor sexual e o assexual podem convergir, mesmo que parcial e precariamente.

Não há como escolher entre o amor sexual e o assexual como imagem do encontro humano. Nenhum deles se sai melhor do que o outro na oferta de oportunidades para que se imagine o ser amado e se concilie as condições que possibilitam a autoafirmação. Mas ambos são capazes de avançar em direção à descoberta da alteridade da outra pessoa. Essa descoberta pode, por sua vez, permitir que o amor alcance o que precisa para se unir a sua contraparte sexual ou assexual. Embora esse amor combinado, assexual e sexual, não possa ir mais longe do que seus componentes na resolução do conflito fundamental entre desejo e perigo, ele envolve a pessoa de maneira mais abrangente em seja lá qual for a resolução alcançada. Ao considerar como um caso-limite o amor mais inclusivo resultante dessa convergência, o indivíduo pode começar a entender os paradoxos dessa paixão mestra.

Paixão

O sexual e o assexual entram num confronto sutil mesmo quando parecem se confirmar mutuamente. O corpo, em afirmação ou ternura, faz suas próprias exigências. O espírito, como imaginação e vontade, avança para uma arena mais ampla de resposta e vínculo, pronto para abrir mão do encontro corporal. O elemento sexual no amor luta contra a tentativa de se sufocá-lo num drama de esforço moral ambicioso, de sacrifício e revelação. O elemento assexual se rebela contra a comédia, a ingenuidade e a decadência final do elemento sexual.

Além disso, tanto o amor sexual quanto o assexual testemunham a fragilidade de nosso poder de reconhecer a realidade da outra pessoa. Esse reconhecimento vai contra a realidade mais imediata do próprio eu: as veementes exigências do corpo e o caráter aprisionado da subjetividade. Exatamente porque a outra pessoa jamais poderá ser tão real quanto o eu, a relação sexual ou assexual com ela permanece sujeita à dupla lei da indiferença e distração. Distração é a percepção volátil de características isoladas do outro – seu corpo, caráter, situação ou experiência. Isso afeta a paixão, restringindo seu foco e corrompendo seu ardor. Nas características isoladas do amado que fascinam o amante, ele, o amante distraído, discerne um significado secreto, um valor privado, inteligível apenas à luz de seu próprio passado e vulnerabilidades. A indiferença, por sua vez, é o declínio de seu poder de imaginar o outro. Ela o leva a desistir do esforço adicional, da disponibilidade intensificada, exigida para reconhecer a originalidade da outra pessoa. Através da indiferença e da distração, os elementos transformadores no amor sexual ou assexual acabam se desvanecendo, assim como as formas sexual e assexual do amor perdem a capacidade de se combinarem.

Jamais saberemos, com certeza, o ponto exato em que o amor se encontra ao longo dessa corrente de transformações. Como o amor faz reivindicações sobre todos os aspectos da personalidade, em vez de apenas as faculdades isoladas da inteligência, e porque sua instabilidade está enraizada nas condições definidoras do eu, e não em alguma falha de esforço, nossas descobertas sobre o amor sempre parecem limitadas ou tardias. Acreditando estar avançando em direção à descoberta do outro, podemos, na verdade, estar retrocedendo, por pura distração, numa imagem de nosso próprio sofrimento.

Paixão

Acreditando que nos entregamos à lascívia puramente física ou à condescendente benevolência, podemos, na verdade, ter descoberto, nas ruínas de nosso castelo, a presença salvadora do ser amado. Assim, essa paixão milagrosa provoca enganos e autoenganos, e descobertas disfarçadas de ilusão.

O amor, cujas formas sexual e assexual acabei de descrever, se estabelece em dois contextos: numa busca metafísica que amplia o significado do amor ao mesmo tempo que ameaça sua estabilidade, e numa emoção semelhante que amplia o alcance do amor enquanto ajuda a garantir as condições psicológicas que permitem sua existência.

A questão metafísica representa o elemento mais sutil e sublime na psicologia do amor. Essa questão só se torna evidente quando todas essas transformações de vínculo sexual e assexual são inseridas no cenário maior da relação do homem com a natureza. A personalidade fica horrorizada diante da perspectiva, ou da lembrança, de uma completa imersão na natureza. É a visão do próprio ser humano – corpo e mente – inserido num mundo de vida vegetal e animal que se transforma perpetuamente através da decadência e da renovação. É o mundo da morte e da fertilidade sem consciência. A inexprimível inquietude diante da fusão total nesse universo da natureza deixa vestígios que vão desde o medo que as crianças têm dos animais, e o terror que a exuberância e a estranheza de uma selva podem despertar, até a insistência obstinada do homem em encontrar em si mesmo um elemento demoníaco ou angelical. Pois o angelical e o demoníaco significam aquilo que não está encarnado, o sagrado ou o satânico fora de seu estado corpóreo.

Esse medo de imersão total na natureza quase nunca aparece com toda a extensão de sua força potencial, pois é normalmente compensado e purgado por uma experiência de isolamento da consciência. Inicialmente, essa separação é vivenciada em relação a outras mentes; é delas que, ao começar a formar uma ideia de si mesmo, a pessoa se sente inicialmente isolada. Mas, depois, essa prisão num mundo distintivo de subjetividade é generalizada na nossa relação com toda a natureza.

A provação do isolamento, na vida de todos nós, é um evento contemporâneo do nascimento da autorreflexão. Somente a partir do ponto de vista

Paixão

oferecido por essa provação, o indivíduo pode ansiar pela unificação com a natureza e sentir o demoníaco e o angelical em si mesmo. Somente nessas condições, a ideia de se fundir com a natureza pode ser purgada de seu horror, até que ele seja capaz de ver com indiferença a inclusão de sua vida numa ordem natural. Ainda assim, algumas pessoas têm momentos de intensa experiência imaginativa em que a dissolução de sua consciência na natureza as atinge como uma realidade imediata e aterrorizante, ainda mais terrível porque é muito melhor definida do que a ideia vazia da morte.

Nesses momentos, as pessoas atingidas precisam de imaginação artística ou visão mística para resgatá-las do medo. A arte apresenta a realidade natural como um universo de variações transformadoras visivelmente semelhantes àquelas que a consciência reconhece em sua vida interna. A percepção mística considera a natureza como um teatro em que o drama do espírito universal está sendo encenado. Para o místico, o mesmo espírito que anima a humanidade permeia a exuberância da natureza e transforma todas as suas variações numa parábola. Assim, a estranheza ameaçadora da natureza pode ser dominada pela imaginação da arte e pela dramatização da realidade física. Por meio desse domínio, uma contemplação mais serena de nosso lugar na natureza se torna possível.

Estas ansiedades e aspirações maiores formam a psicologia do amor. Somos atingidos pelas falhas no amor sexual, essa experiência mais completa de entrada em nossos próprios corpos: a ambivalência de violência e ternura e o escurecimento da consciência que pode acompanhar o encontro corporal. Ficamos surpresos com a precariedade da fusão do amor sexual e assexual, fusão que parece ser nossa única e melhor esperança de inserir plenamente o corpo, e, através dele, toda a nossa condição natural, na vida da relação pessoal.

No entanto, todas estas limitações constituem o lado oposto da condição de subjetividade. Mesmo no amor sexual, a experiência autorreflexiva da consciência nos nega a satisfação duradoura, atormenta-nos com as ambiguidades de ternura e violência, e ainda envolve, com solidão, nossos encontros, e com tristeza, nosso deleite. Esta própria consciência de que estamos

Paixão

isolados, porque estamos conscientes, nos permite, contudo, aceitar sem horror nossa encarnação e sua grande vitória no amor sexual.

O amor se baseia numa paixão que poderia ser equiparada ao amor assexual, se não possuísse certas características distintas. Estes traços lhe dão um escopo mais geral e um lugar único em toda a vivência da paixão. Esta paixão – o segundo contexto do amor, ao lado da ansiedade metafísica recém-discutida – é chamada, às vezes, de empatia, benevolência, simpatia ou compaixão. Os pensadores moralistas frequentemente a colocam no centro de suas concepções da natureza humana. Em muitos aspectos, ela serve como a paixão capacitadora – menos paixão do que capacidade moral que sustenta toda a vivência da paixão. Sua relação com episódios específicos nesta vida permanece enigmática.

Um indivíduo é abordado por um estranho que, sofrendo, pede-lhe ajuda. Ele responde não apenas com prontidão, mas, também, com a emoção descrita como simpatia. Sua resposta inclui o desejo pelo bem do outro. Essa resposta, porém, é algo mais e, ao mesmo tempo, menos que o amor assexual.

A experiência subjetiva que ocupa o primeiro plano na compaixão é uma conexão estabelecida entre vários tipos de resposta. Há o reconhecimento de algo em comum com a outra pessoa. Mas é um erro tratar esse reconhecimento como simples questão de identificação com o outro: atribuindo-lhe os sofrimentos ou alegrias que o próprio indivíduo poderia passar em circunstâncias semelhantes. Tal abordagem explicaria o impulso de ajudar o outro e participar de sua experiência, mas descartaria esse impulso como referência oblíqua a si mesmo, como uma espécie de narcisismo tácito.

A simpatia inclui um reconhecimento de curiosa incongruência: a incongruência entre o estado em que alguém se encontra, seja de fraqueza e sofrimento ou força e euforia, e as condições mais profundas de individualidade, que combinam encarnação e finitude com um anseio pelo incondicional. Se a pessoa, objeto da simpatia, está angustiada – lançada numa condição humilhante ou destrutiva –, reconhece-se nela, contudo, o mesmo indivíduo que, mais cedo ou mais tarde, exigirá o direito de quebrar e revisar os contextos de sua atividade, e que, mais cedo ou mais tarde, o alcançará. É o indivíduo que amou de maneira mais completa, lutou contra os limites da razão, produziu

Paixão

obras-primas da arte, e que, mesmo em meio à vida muito comum, acabou não sendo, depois de uma análise mais aprofundada, tão comum assim. Ele não é o homem como herói, como santo, ou como gênio, mas é, sim, maior do que todos esses por ser, simplesmente, o homem comum.

Suponha agora que o indivíduo seja o oposto de alguém na situação de angústia incongruente. Imagine, por exemplo, o jovem que triunfantemente se lança no mundo e, através de sua insistência sedutora, exige dos outros sua bênção e seu encorajamento. A simpatia, então, vê a lacuna entre essa aspiração impetuosa e a circunstância real do eu no mundo, circunstância sujeita ao acaso, à decepção e à ilusão.

Constantemente apresentamos uns aos outros a imagem de uma dissonância entre o que, no final, não podemos evitar ser – encarnados, contextuais e voltados para o não contextual – e o que, por acaso, por ambição e fracasso, ocasional e aparentemente nos tornamos. Essa incongruência entre o que parecemos ser e querer, por um lado, e o que nos acontece e o que fazemos de nós mesmos, por outro, reconta a história principal da humanidade. Ela resume todas as nossas outras desventuras e realizações.

Ao depararmos com o indivíduo que nos desperta simpatia, ele aparece diante de nós em sua natureza dupla. Trata-se de um indivíduo único numa situação concreta. Mas é também alguém que incorpora a esperança e a grande tristeza cômica do homem comum, lançado num mundo ao qual não pertence totalmente, nem no qual se encaixa completamente. Por um instante, o indivíduo concreto e o homem comum são reunidos aos olhos de uma terceira pessoa que os observa, ou *o* observa.

Essa terceira pessoa se vê envolvida e, ao mesmo tempo, afastada do mesmo dilema que ocupa o indivíduo-homem-comum. Por estar afastada, ela é capaz de dar seu consentimento, seu encorajamento, sua bênção silenciosa ou sua ajuda tangível. Essa intervenção significa mais do que um presente indireto para si mesma. Por estar também envolvida, seu presente representa algo mais do que sacrifício, pois está protegido da condescendência.

Há duas maneiras de se entender o espírito do presente. Num sentido, é um prenúncio ou registro atenuado do amor. Em outro sentido, mais

Paixão

fundamental e revelador, é uma resposta da imaginação e da vontade à situação incongruente do indivíduo-homem-comum. Essa resposta reconhece que a vivência da paixão, que é a vida do desejo e do perigo, une as pessoas. Reconhece também que essa vida pode ser simultaneamente tenaz e autoconsciente, desde que seja transformada pela oferta e aceitação do envolvimento mútuo e sustentável.

Então, a vontade e a imaginação, ao buscarem um indivíduo específico numa situação específica, também reafirmam o próprio fundamento da paixão e a dinâmica de sua transformação progressiva. No decorrer de uma vida passional, o eu encontra, nesses episódios de bondade amorosa, uma chance de afirmar, através da ação, o princípio formativo e transformador de toda a paixão. Não é de se admirar que a simpatia, a mais elevada experiência enobrecedora de associação, seja também a força criativa dominante em qualquer arte que retrata pessoas em relação. A simpatia, quando radical o suficiente, funde-se com o desapego, e o maior artista literário é aquele cuja representação da vida na arte realiza essa fusão mais plenamente.

Fora da arte, a vivência do fundamento de toda a paixão num único encontro é apenas um episódio passageiro, embora possa ser repetido. A simpatia não é um esquema duradouro de benevolência, proteção e sacrifício. Quando o encontro simpático inicial dá lugar a um envolvimento mútuo duradouro, a simpatia se envolve em todos os paradoxos do amor assexual. A tendência da benevolência em ser superada dessa maneira pela experiência mais ambígua do amor assexual é acelerada por um aspecto marcante da psicologia da simpatia: a facilidade com que o objeto da benevolência é confundido na mente do simpatizante com uma imagem de alguém importante para ele em sua experiência anterior. Assim, o estranho em apuros evoca a imagem de um pai ou irmão; ou o jovem prestes a se lançar numa empreitada ambiciosa, uma imagem de seu eu passado. Não havendo relação duradoura entre o simpatizante e a pessoa que lhe desperta simpatia, a confusão entre ela e a imagem se torna ainda mais fácil. O amor assexual (ou narcisismo) sentido em relação à pessoa contida na imagem é transformado pela memória, nostalgia e remorso e pela superposição dessa imagem no indivíduo concreto, diante do

Paixão

simpatizante. Então, o jogo duplo da ilusão começa: a doação ao outro é parte de um acerto de contas secreto com a imagem que ressurge em sua cabeça. O acerto de contas é impedido de chegar a um impasse de dor e impotência por seu desvio à figura do outro, cujas necessidades ou presença parecem aliviar parte do peso de seu passado.

A fé, como a esperança, ocupa lugar próprio dentro da economia mais ampla do amor. Mesmo que interpretemos a fé de um modo puramente secular, podemos lhe distinguir dois elementos. O primeiro e mais básico deles é a disposição de se abrir para outra pessoa ou se colocar em suas mãos. O segundo elemento é a lacuna cognitiva mais conhecida: não se sabe, caracteristicamente, como justificar o risco voluntário de abertura e vulnerabilidade pessoal. Se alguém for desafiado a demostrar que tem razão em assumir esse risco, ele não teria como o fazer.

A pessoa que tem fé em outra não está cega para o que a outra pessoa faz, mas essas ações permanecem subordinadas à aceitação de um indivíduo. Os critérios normais de evidência são parcialmente deixados de lado porque a necessidade de um conhecimento que possa ser compartilhado importa menos do que a busca por compreensão e conciliação pessoal. Ambas as vertentes da fé estão incluídas nas teologias dominantes das religiões monoteístas da salvação. Ter fé em Deus é se colocar em Suas mãos, sem nada em que se basear além dos sinais ambíguos de Sua presença no mundo e de Sua intervenção na história. Cada um dos dois elementos da fé internaliza o outro. Nesse contexto pessoal, a fé deixa de existir se o risco não incluir aceitação ampla de outra pessoa, com a consequência do inevitável risco de dependência dela, ou se a dependência expandida for percebida apenas como uma aposta melhor ou pior.

Todo ato de amor implica um ato de fé. O amante deve suspender o distanciamento defensivo que marca grande parte de sua experiência na sociedade. Ele deve correr o risco de ser rejeitado ou decepcionado. Ele deve se expor a emoções perigosas e gestos ridículos. O risco é ainda maior e mais difícil de justificar por não estar diretamente relacionado a qualquer expectativa da capacidade do amado de executar tarefas específicas. É, na melhor

Paixão

das hipóteses, uma expectativa de felicidade e realização do próprio amor, que, em sendo a paixão mais surpreendente, é também a mais propensa a confundir nossos planos.

A referência ao risco permanece legítima, embora o amor possa parecer frequentemente um impulso avassalador no qual a escolha deliberada desempenha um papel pequeno. Pois quanto mais forte o amor, mais ele envolve uma virada do ser inteiro – razão e vontade, mente e corpo – em direção a outro. Ao retratar essa mudança como aceitação de risco, devemos tomar algo emprestado da linguagem da cognição para descrever um evento que ocorre num ponto de nossa experiência, que permanece estranho ao contraste de impulso e compreensão.

Considere as transformações da fé, primeiro, no contexto primário e pessoal das emoções e, depois, nos casos mais impessoais em que o objeto imediato da fé se torna uma instituição ou empreendimento, como quando se diz que alguém tem fé na constituição de sua república ou em sua vocação como poeta.

A disposição de correr o risco de se colocar nas mãos de outra pessoa para além dos limites da justificação racional – a pura aceitação da vulnerabilidade – transforma-se facilmente numa forma de corrupção espiritual. A essência da corrupção é a transformação das ocasiões de vulnerabilidade em dispositivos de dependência, retraimento e autoilusão. Essa mudança ocorre através de uma dupla falha, de amor e de inteligência.

Um exemplo dessa subversão do significado humano da fé é a rendição ao emaranhado da comunidade na troca e na dominação. Assim, a confiança, privada de reciprocidade, intocada pelo amor e projetada numa situação de desigualdade rígida, torna-se subserviência ao poder. A ordem do poder, de fato, ganha características de troca e lealdade mútua que a transformam em algo mais do que estrutura aberta de coerção. Nesse terreno estreito, o eu constrói ilusões que o escusam de lutar por suas circunstâncias e reimaginar suas possibilidades. As pessoas podem acreditar no faz de conta de comunidade e troca. Elas podem até abrir mão de sua aquiescência à dependência permanente, como se se tratasse apenas de pequena variação nas exigências do amor e da amizade.

Paixão

Em consequência, uma perversão profunda e duradoura pode ocorrer: ideias de vulnerabilidade e dependência voluntárias se tornam tão interligadas que a rejeição da dependência levará a uma rebelião contra a vulnerabilidade. A experiência psicológica de abertura para o outro torna-se sutilmente contaminada pelo medo da submissão. Uma vez força libertadora, esse medo se torna, em vez disso, mero impedimento para novos vínculos.

A fé nos outros torna-se, às vezes, razão para se refugiar na comunidade central, seja de uma família ou de um círculo de amigos, como fortaleza contra a história e a sociedade. A possibilidade de relações de confiança dentro desse refúgio é afirmada pelo contraste com a impossibilidade de confiança fora dele. Uma vulnerabilidade acentuada dentro desse círculo mágico torna-se pretexto para uma estratégia de defesa implacável fora dele. O resultado é o desperdício secreto da experiência de confiança dentro da própria área isolada. A doação mútua de si assume, então, intensidade obsessiva, intensidade alimentada pelo medo de ficar sozinho e indefeso num mundo brutal. Sob a pressão dessa ansiedade, a apreensiva dependência entre as pessoas ofusca e corrói a realidade da confiança.

Estes exemplos de corrupção da fé que temos uns nos outros são casos especiais de um evento mais geral. Usamos nossa capacidade de encantar os outros e ser encantados por eles para lançar um feitiço sobre nós mesmos. A vida de confiança e vulnerabilidade torna-se uma maneira de esquecer não apenas o poder e a história, mas a limitação e a morte. Dessa forma, o significado da comunidade humana é reduzido a um ajuntamento de condenados à espera do dia da execução, uma conspiração de falatório e de silêncio contra o terror de sua situação e o mal em seus corações. No ápice da abertura e confiança recíprocas, as pessoas descobrem que transformaram umas às outras em códigos mágicos e instrumentos de evasão. Tendo mudado o significado interno da fé, elas passam para o campo das relações instrumentais, que ficam fora do terreno da paixão.

Amor e inteligência são as forças que se opõem a esses malogros e ilusões. O amor faz isso menos por qualquer purificação final da fé pessoal – pois também gera ilusões e fracassos por si só – do que por seu foco em outra

239

Paixão

personalidade viva. A outra pessoa se debate na teia de hierarquia e dependência. Ela se revela tão perigosa quanto o mundo exterior do qual o indivíduo tentava escapar. Ela se rebela contra o papel de portadora do esquecimento ao qual ele tenta reduzi-la. A inteligência realiza tarefa semelhante, dando ao indivíduo as ideias com as quais entender o que é distintivo da fé e afastar as decepções tão paradoxalmente ligadas a seu trabalho libertador.

A fé pode se apegar a um contexto mais impessoal: a atividades e instituições. A qualidade de entregar-se ao outro de maneira que baixe a guarda é agora conferida a um empreendimento mais impessoal. Como resultado, a natureza da aceitação da vulnerabilidade torna-se mais difusa. Ela ainda é caracterizada pelo risco de se deixar ferir pelos outros, tanto pelas pessoas envolvidas no mesmo empreendimento quanto por aquelas que permanecem hostis ou indiferentes a ele. Mas ela expõe também o perigo de uma indesejada e inesperada autotransformação, e de uma decepção final no empreendimento.

O sinal dessa fé mais impessoal é a fuga da corrente subterrânea do tédio e da distração na vida cotidiana e a descoberta, numa atividade ou instituição, de uma realidade humana que fascina a imaginação e aprimora a vontade por meio de uma medida maior de autorreflexão e autojustificação. Os empreendimentos que servem como objetos de fé pertencem a um modo de ação e visão que tenta eliminar tudo o que é meramente dado, opaco e não guiado por um impulso dominante. Essa fé, porém, não é um privilégio de alta inspiração: numa forma atenuada ou outra, é mais comum até do que a fé pessoal.

Essa experiência de fé como ardor e dedicação não precisa surgir de uma revisão psicológica real da fé como compromisso com outra pessoa. A fé impessoal é, no entanto, subsidiária à fé pessoal: apenas a comparação com esta segunda nos permite separar os elementos de verdade e ilusão na primeira e entender suas transformações internas. Pois, embora essa fé nas pessoas não seja mais comum na vida cotidiana do que a fé em atividades e instituições, ela se aproxima mais da polaridade central das paixões.

A verdade da fé como compromisso é que atividades e instituições fornecem o contexto de oportunidade material e moral no qual todos os atos de autoexpressão e conciliação, e, portanto, de vulnerabilidade suportada, podem ocorrer. Esses objetos aparentemente impessoais de fé carregam os traços de uma comunidade maior que inclui os mortos e os não nascidos. Libertam, portanto, a vida humana de parte da pequenez e da cegueira de suas preocupações.

No entanto, há um perigo de ilusão no funcionamento dessa fé impessoal, um engano mais básico e universal do que os defeitos específicos de cada instituição ou atividade. O cerne da ilusão é a falha em levar em consideração a relatividade do contexto que fornece à fé impessoal seu objeto. Tanto nas versões banais como nas versões inspiradas da fé, essa falha assume formas acentuadamente diferentes, mantendo, porém, sua unidade básica. Na devoção comum a um esquema de convivência humana, a falha se caracteriza pela incapacidade de ver que esse esquema representa apenas uma experiência temporária e parcial das possibilidades de associação e expressão. Assim, a emoção se apega a uma forma fragmentária de vida social, em vez de às faculdades e realidades que essa forma está, temporariamente, incorporando. Essa substituição da fé representa o exato contraponto, na vivência da paixão, à exemplar derrocada da vontade e da imaginação política, à rendição a um mundo social condicional e à negação implícita de sua condicionalidade.

As formas inspiradas de devoção parecem, a princípio, pertencer a outro mundo. Elas pressupõem uma ruptura acentuada com as estruturas da vida social comum e se definem em oposição aos interesses das pessoas comuns. É isso que encontramos na afirmação visionária do profeta político, do descobridor e do criador. No entanto, uma vez que tenhamos entendido a dinâmica interna e a ambiguidade dessa experiência, podemos perceber que tanto em seu poder espiritual quanto em seu perigo humano, ela difere menos das expressões banais de fé impessoal do que, a princípio, poderíamos ter imaginado.

O indivíduo sensato e o cético refinado concordam em ver a pessoa tocada por essa alta devoção como algo entre o idiota e o fora da lei. Eles não encontram, nesta alta devoção, nada pelo qual valha a pena abandonar a

Paixão

doçura e a segurança dos acordos disponíveis e trair – pois traição é o que a clarividência visionária representa – uma forma estabelecida de vida. Contudo, a atitude deles difere no seguinte aspecto: a emoção religiosa reprimida da pessoa sensata pode ser inflamada pela possibilidade humana que ela vê incorporada no visionário, enquanto o indivíduo culto e desiludido se protegeu mais cuidadosamente dessa resposta, permitindo que sua apreensão se transformasse em aversão.

Uma questão central para a doutrina política liberal é: o que as pessoas sensatas devem fazer para se proteger dos fanáticos em seu meio? Para entender a fé, porém, a pergunta inversa é mais interessante: o que ele, o homem de fé, deve fazer com as pessoas sem fé a seu redor? Ele percebe o caráter supersticioso de sua descrença. Por não reconhecer qualquer realidade ou valor para além do cenário de práticas e opiniões herdadas em que se encontram, os descrentes deslizam para a reificação desse cenário, confundindo opiniões com verdades objetivas, e tomando práticas por formas naturais de sociedade. Adoram um mundo do qual toda estranheza parece ter fugido, exceto a estranheza que lhes é revelada intermitentemente no sofrimento de seus corações.

Ao se dar conta dessa ilusão, representada pela forma estabelecida de vida, a pessoa fiel se torna suscetível a outro perigo, num nível mais elevado de percepção espiritual. Ela pode deixar de ver o que é extraordinário, embora oculto, na vida comum: as devoções contidas e silenciosas, a luta com as exigências implacáveis de cada dia e o puro deleite na vida e no ser, ainda que isso tudo esteja um tanto ofuscado pelos hábitos e pelas preconcepções. Ao mesmo tempo, ela pode deixar de reconhecer a qualidade limitada e provisória de suas próprias percepções e experiências. Ela pode esquecer que o poder de ir além de um contexto jamais será o poder de alcançar uma realidade e um valor supracontextuais.

Em suas visões de si mesma e dos outros, o agente perde o sentido da unidade da fé. Ao perdê-lo, ele é punido, mesmo no auge de suas realizações. É punido pela atitude supersticiosa que passa a demonstrar em relação às suas próprias descobertas. Esquece o quanto ele é determinado por suas

Paixão

circunstâncias e repete num nível visionário mais elevado, o que tão desdenhosamente condenou em seus semelhantes.

O agente se resgata desses malogros pela simpatia e pela inteligência. A simpatia permite que vivencie as analogias da experiência. A inteligência lhe permite elevar essa experiência à luz das ideias que ajudam a livrar suas percepções do orgulho e do engano.

O ardor visionário e a modesta devoção sacrificial que, juntos, exemplificam a fé impessoal, podem ser mais bem compreendidos como fogo cruzado entre a fé que as pessoas depositam umas nas outras e seu anseio intermitente pelo absoluto ou pelo supracontextual. Pois cada um desses momentos de compromisso tem algo da qualidade de se arriscar num encontro e algo da qualidade de enxergar além da transitoriedade e arbitrariedade da labuta sem fé. A constante transformação desse impulso iconoclasta em idolatria, que inverte o sentido do impulso, é fonte de dor insondável e cruel ilusão na vivência da paixão. Mas também é um lembrete de que nosso anseio pelo incondicional confirma nossa incapacidade de alcançá-lo plenamente no âmbito do esforço e conhecimento humanos. A negação do anseio ou da inatingibilidade nos torna menos do que humanos e compromete a transformação da fé pela simpatia e pela inteligência.

A esperança, assim como a fé, representa extensão e aprofundamento do amor. É o reconhecimento de uma abertura maior numa dada situação do que a situação parece revelar: abertura, acima de tudo, à possibilidade de vínculos que também são oportunidades para a afirmação de si próprio, abertura às nossas chances de resolver o problema da solidariedade de maneira mais promissora para nossa liberdade. A pessoa esperançosa não apenas vislumbra essa possibilidade; ela a aproveita, aqui e agora. Ela enfraquece o controle que as rotinas da sociedade ou do caráter exercem sobre sua imaginação de relações pessoais e, portanto, sobre essas relações em si.

Desde o início, a esperança deve ser motivada pelo amor, pelo menos, pela forma generalizada e menor do amor, que é a simpatia. A esperança de uma pessoa, por sua vez, permite que ela empreenda a baixa experimental da guarda que o amor exige. A esperança, no entanto, é mais do que causa

Paixão

ou consequência do amor; ela é o amor – o amor do ponto de vista de nossa capacidade de reduzir a influência de estruturas e compulsões passadas e presentes, e agir no presente como se já estivéssemos sendo impulsionados em direção a um futuro marcado mais plenamente pelo encontro do eu atual com o eu que o amor exemplifica em sua totalidade.

Uma explicação teológica da esperança secular pode ampliar seu significado sem reverter seu sentido. Depositando esperança em seu Deus, o adepto do modo religioso dessa tradição de pensar sobre a personalidade concebe a possibilidade de que sua individualidade distintiva possa sobreviver nesse confronto com Deus. Ele lê nos sinais da presença de Deus no mundo a mensagem da abertura da história. Ele vê em cada evento bem-sucedido de aceitação mútua entre as pessoas o anúncio de seu encontro final com Deus, e de sua comunhão, em Deus, com seus semelhantes. Ele se alegra com os sinais de que a sociedade possa se tornar um lar mais adequado para o eu que rompe contextos. Contudo, ele o faz sem supor que qualquer ordem social possa fornecer um contexto definitivo.

Agora já se pode ver o quanto a esperança difere da mera expectativa. A esperança tem um tema específico, a liberdade em jogo na polaridade das paixões. Ela é uma predisposição para a ação, em vez de apenas um vislumbre de prazer. Ela exemplifica um futuro concebido, em vez de apenas esperá-lo. Seu poder antecipatório explica a qualidade especial de exaltação que a acompanha.

A esperança enfrenta um dilema aparente. Se o momento de felicidade e perfeição é sempre pensado como estando no futuro, a esperança se degenera num anseio sempre frustrado que, convencido de sua própria futilidade, eventualmente se torna devaneio de fuga, em vez de instrumento de transformação. No entanto, se a pessoa esperançosa se fixa numa ordem específica de relações práticas e passionais como o único objeto de sua esperança, ela tanto se engana quanto destrói a base para futuras esperanças. Suas experiências de vínculo se tornam novamente reféns de uma estrutura rígida de caráter ou sociedade, e ela acaba depositando sua esperança nas próprias coisas que limitam suas oportunidades para a autotransformação.

Paixão

A definição de esperança antecipa a solução para esse dilema. A experiência de uma pessoa esperançosa já é colorida por seu senso de um futuro no qual as condições que possibilitam a autoafirmação estariam mais plenamente conciliadas. Não é tanto que ela sinta que a melhoria é iminente ou inevitável, ou que os traços de uma ordem superior dentro de uma inferior compensem os defeitos desta última, mas, sim, que ela extrai orientação e ardor dos elementos de sua situação presente, que revelam sua capacidade de avançar em direção a uma maior conciliação da polaridade das paixões. A esperança, como a arte, é promessa de felicidade que aguça, em vez de embotar, nosso senso do incompleto e do não redimido.

A solução proposta para o dilema da esperança pode parecer mero jogo de palavras. Contudo, ela apenas explicita as implicações de certas teses substanciais que desempenharam papel central ao longo deste argumento sobre a personalidade: que as estruturas da sociedade e as rotinas de caráter nunca formam completamente nossas relações práticas e passionais mútuas; que podemos encontrar nas anomalias resultantes da experiência pessoal e da prática coletiva elementos para a construção de contramodelos à ordem pessoal ou coletiva existente; que os contramodelos com os quais temos razão para agir agora são aqueles que prometem nos capacitar mais plenamente; e que entre as variedades de empoderamento pelo qual lutamos está aquela que resulta da diminuição do conflito entre as implicações de nosso perigo mútuo e as consequências de nossa dependência mútua, entre o imperativo do engajamento e os perigos da opressão e da despersonalização.

A esperança, como a fé, perde sua integridade sempre que rompe sua conexão com a mudança no caráter das relações pessoais. Assim, por exemplo, as pessoas podem depositar sua esperança num programa de reconstrução social que prometa criar um contexto mais favorável para suas experiências de empoderamento. Essa esperança gradualmente se tornará um dogma utópico quando seus devotos perderem de vista o caráter provisório e experimental do programa. O dogma utópico, por sua vez, pode inspirar um modo de conduta no presente que é o oposto do que a esperança requer.

Paixão

As pessoas podem até encontrar uma fonte de esperança numa atividade lúdica, na arte ou na pesquisa, que lhes permita alcançar maior grau de desvinculação de suas rotinas compulsivas presentes e, assim, tornar-lhes mais fácil reimaginar a vida do encontro. Mas elas ficarão rapidamente desapontadas se esperarem que essa atividade forneça um substituto para os perigos e oportunidades da aceitação da vulnerabilidade. Nem mesmo o espetáculo de uma realidade mais vasta nos isenta da necessidade de imaginar um mundo humano alternativo, concebendo-o de maneira que nos permita agir no presente como se essa alternativa já tivesse começado a emergir e suas normas antecipadas já tivessem começado a nos vincular.

O que, então, pode ser dito, em geral, sobre a relação entre epifanias de fé, esperança e amor nas vidas individuais e a autoridade exercida por organizações sociais e crenças políticas dominantes?

Nenhuma situação social pode impedir essas epifanias ou determinar o local e o momento de sua ocorrência. Culturas e coletividades diferem, porém, em sua receptividade a esses acontecimentos indisciplinados, em sua seleção das áreas da vida social que reconhecem como apropriadas para a afirmação da fé, da esperança e do amor, e em sua disposição para tirar conclusões políticas desses eventos reveladores. Até que ponto as pessoas são capazes ou estão dispostas a se tornarem vulneráveis, colocando-se em risco, sob a conduta de uns para com os outros? Até que ponto, inversamente, a desconfiança os leva a evitar a vulnerabilidade, fazendo com que imponham regras uns aos outros ou supervisionem seus subordinados? Na medida em que a vulnerabilidade exista, seja ela recíproca ou assimétrica, e, portanto, talvez, um auxílio à manutenção de um sistema de dominação?

São nas brechas da vulnerabilidade mútua que as experiências de fé, de esperança e de amor têm a melhor chance de se estabelecer. Uma condição institucionalizada de vulnerabilidade compartilhada já representa, mesmo que de maneira pálida e distorcida, a rede de envolvimentos reais e conciliações potenciais que é implícita nas virtudes superiores. A disponibilidade desses arranjos institucionalizados significa que a fé, a esperança e o amor

Paixão

têm distância menor a percorrer antes de conseguirem se estabelecer num pedaço da existência comum. A confiança, como a desconfiança, alimenta-se de si mesma. A confiança é a moeda comum das maiores virtudes, o limite normal de seu trabalho transformador e a atmosfera na qual elas normalmente florescem.

O efeito reverso da fé, da esperança e do amor sobre os hábitos, preconcepções e hierarquias da sociedade estabelecida é subproduto da incapacidade de qualquer sistema de limitar os cenários em que essas paixões aparecem ou os meios pelos quais exercem sua influência. Um episódio de amor fiel e esperançoso ocorre quando menos esperado, repetindo-se, depois, sob inúmeras formas diluídas e disfarçadas: num momento, um gesto embaraçado de solidariedade entre os oprimidos; em outro, um estranho e mais perfeito exemplo de conciliação, alojando-se teimosamente como um cisto num corpo social estranho. Em todos esses casos, a capacidade de extrair inspiração política do evento depende das qualidades de inteligência visionária e de disponibilidade paciente e esperançosa discutidas no trecho final deste ensaio. Mas, se é verdade que apenas essas qualidades contribuem mais diretamente para a criação de ideias críticas e movimentos, a matéria-prima do esforço continua a ser a experiência humana, engrandecida pelas paixões transformadoras.

Estas paixões fornecem uma perspectiva irônica sobre sociedades e culturas estabelecidas. Pois todas as formas de vida social dependem de suposições parcialmente não examinadas sobre os modos e a extensão em que as condições que possibilitam a autoafirmação podem ser conciliadas. Essas premissas estão sujeitas a ataques em duas frentes: elas podem ter subestimado a virulência e versatilidade de nossa malevolência ou podem ter exagerado o poder redentor das virtudes transformadoras.

Uma dupla progressão marca a trajetória das paixões que enrijecem e agravam o antagonismo entre as condições de autoafirmação. Primeiro vem a escalada da desconfiança. À medida que cresce a convicção de que ódio, vaidade, ciúme e inveja são abundantes, a vigilância devora a confiança. Nesse clima de crescente ameaça, precaução e controle, a suspeita e a

Paixão

hostilidade proliferam, ajudando os vícios a estenderem sua influência e justificando restrições adicionais. O segundo elemento na progressão é o dinamismo da dominação. As restrições, em forma de regras, e as estratégias de vigilância, que compensam o desaparecimento da confiança, transformam vantagens transitórias em direitos adquiridos.

Elas fazem isso tanto porque geralmente requerem hierarquia de autoridade quanto porque, inevitavelmente, circunscrevem controvérsias desestabilizadoras. Essa dupla degeneração não tem ponto de parada natural. Ela só para quando atinge os limites impostos pela capacidade do grupo de satisfazer as necessidades mínimas sentidas por seus membros, a capacidade de sobreviver na luta contra outros grupos ou a esperança de que a vida social possa ser remodelada em diferentes e melhores bases.

Por sua vez, a fé, a esperança e o amor podem agir sobre nossas premissas a respeito de sociedade e nossa identidade compartilhada de duas maneiras contrastantes. Nossas experiências de conciliação parcial das condições que possibilitam a autoafirmação podem se acomodar nos cantos do sistema existente de dominação, suavizando suas cruezas sem mudar sua substância. Alternativamente, essas experiências servem como pontos de partida para desafios a esse sistema em nome de uma visão mais ousada de possibilidade humana.

A estratégia da concessão exerce menor tensão inicial nas paixões transformadoras. Mas essa estratégia recapitula a paralisante distinção entre vida privada e vida pública. Não conseguindo deixar sua marca no ambiente social, o amor, a fé e a esperança devem, mais cedo ou mais tarde, serem contaminados por seu serviço à dominação. Num dado momento, não estará muito claro até que ponto a promessa de conciliação é cortina de fumaça para a realidade da subserviência. Como as vulnerabilidades são distribuídas de maneira desigual, e porque as pessoas sentem essa desigualdade mesmo quando não estão totalmente conscientes disso, as oportunidades sociais para o exercício das paixões transformadoras podem ser drasticamente reduzidas. Finalmente, a ambiguidade entre servilismo e solidariedade encontra seu caminho em cada área da vida social, desde a amizade ou o amor sexual até as declarações de lealdade ao partido e ao país. Assim, a aceitação do poder oferece a essas paixões uma paz falsa e perigosa.

Prevalecendo a estratégia de ataque ao sistema estabelecido de divisão social e hierarquia, a fé, a esperança e o amor são ameaçados de maneira muito mais direta. Torna-se então necessário participar da luta prática ou imaginativa. Essa luta significa conflito com pessoas reais cujos interesses percebidos e identidades são moldados pelo sistema atacado.

No entanto, apenas a disposição ocasional de correr o risco de desafio e conflito permite que as paixões transformadoras estendam sua influência redentora e preservem sua integridade. Quanto mais sucesso tiverem nessa iniciativa, mais elas ampliarão a área em que as pessoas estão dispostas a se expor a surpresas em suas relações recíprocas e em suas atitudes a respeito do desenvolvimento de seus próprios talentos.

Aqui, então, está a principal diferença na maneira como as duas direções da vivência da paixão perturbam nossa visão estabelecida do real e do possível na sociedade. O ciclo de ódio, vaidade, ciúme e inveja restringe cada vez mais o campo da liberdade humana até que o ciclo seja quebrado por uma força externa. A trajetória da fé, da esperança e do amor, por sua vez, pode ampliar de maneira decisiva a área da vida social em que se pode estabelecer conciliação humana e se pode reconhecer a liberdade humana.

Sempre que essa cautelosa expansão da conciliação e da liberdade ocorre, as paixões transformadoras atingem o auge de seu poder. Então, sabemos, menos como ideia abstrata do que como experiência viva, que toda forma de vida social é, no melhor dos casos, uma abordagem transitória para uma imagem mais elevada de solidariedade e liberdade, um ensaio das possibilidades da humanidade. Nossa visão a respeito de nós mesmos e da sociedade avança porque se abala nossa confiança na clareza da distinção entre o praticável e o visionário.

IV

As paixões amorosas e odiosas não possuem um ponto natural de equilíbrio. Sua relativa influência sobre as experiências primordiais de relacionamento e identidade do indivíduo pode aumentar ou diminuir. Além disso, as paixões permanecem obscuras para aqueles que as vivenciam. As pessoas entendem a paixão através do encontro. Mas cada novo encontro altera o objeto de interpretação e permite leituras alternativas. A partir de cada novo momento de amor ou ódio, é possível chegar a conclusões diferentes sobre os hábitos que sustentam a existência pessoal ou coletiva. O dinamismo e a ambivalência das emoções significam que cada evento passional pode rapidamente se transformar em seu aparente oposto. Cada avanço em direção à experiência de maior conciliação entre as condições que possibilitam a autoafirmação ocorre em circunstâncias de maior vulnerabilidade e autorrevelação. Nessas circunstâncias, todas as apostas estão suspensas. Decepção, desespero e medo repentinos podem levar o eu a outra direção, afastando-o do caminho da autoafirmação e conciliação que ele parecia ter tomado. Um episódio intenso de ódio pode romper um conjunto de rotinas de submissão, autoilusão e autoexclusão que aprisiona o eu dentro de um caráter rígido e uma visão imutável.

Há poderes e disposições que nos permitem enfrentar essas incertezas e, diante delas, seguir em frente, em busca da verdade sobre o dilema

Paixão

do desejo e do perigo mútuos que as paixões transformadoras reivindicam. Eles ajudam a pessoa a encontrar a estrutura de conduta e visão que pode levá-la à repetida aceitação da vulnerabilidade, e apoiá-la diante dos perigos decorrentes. Esses poderes e disposições não diferem fundamentalmente das capacidades que permitem às pessoas buscar o ideal social em meio às incertezas e desastres da história. Seus paralelos mais próximos nos escritos moralistas tradicionais sobre a natureza humana são as virtudes sábias e mundanas da coragem, moderação, prudência e justiça.

A maneira, entretanto, como compreendemos o propósito dessas virtudes muda drasticamente de acordo com a perspectiva que adotamos. Uma coisa é ver essas normas de conduta como a âncora autossustentável da vida moral. Elas representam o ideal mais elevado que, de forma razoável, podemos tentar atingir num mundo onde nenhum avanço significativo em direção à conciliação e autoexpressão é possível e onde a autoafirmação deve se transformar, em última instância, na exibição de um impiedoso poder natural. Nossa maior ambição moral deve se tornar, então, conter ou enobrecer essa autoafirmação – mas, se o mundo se reduzisse a isso, teríamos por que o fazer? Outra coisa é valorizar essas qualidades como escudo e estímulo para uma mudança mais drástica na experiência moral: a mudança manifesta no amor, na esperança e na fé. Essa segunda perspectiva nos proíbe considerar qualquer virtude comum como um bem em si. A autoridade de cada virtude, de fato, seu significado, dependerá de sua relação, no contexto, com as possibilidades de conexão humana que as paixões transformadoras ampliam.

O caminho do avanço em direção a essas paixões pode exigir que se aja de maneiras imprudentes e absurdas. Pois quando se concebe a vivência da paixão da maneira descrita, o indivíduo se recusa a se ver como guardião de um patrimônio que não pode ser desperdiçado, ou como protetor de uma guarda que não pode ser baixada. Ele entende que o impulso redentor – o impulso para mudar a relação entre desejo e perigo – corre o risco de morrer dentro de uma armadura espiritual. Ele não esquece que as estruturas provisórias e parciais de hábito e visão que o sustentam, guiam e protegem devem ser periodicamente destruídas e refeitas, em atos renovados de

Paixão

aceitação da vulnerabilidade, para que ele possa permanecer em contato com as realidades pessoais que mais importam. Ele, enfim, levou a sério a resposta negativista, implacável e marota que a percepção religiosa tradicional dá à pergunta: Onde podemos encontrar a sabedoria? Não entre os sábios, definitivamente.

Nessa perspectiva, as lúcidas virtudes da moderação, prudência, coragem e justiça podem ser melhor vistas como incidentes das paixões transformadoras. A imagem que herdamos dessas virtudes deve ser destruída. O lugar delas em nossa explicação descritiva e ideal da personalidade pode ser ocupado por categorias mais abstratas e indeterminadas, em parte porque, como todo outro elemento nesta análise da paixão, elas unem explicação psicológica a postura avaliativa. Escolho, então, para substituí-las, as ideias de inteligência visionária e de disponibilidade paciente e esperançosa.

Por meio das experiências transformadoras de fé, esperança e amor ou através das experiências contraproducentes das paixões odiosas, faz-se descobertas sobre a relação entre as condições que possibilitam a autoafirmação. A inteligência visionária é a capacidade de pensar nas implicações dessas descobertas para o caráter da existência comum, pessoal e coletiva. Os momentos privilegiados de autoexpressão e conciliação não podem abranger toda a vida de um indivíduo, nem podem penetrar em toda a existência social. Mesmo em seu próprio terreno, eles permanecem precários, como se viu na discussão anterior sobre o amor. Uma clarividência especial deve identificar os possíveis desdobramentos desses momentos: as formas, agora transformadas, que podem perdurar e tomar conta de parte maior da existência pessoal e coletiva. Ao mesmo tempo, essa clarividência deve encontrar as disposições ordinárias e duradouras na atividade pessoal e nos arranjos sociais que podem resistir ao ciclo de ódio e desconfiança.

O trabalho da inteligência visionária é uma obra de realismo moral. Esse realismo se distingue por sua recusa em fazer exigências exageradas e impraticáveis ao indivíduo e à sociedade. O efeito usual dos esforços para satisfazer tais demandas é transformar a aspiração moral num sentimentalismo que encobre a dura realidade da fraqueza e da concessão. Mas o realismo

Paixão

moral também se distingue por sua recusa em confundir a possibilidade pessoal ou coletiva com as rotinas estabelecidas de experiência pessoal ou coletiva. Tais rotinas devem ser sempre colocadas dentro de um cenário maior de oportunidades não realizadas. E para definir esse cenário, precisamos de uma teoria social que esteja livre das ilusões da falsa necessidade, tenha ela um viés funcionalista ou evolucionário, materialista ou cultural.

Para manter esse espírito de realismo, a inteligência visionária deve realizar duas tarefas que se sobrepõem. Ela deve encontrar os equivalentes coletivos às experiências inerentemente pessoais do amor, da fé e da esperança. Deve também descobrir as estruturas – disposições mais ou menos habituais e arranjos mais ou menos institucionalizados – que possam preservar na existência comum algo daquilo em que a vida possa se tornar, momentaneamente, sob a influência das paixões superiores. Embora a primeira tarefa constitua um aspecto da segunda, elas merecem ser discutidas separadamente.

As paixões transformadoras nos mostram o resultado da conciliação mais plena entre as condições que possibilitam a autoafirmação. Elas elevam a existência ordinária e profana a uma escala superior de poder e a livram momentaneamente de sua mesquinhez. Impulsionada por essa experiência, a inteligência visionária deve se perguntar qual plano imaginativo e qual ordenação prática da vida social podem capturar e encenar um pouco dessa possibilidade ampliada de conexão humana. Ao fazer essa pergunta, a inteligência também quer saber como essas estruturas imaginativas e práticas podem melhor reconhecer a força das paixões odiosas e resistir a seu triunfo. Para essas perguntas, nunca haverá respostas diretas ou incontroversas.

Diferentes esquemas de associação humana podem fornecer equivalentes coletivos alternativos e plausíveis a uma experiência de conexão humana na qual a ameaça de conflito aberto entre as condições de empoderamento tenha sido eliminada. Muitas visões sociais excluem categoricamente, de grande parte da vida social comum, as conexões pessoais mais plenas, representadas pelas paixões transformadoras. Essa exclusão pode ser justificada por um apelo aos requisitos práticos cuja satisfação, supostamente, permite

Paixão

que formas mais perfeitas de associação humana floresçam em áreas mais restritas da existência social. A inteligência visionária se recusa a aceitar tais justificativas por seu valor aparente; ela busca reimaginar e redesenhar a vida social de maneiras que aproximem um pouco mais a existência social prosaica da qualidade de nossos melhores momentos de aceitação mútua.

Considere, por exemplo, as sociedades passadas nas quais um único modelo de associação humana era proposto, como um tema e suas variações, para todas as áreas da vida social, desde a relação entre governantes e súditos até aquela entre senhores e servos, ou pais e filhos. Geralmente se acreditou que essa forma paradigmática de associação humana especificava um estilo de coexistência que reuniria na mesma relação o vínculo comunitário, a troca desigual e os laços de dominação e dependência. A troca desigual e a dominação potencialmente violenta seriam purificadas e enobrecidas pelo reconhecimento de deveres mútuos de lealdade.

O exercício da dominação, em qualquer uma de suas formas, destrói o ambiente de vulnerabilidade mútua. Privadas desse ambiente, as paixões transformadoras e a verdade humana que elas testemunham só se tornam acessíveis, quando se tornam, de maneira distorcida. Cada gesto de aceitação e vínculo é confundido com esforço para manipular outra pessoa ou desculpar a renúncia de sua própria liberdade. A luta para preservar, gerenciar e ocultar essa estrutura de dominação e sujeição envolve o vínculo numa série de trocadilhos sobre amor e poder. A autolimitação sincera ou fingida do superior e a lealdade covarde e meio ressentida do subalterno agravam e suavizam os dilemas do amor assexual: elas os agravam pelo poder tangível da dominação e os suavizam pelo enfraquecimento relativo da paixão. Diante de uma imagem autoritária de associação humana, que insiste na justa fusão de vínculo, troca e dominação, a inteligência visionária vê outra realidade. Ela infere, da experiência comum da paixão, a influência subversiva do poder sobre o amor e, portanto, sobre os vínculos comunitários que representam homólogos mais fracos do amor.

A comunidade é, às vezes, entendida como uma circunstância de restrição ao jogo do interesse próprio, ou como condição na qual interesses e

Paixão

valores compartilhados prevalecem, excluindo o conflito. Mas a análise das paixões mostra que todas essas definições de comunidade são superficiais ou subsidiárias. Embora pretendam descrever um vínculo profundo de união entre as pessoas, elas não alcançam as conexões mais fortes. A adesão a valores e interesses compartilhados permanece mais como uma parceria para o avanço de uma causa comum do que como um ato de aceitação mútua radical. A sobrevivência de tal parceria depende tipicamente da continuação do antagonismo em relação a estranhos e da contínua fidelidade a certas ideias. Na melhor comunidade, a união supera o conflito, e o conflito leva as pessoas a um envolvimento recíproco mais profundo até que, finalmente, sintam-se responsáveis pelo destino umas das outras. Uma restrição abrangente ao jogo do interesse próprio pode existir numa situação em que as partes permaneçam distantes umas das outras e em que seus laços signifiquem pouco mais do que a relutância em se tratar mutuamente como meros instrumentos ou obstáculos. Essas variedades de comunidade representam versões truncadas de uma ideia mais básica: a ideia, precisamente, de vulnerabilidade mútua acentuada que serve de base para as paixões transformadoras.

Mas como poderá a imaginação visionária chegar a tais percepções sobre a vivência da paixão quando a experiência dessa vivência é inevitavelmente moldada pelas ideias e instituições predominantes? Em todas as sociedades em que a inteligência visionária deve realizar a tarefa de imaginar os paralelos práticos e coletivos das realizações das paixões transformadoras, mesmo os encontros mais íntimos entre homens e mulheres, ou pais e filhos, são marcados pelos trocadilhos de amor e poder. No entanto, os eventos da paixão sempre vão além dos limites que lhe são impostos pelas instituições e ideias estabelecidas. A vivência da paixão passa por variações e oculta percepções que não têm lugar nos dogmas professados a respeito de sociedade e indivíduo. Sempre que um mundo social é destruído por uma escalada de conflitos práticos ou visionários, nossa imaginação das formas possíveis e desejáveis de vida social retorna às lições da paixão. Embora a sociedade molde essas lições, ela não as molda por completo. A parte não moldada – os desvios, as anomalias, as surpresas – fornece à imaginação visionária os

Paixão

materiais para uma clarividência subversiva. Esses materiais nunca permanecem inacessíveis, mesmo quando a ordem prática e imaginativa da sociedade parece ter se tornado inquebrável e inquestionável.

A busca pelos equivalentes coletivos às descobertas pessoais representa um elemento num programa maior, o programa para definir os hábitos da existência coletiva ou pessoal que favoreçam a recorrência das paixões transformadoras. Por ser realista, a imaginação visionária entende que a vida do indivíduo não pode consistir num fluxo ininterrupto de paixões transformadoras, nem a vida de um povo, numa série interminável de conflitos práticos e imaginativos que mantenham a sociedade num estado de indefinição permanente. Mas como será o estado de repouso? Em maior ou menor grau, ele pode manter as qualidades que distinguem o momento de transformação. Uma inteligência visionária busca a ordem social que multiplica, na vida comum, as ocasiões para a atividade coletiva prática e imaginativa da qual, primeiramente, essa ordem surgiu. Ela deseja suavizar o contraste entre os momentos em que a sociedade se abre para o conflito agravado e os momentos em que se fecha sobre si mesma. A inteligência visionária propõe fazer com que este último se assemelhe mais ao primeiro. Ao abordar a personalidade e o caráter (que é a ordem rotineira da personalidade), ela tenta desenvolver as disposições que preservam, na atividade e percepção cotidianas, a intensidade maior do risco corrido pelo eu e sua maior abertura a uma presença estranha – qualidades que marcam as paixões transformadoras. A base moral e psicológica imediata dessa atitude deve ser encontrada na análise de outra virtude estabilizadora: a disponibilidade paciente e esperançosa.

Essa virtude estabelece uma ligação entre as experiências transformadoras de fé, esperança ou amor, de um lado, e o simples apego à vida, do outro. De forma mais geral, descreve uma resposta à qualidade contextual de nossas ações, uma resposta que reconhece, e não denigre, a polaridade das paixões. Essa disponibilidade implica imenso entusiasmo pelo apego, aventura e existência, deleite nas surpresas e oportunidades da vida e disposição para tratar as estruturas pessoais ou coletivas de visão e ação como realidades que não são permanentes. Esperançosa e pacientemente disponível, a pessoa

Paixão

combina duas experiências de sua situação. Ela se joga nisso – de corpo e alma – buscando verdadeiros vínculos, e se recusando, mesmo que por um instante, a se considerar, independentemente das circunstâncias infelizes, uma exilada eterna de um mundo dourado. Mas, ao mesmo tempo, ela trata qualquer aspecto particular desse mundo como algo que já está, ou que poderia ou deveria estar, em disputa. Em seus lábios está sempre a pergunta: "E agora, o que vai acontecer?". E, em seu coração, a certeza: "Você ainda não viu nada".

O fundamento mais elementar de todo o sistema de paixão é a qualidade bruta do apego à existência comum: a aderência obstinada à vida e às relações estabelecidas, não importando as dificuldades. No nível mais simples, não reflexivo e não desenvolvido, esse apego é apenas o esforço inercial para cumprir as tarefas do dia. É o apego à existência e às suas demandas, enquanto as devoções se perdem pelo caminho e a vida escorrega para a morte. É a atmosfera turva, atordoada e fabulosamente sonâmbula que envolve grande parte da existência comum. Enquanto as necessidades físicas imediatas continuam a guiar as preocupações das pessoas, essa tenacidade crepuscular pode absorver grande parte do esforço e da reflexão. Mas, assim que a pressão dessas necessidades inescapáveis começa a diminuir, esse envolvimento básico pode se mover em outras direções. Através de transformações progressivas, ele pode, afinal, se tornar a disponibilidade paciente e esperançosa da qual falo agora. Considere as mudanças alternativas que essa vitalidade simples pode sofrer.

O apego elementar à vida e às suas exigências diárias pode se definir, cada vez mais claramente, como submissão apática e defensiva aos contextos habituais de sua atividade: tanto o caráter da pessoa quanto sua posição social se confundem com seu próprio eu. Ela perde todo o senso de distância possível entre ela e eles, ou entre ela e a situação maior em que eles existem. A luta para sustentá-los contra as ruínas do tempo, infortúnio e fracasso absorve toda a sua atenção. Quando não está defendendo ativamente posição e caráter, ela se recolhe exausta na letargia do apego original e tênue à vida, letargia que, agora, parece ser menos punitiva do que os intervalos

Paixão

ocasionais e mais ansiosos de esforço incerto e pressão imprevista. Assim, a existência se reduz ao jogo entre tédio e diversão.

Uma rota alternativa que o apego elementar à vida pode seguir é o aumento do senso de poder humano vivenciado. É o brio e a confiança, a pura vitalidade vibrante, de uma personalidade que age como senhor de seu próprio destino. Às vezes, essa qualidade se manifesta na alegria com que as pessoas desafiam hábitos pessoais estabelecidos ou arranjos e percepções coletivas, ou até mesmo limites físicos comuns. Às vezes, aparece no substituto parcial e ácido desse desafio: a habilidade de dominar outras pessoas. A capacidade de impor termos às atividades de outras pessoas é sempre uma versão em pequena escala, contida e distorcida, do poder maior e mais livre de recriar os termos da existência coletiva. Mas mesmo que o êxtase da capacidade assuma a forma mais generosa, há nele algo cruel e implacável, algo que é super-humano sem ser divino. A vontade e a imaginação se colocam em rota de colisão com os limites físicos, cognitivos e espirituais da vida. Agem como se fossem as donas de um mundo que, na verdade, dominam apenas um pouco. Esses devotos do esplendor se recusam a reconhecer as implicações da contextualidade. Adoram em si mesmos e nos outros a manifestação do poder que quebra estruturas e subordinam a esse culto todos os julgamentos e vínculos.

Mas há ainda outra direção que o apego original e tênue à vida pode seguir. Como a exibição de magnificência, ela também rejeita o fatalismo da apatia. Mas, ao contrário dessa exibição, ela altera e restringe a busca pelo controle dos mundos sociais e mentais específicos que habitamos. Faz isso em nome de certa visão da relação entre amor e empoderamento, visão a qual todo este ensaio tem se dedicado a descrever. Os apóstolos da ação magnífica às vezes confundem essa outra visão com um evangelho de patética auto-humilhação e rendição. Mas sua verdadeira natureza aparece numa resposta aos fatos básicos da existência. Essa resposta utiliza disposições morais que, juntas, constituem as maiores qualidades do coração.

O indivíduo se encontra inserido em mundos sociais e mentais específicos. Esses mundos têm todas as características que a doutrina modernista de nossa

Paixão

relação com nossos contextos iluminou. Os modos de discurso e explicação disponíveis ao indivíduo nunca esgotam as possibilidades de entendimento e comunicação. Ele pode, a qualquer momento, fazer descobertas ou invenções que não têm como ser validadas, verificadas, permitidas ou mesmo concebidas dentro de qualquer um desses modos de pensar e falar. Tendo feito tais invenções ou descobertas, ele pode construir retrospectivamente a forma de pensamento ou discurso que consiga mostrar seu sentido. Da mesma forma, o esquema estabelecido de associação humana nunca esgota a oportunidade de estabelecer vínculos práticos ou passionais que prometam nos empoderar mais plenamente, em muitos dos sentidos de empoderamento anteriormente distinguidos. O decurso da vida em sociedade gera insinuações disfarçadas e não desenvolvidas de possibilidades pessoais e coletivas que o mundo social estabelecido parece excluir. As relações diretas e passionais entre indivíduos sempre contêm mais do que é previsto pelo esquema imaginativo dominante de associação humana ou pelo plano prático estabelecido de divisão social e hierarquia. A política rotineira de barganhas e privilégios, eternamente debatida dentro dos limites de uma ordem prática e imaginativa enraizada, pode escalar a qualquer momento em conflitos que abalam essa ordem. O imperativo prático de recombinação e renovação de arranjos institucionais em prol do sucesso mundano gera um fluxo incessante de experimentos sociais meio voluntários e localizados, que sugerem, quando não favorecem ou exigem, transformações mais abrangentes. O que é verdadeiro sobre a revisão do pensamento e da sociedade vale também para a autotransformação. A constante pressão de distração e tentação, e as surpresas involuntárias da lembrança e da emoção, o desejo e os sonhos, apresentam ao indivíduo os sinais de todos os eus que seu caráter enrijecido parece ter extinguido para sempre. Parte da simpatia e da antipatia que ele experimenta em suas relações com os outros vem do reconhecimento de que partes não manifestadas e não reconhecidas de si mesmo se revelam nas pessoas que ele encontra.

Assim o indivíduo sabe, de todas essas maneiras, que, embora seu destino seja viver dentro de mundos condicionais, ele também tem o poder de abandoná-los. Ao fazê-lo, porém, ele não alcança o incondicional: o pensamento que possa ir além do método e da linguagem limitantes; a sociedade, além das estruturas práticas e imaginativas limitantes; a personalidade, além do caráter limitante. Mesmo assim, ele pode lutar por uma situação que mantenha vivo o poder de romper limites: ter pensamentos que destruam o cânone disponível de razão e discurso; experimentar formas de vida coletiva que a ordem prática e imaginativa estabelecida da sociedade impeça ou reprima; e alcançar o eu, que está além de seu caráter. Assim sendo, ele pode esperar também mudar o sentido de contextualidade: criar o pensamento, a sociedade e o caráter que diminuam a distinção entre realidades incorporadas e oportunidades excluídas, e que se mantenham mais abertos às forças recombinantes de paixão e resolução de problemas.

Em contrapartida, o que não podemos ter é uma estrutura de referência abrangente. Mas podemos desenvolver uma liberdade que tenha relação dupla com o sonho de encontrar o contexto absoluto, o contexto que nos ofereceria nossa verdadeira imagem e nosso lar definitivo. Essa liberdade tem a mesma origem que a circunstância básica de contextualidade que torna o sonho impossível de realizar. Ao mesmo tempo, porém, constitui o elemento alcançável nesse anseio impraticável. A ideia dessa liberdade nos oferece uma visão de empoderamento que toca em todos os aspectos de nossa experiência e assume formas mais específicas quando aplicada ao pensamento, à sociedade ou ao caráter.

O pensamento, dentro e fora da ciência, avança derrubando a tirania da experiência imediata. Quanto mais poderoso se torna, melhor ele consegue absorver a realidade numa apreciação mais articulada e inclusiva da possibilidade e superar a escolha entre um sentido restrito de necessidade e uma concepção vazia de contingência. O melhor do pensamento é sua capacidade de tratar fatos como casos particulares de um âmbito contrafactual mais amplo, de onde eles vêm e para o qual podem retornar. Entender como algo funciona é compreender as ocasiões e variedades de sua possível transformação. Enxergar apenas o que está à mostra é não entender nada.

A ciência atual dá a essa ideia um apoio, com a natureza da realidade física, sugerindo que todas as regularidades da natureza são relativas a um grau específico de energia, assim como a ordem da sociedade depende da interrupção e contenção do conflito. Com o aumento dos níveis de temperatura e densidade, as distinções do mundo observável se desfazem uma a uma, e suas simetrias mais profundas são, se existirem, reveladas. Desse modo, a ciência faz o trabalho inacabado da energia mais alta, assim como a teoria social faz o trabalho do conflito inacabado.

O pensamento que pode aliviar seu conteúdo da facticidade muda e impenetrável adquire constantemente certas características próprias. Ele desvaloriza a rigidez dos gêneros e renuncia ao compromisso com métodos ou representações privilegiados – aqueles cujo privilégio consiste em sua insensibilidade às mudanças em nossas crenças empíricas. Ele se torna cada vez menos um sistema fechado de regras inferenciais ou pressupostos estáveis, e cada vez mais uma máquina para fazer descobertas que exijam a adição retrospectiva de novas regras ou novos pressupostos. Dessa forma, ele passa a incorporar as qualidades que atribui à realidade em estudo e a incluir-se, sem paradoxos, no mundo o qual ele explica.

A sociedade melhora ao tornar sua ordem prática e imaginativa cada vez mais aberta à correção.* Para cada característica da estrutura social de hierarquia e divisão e da visão imaginativa de associação humana correta, deve corresponder uma atividade que possa questioná-la e abri-la para renovados conflito e decisão coletivos. Quanto mais disponíveis essas atividades se tornarem no decurso cotidiano da vida social, mais fraco será o sentido no qual existe a ordem prática e imaginativa da sociedade. Pois essa ordem não subsiste da mesma forma que a estrutura de um objeto físico, nem sobrevive apenas porque as pessoas têm certas crenças sobre sua natureza, justificação e possível reforma. Ela existe na ausência das atividades práticas ou imaginativas que poderiam reconstruí-la. Quanto mais entrincheirada contra a recorrente atividade transformadora a estrutura básica da sociedade se

---

* Para uma discussão mais aprofundada das implicações legais e institucionais desse ideal e das maneiras pelas quais ele pode ser defendido, consulte meu artigo The Critical Legal Studies Movement, *Harvard Law Review*, v. 96, n. 3, p. 561, 1983.

Paixão

torna, mais nítido o contraste entre dois momentos da vida social: os longos, tranquilos e ilusórios períodos em que os principais acordos ganham seu enganoso halo de naturalidade e necessidade e os intervalos mais curtos quando a sociedade retorna, através de lutas práticas e visionárias, à indefinição. À medida que as oportunidades para revisar as instituições se multiplicam, a lacuna entre essas duas condições da vida social se encurta; cada uma delas apresenta algumas características da outra. A convergência desses dois momentos tem um significado prático e espiritual. Juntos, esses dois aspectos da convergência ajudam a mostrar por que a abertura da estrutura à política importa como ideal regulador.

Um elemento na capacidade de desenvolver habilidades coletivas práticas é a disposição para recombinar e reconstruir os arranjos institucionais nos quais as atividades práticas ocorrem. O conteúdo desta tese pode ser definido em contraste tanto com a concepção econômica mais restrita de racionalidade quanto com a visão marxista das circunstâncias sociais favoráveis ao repetido progresso material. A ideia econômica de racionalidade como a livre recombinação dos fatores de produção dentro de dado contexto institucional deve ser estendida à livre recombinação dos elementos que definem tal contexto. A visão marxista do desmantelamento recorrente do modo de produção em prol do desenvolvimento das forças produtivas deve ser generalizada numa visão de inovação. A invenção coletiva para o sucesso mundano exige a habilidade de alternar em intervalos frequentes, e em muitos níveis diferentes, entre a estabilidade relativa dos direitos adquiridos e o movimento acelerado das posições institucionais revisadas. Tanto a noção econômica de racionalidade quanto a visão marxista do progresso material podem ser mais bem compreendidas e justificadas como casos especiais de uma visão mais geral. A economia política limita o alcance dessa visão, seja opondo arbitrariamente a recombinação dos fatores de produção à reconstrução de seu contexto institucional, ou supondo injustificadamente que esse contexto tenha uma forma natural. A doutrina marxista limita o alcance dessa visão ao ligá-la com ideias de necessidade a respeito de sociedade e história (a sequência de modos de produção, cada um com sua própria lógica coerente).

Paixão

A abertura da ordem prática e imaginativa da sociedade a um princípio de revisão acelerada, ao conflito e à deliberação, tem significação tanto espiritual como prática. Os laços de dependência e a pressão da despersonalização extraem sua força de uma ordenação institucional e imaginativa da vida social que ganhou imunidade às perturbações de nossa atividade cotidiana. Podemos, porém, criar instituições e concepções que possam ir cada vez mais longe em negar tal imunidade a si mesmas e às rotinas que elas ajudam a moldar. Desse modo, podemos romper as falsas necessidades que emaranham a troca e a produção em hierarquias rígidas, e que mantêm as experiências individuais em associação e autoexpressão dentro de formas sociais inalteradas. Assim, diminuímos o conflito entre as condições que possibilitam a autoafirmação; impedimos que a sociedade se assemelhe à natureza ou que a história se transforme em destino; e nos mantemos em estado de busca permanente e, portanto, de intransigente e desenganado respeito por nós próprios, o que quase equivale à salvação secular.

A pessoa se torna melhor ao abrir seu caráter – a versão rígida de si mesma – à revisão. Devemos desejar que uma ordem social perpetue em suas instituições e atividades rotineiras algo da experiência de refazer e reimaginar a sociedade que marca os momentos em que a luta prática e visionária se intensifica. Da mesma forma, devemos querer que o caráter inclua a disposição para mudar através da sujeição repetida a momentos de maior vulnerabilidade, momentos cuja evasão permitiu primeiramente a formação do caráter. E assim como valorizamos a plasticidade da vida social em função dos experimentos na solução de problemas práticos e vínculos passionais que ela encoraja, valorizamos a plasticidade do caráter pelas formas correspondentes de empoderamento que ela torna possível. Nossos experimentos de aceitação da vulnerabilidade representam o equivalente individual à escalada dos conflitos que respeitam contextos em disputas que os revisam.

Entre esses experimentos, aqueles que envolvem sujeição repetida aos incidentes centrais na vivência da paixão ocupam um lugar especial. Mas nenhum desses incidentes é privilegiado em detrimento de outros: embora nada possa substituir completamente os testes e descobertas da intimidade

Paixão

pessoal, a busca de uma missão no mundo oferece outra maneira de colocar o caráter em jogo, outra recusa da vã tentativa de se proteger contra o tempo. Mesmo dentro do âmbito do encontro pessoal, o compromisso com esse risco repetido de autotransformação nem sempre implica a disposição de desestabilizar os vínculos. Tudo vai depender. Assim, por exemplo, um motivo para considerar o casamento como indissolúvel é que esse compromisso permite que marido e mulher aceitem e vivenciem conflitos sem temer cada desacordo como possível causa de separação. E o conflito dentro de uma união composta tanto pelo amor sexual quanto pelo amor assexual é um dos dispositivos que podem permitir que um experimento de aceitação da vulnerabilidade continue.

Os fatos básicos sobre contextos e quebra de contexto e os ideais que esses fatos ajudam a apoiar podem agora ser unidos a observações anteriores a respeito da primazia do pessoal na imaginação da sociedade. Essas ideias combinadas sugerem uma interpretação mais profunda da disponibilidade paciente e esperançosa como aprimoramento distinto da aderência primitiva e tenaz à vida. Aqui, como em outros lugares, a visão mais penetrante da paixão relaciona diretamente nossas circunstâncias básicas a nossas preocupações mais urgentes.

Quanto mais uma pessoa possui a qualidade de vulnerabilidade paciente e esperançosa, menos trata o mundo social em que está como desgraçado purgatório que a separa do verdadeiro valor e da verdadeira realidade. Ela vê seus vínculos e suas circunstâncias como os fatos contextuais que são. Ela não os confunde com a percepção e satisfação incondicionais pelas quais continua ansiando, selvagemente ou suavemente, clara ou vagamente, enquanto retém sua humanidade. Ela olha para além de seus contextos presentes e reconhece, nos próprios dispositivos de sua continuidade, os instrumentos de sua possível transformação, não apenas em contextos diferentes, mas em contextos de um tipo diferente.

Por tudo isso, ela é esperançosa e, sendo esperançosa, disponível. Mas ela não se comporta como excluída, nem está sempre com pressa de ser outra pessoa e estar em outro lugar. Pois as pessoas em seu mundo a fascinam, e

265

Paixão

por algumas delas ela está apaixonada. A qualidade do pessoal é moldada através da força condicional e constritiva das instituições e ideias impessoais. Mas a qualidade ainda está presente e tem as marcas de algo menos provisório e menos imperfeito do que ela mesma.

A vivência da paixão confirma essa qualidade do pessoal de transcender contextos. Embora composta pela ordem prática e imaginativa de cada mundo social, a gama de encontros ultrapassa os limites dessa ordem. Contudo, só podemos guardar essa qualidade vitalizante do pessoal e do vínculo pessoal através da destruição e reconstrução periódica das rotinas sociais e individuais nas quais as relações pessoais constantemente se tornam.

O que vemos no mundo como um todo, que corresponde ao encantamento da personalidade, é o espetáculo do ser, ser como algo que vai além das formas distintas que assume provisoriamente, e além das distintas representações dessas formas que temporariamente imaginamos. Isso é mais do que uma analogia superficial. Nossa experiência mais crível de uma realidade fundamental é nossa experiência da qualidade do pessoal. É apenas através da generalização, que também é aposta, que podemos ver no mundo como um todo a mesma qualidade transcendente de contexto que atribuímos corretamente, na sociedade, à experiência da personalidade e à criação de vínculos práticos ou passionais. Alguém que faz essa aposta pode mostrar, em relação a toda a natureza, uma medida da disponibilidade paciente e esperançosa que ele mostra, de maneira mais compreensível, às pessoas. Ele vê todas as transmutações do mundo como condicionais. Mas ele detecta nelas os sinais de uma realidade que elas não esgotam. Tal indivíduo não é um fugitivo no mundo. Porém, quando atribui a sua percepção da natureza a compreensão íntima que ele pode esperar em sua experiência do pessoal, ele se engana sobre o poder da mente e a natureza da objetividade intelectual. E sempre que busca na ciência e na visão do ser impessoal um refúgio das decepções e perigos da intimidade pessoal, ele corre o risco de ver murchar seu próprio eu.

A atitude em relação ao "estar contextualizado" que descrevi sob o nome de "disponibilidade paciente e esperançosa" aparece de forma mais pura e intensa na aliança do ardor com a delicadeza. Ser ardente e ser delicado

Paixão

- essa é a perfeição moral que todos desejamos para nós mesmos quando conseguimos ser sábios sem ser sabidos. Sempre que discernimos um elemento dessa combinação em nós mesmos ou nos outros, percebemos nele a presença de algo que escapa à mesquinhez e opacidade da existência comum, algo que poderia contar como insígnia de nobreza espiritual, se isso existisse.

O ardor é a transformação e melhoria do apego primitivo à vida e suas exigências. É o aprimoramento que consiste na convicção vivida de que a vida humana abrange fatos que não dependem, para sua realidade e valor, da sobrevivência e autoridade de mundos sociais ou mentais particulares. Somente dois fatos são assim: a experiência da personalidade, em primeiro lugar, e, derivando dela, o espetáculo do ser. Ser verdadeiramente ardente é ser movido por questões que transcendem o embate de interesses imediatos. Mas também é julgar e experimentar essas questões – ideias, instituições, programas – como encarnações mais ou menos falhas da personalidade ou do ser. Somente seguindo essa direção, o ardor poderá se unir à delicadeza.

Delicadeza, nesse contexto, é apenas outro nome para simpatia. É ver e tratar o outro como uma pessoa sempre precária e incongruentemente presa a mundos e situações finitas e condicionais, caráter e corpo, e assim enredada em circunstâncias desproporcionais às capacidades que transcendem o contexto do eu. O que impede que essa disposição se transforme em pena condescendente é a certeza de que se compartilha o dilema identificado no outro. Chamá-la de delicadeza é destacar a qualidade especial do ardor com o qual ela se combina e enfatizar como ele se difere da exibição de magnificência. A vivacidade do engajamento na vida se conecta com a incapacidade de tratar outras pessoas como objetos passivos ou instrumentos convenientes de autoafirmação. Sempre que o ardor se desprende de sua referência à personalidade ou ao ser, sempre que assume ideias, instituições ou estados de coisas específicas como seus objetivos últimos, ele se transforma no fanatismo da idolatria. Pois chamamos de idolatria o esforço de tratar algo finito e condicional como se fosse incondicional e infinito.

O ardor e a delicadeza correspondem a qualidades que muitas culturas e muitos sistemas de papéis institucionalmente aplicados identificaram

267

Paixão

como as virtudes distintivas do homem e da mulher. A mulher é vista como especialista na nuance da personalidade. Ela tem percepção da primazia do encontro pessoal como a realidade humana básica, da qual todas as formas mais institucionalizadas de associação emergem. Ela trata os arranjos institucionais e os dogmas dominantes da sociedade com desconto, identificando, nas maneiras concretas como são manipulados, as exigências pessoais que ostensivamente ocultam: o desejo de ser cuidado e ter garantido um lugar no mundo, o medo da rejeição e a negação da perda, a transformação perpétua de todas as vantagens e acidentes em símbolos das relações entre as pessoas. Ela lê o coração elusivo e enxerga através da reveladora e obscura película de palavras e ações. Seu *esprit de finesse* é o lado oposto de sua competência em personalidade. Dominada essa habilidade, no entanto, ela pode aplicá-la até mesmo ao mundo impessoal, não porque interpreta a natureza de forma animista, mas porque possui o segredo da arte, que é profundidade sem abstração, alcançada através dos detalhes, observados ao ponto da obsessão.

O homem, por outro lado, vive no tumulto da história. Ele está mais disposto a afirmar a personalidade através de um embate de vontades que mistura repetidamente motivos nobres e baixos. Sua mundanidade rapidamente se transforma em devoção a fins intangíveis, precisamente porque suas ambições pessoais assumem rapidamente forma mais impessoal. Definindo-se, de forma restrita, o ponto de vista político como atenção às ideias e práticas impessoais que estabelecem os termos das relações pessoais, o homem sabe que política é destino. Não é de se admirar que ele esteja mais inclinado a pensar de forma abstrata, pois a abstração é outro aspecto do poder do impessoal, ou seja, da influência que nossos contextos mentais e institucionais exercem sobre nossas ações práticas e passionais.

Mesmo nas sociedades em que as pessoas defendem esse contraste polêmico com mais fervor, ele nunca descreve exaustivamente as diferenças vividas entre homens e mulheres. Alguns, homens ou mulheres, se destacam em qualidades que, segundo a visão dominante, pertencem mais naturalmente ao sexo oposto. Mas aqueles que desejam unir a delicadeza ao ardor, como a visão desenvolvida aqui, transformam esses desvios constrangedores em

Paixão

experimentos deliberados. Não desconsideram a diferença sexual nem imaginam uma integração definitiva e harmoniosa dos dois estilos de experiência com os quais ela tem sido tradicionalmente associada. No entanto, recusam-se a sujeitar a divisão dos sexos a essa antítese mutiladora e colocam, no lugar desse antagonismo, o ideal da pessoa psicologicamente andrógina. Buscam as formas de percepção e experiência que só podem surgir através da união do que o estereótipo divide e das novas oposições que as novas combinações tornam possíveis.

De modo geral, a aliança do ardor nos convida a focar o significado psicológico da tentativa de conciliar os ideais de amor e empoderamento, que tiveram uma relação tão conturbada na história de nossa principal tradição de pensamento sobre a personalidade. Ser ardoroso e terno, nesse sentido, é atuar de acordo com o espítito de alguém que afirma a primazia do problema da solidariedade, mas entende esse problema a partir da perspectiva de uma visão modernista de nosso poder de escapar, reimaginar e reconstruir os regimes sociais e culturais em que nos movemos.

Aqueles que têm ardor e ternura aprenderam como estar no mundo sem ser inteiramente dele. Conhecem e sentem a si mesmos como seres que não estão totalmente aprisionados em seu contexto, mas não porque o confundiram com o absoluto. Deles é a única felicidade que não depende de ilusão e não requer indiferença.

APÊNDICE
UM PROGRAMA PARA A PSIQUIATRIA DO FUTURO*

A psiquiatria como ciência não pode mais progredir sem enfrentar certos problemas teóricos básicos que ela tem normalmente minimizado ou ignorado. O esforço para reconhecer esses problemas exige uma reconsideração da estrutura explanatória básica da psiquiatria: a imagem que a psiquiatria oferece da relação entre as explicações biológicas e psicológicas, seu conceito básico da realidade fundamental da paixão e da subjetividade, e até suas suposições tácitas sobre o que significa explicar algo. Considere o que é mais interessante e mais desanimador na psiquiatria como ciência hoje.

A NEGAÇÃO E A BANALIZAÇÃO DO DESEQUILÍBRIO

A psiquiatria contemporânea apresenta dois ou três problemas centrais. Um grupo de questões tem a ver com o avanço das explicações e terapias baseadas em bioquímica e sua relação incerta com modelos psicológicos e categorias

---

* Palestra dada com o William C. Menninger Memorial Convocation Lecture, durante o 133º Encontro Anual da Associação Americana de Psiquiatria (APA), em São Francisco, entre 3 e 9 de maio de 1980. Publicada no *American Journal of Psychiatry*, v. 139, n. 2, pp. 155-164, fev. 1982. Copyright © 1982 American Psychiatric Association. Reproduzido com permissão.

Paixão

diagnósticas. Um segundo grupo se concentra na perturbadora e sistemática indeterminação dos próprios modelos psicológicos. Por indeterminação, quero dizer o fato surpreendente de que explicações e tratamentos apoiados por suposições aparentemente conflitantes muitas vezes parecem funcionar igualmente bem, ou igualmente mal. Pode-se ainda distinguir desse problema de indeterminação uma terceira área de confusão: um estranho aspecto da relação da psiquiatria com seu objeto de estudo. Os psiquiatras lidam com as paixões humanas (eu uso o conceito de paixão num sentido que inclui as áreas abrangidas pelo uso atual dos termos "afeto" ou "emoção", mas que se destina a incorporar um campo de referência mais amplo. Esse campo será definido de forma mais precisa numa etapa posterior do meu argumento). A psiquiatria nunca abandonou completamente o princípio de que a compreensão da doença mental e a análise das emoções e da consciência comuns estão relacionadas entre si. No entanto, falhou em desenvolver uma visão das paixões que seja algo além da sombra de suas conjecturas específicas sobre a loucura, suas estratégias terapêuticas e seu vocabulário diagnóstico.

Ao compreender os enigmas científicos e as oportunidades que estão no cerne de cada um desses conjuntos de questões, a psiquiatria poderia entender a relação entre eles e começar a se reorganizar como ciência. Em vez disso, sua tendência atual é hesitar entre duas respostas imprudentes diante de seus principais problemas. Há a atitude do sectarismo obsessivo que se fixa numa perspectiva bem estabelecida – bioquímica, freudiana ou qualquer outra –, e depois ignora ou minimiza as percepções que não são facilmente assimiláveis a ela. Por outro lado, há a postura de ecletismo flácido que trata a pluralidade de modelos explicativos menos como dilema desconcertante e instrutivo do que como o preço habitual da excessiva ambição científica. A primeira atitude se esconde dos enigmas. A segunda os banaliza. Cada uma representa uma falha teórica e moral.

Nada prejudica mais a ciência do que a negação ou a banalização do enigma. Ao observarmos com atenção as falhas explicativas da ciência psiquiátrica, somos capazes de ver também elementos de clarividência válida mesmo nos ataques mais extremos e menos cuidadosos à psiquiatria contemporânea:

transformar até seus críticos mais confusos e implacáveis em fontes de inspiração é o sonho de todo cientista.

Desse ponto em diante, meu argumento seguirá em quatro etapas. Primeiro, sugerirei que as conquistas e oportunidades da psiquiatria biológica podem – de fato, devem – ser vistas de maneira muito diferente da forma como nos acostumamos a enxergá-las, de maneira que confira nova força à antiga ideia do caráter unitário da doença mental. Em segundo lugar, defenderei que a desintegração, na psiquiatria, das teorias psicológicas dominantes e, especificamente, freudianas foi muito mais longe do que costumamos supor. O ponto de partida para uma análise da psique deve ser uma reflexão contínua sobre o significado da indeterminação dos modelos psicológicos que nos são disponíveis e uma redefinição desses modelos como casos especiais de uma teoria mais geral da paixão. A terceira parte da minha discussão afirmará que o desenvolvimento da psiquiatria biológica e psicológica, ao longo das linhas esboçadas neste ensaio, sugere os elementos de um programa unitário para a psiquiatria científica. A execução deste programa pode, por si só, permitir aos psiquiatras resolver os problemas cruciais, explicativos e terapêuticos, que devem interessar-lhes cada vez mais. Na quarta etapa do meu argumento, colocarei brevemente esse programa num contexto mais amplo de cultura modernista e política contemporânea.

Peço-lhe agora um esforço imaginativo para recuperar a estranheza dos enigmas e ideias com os quais você passou uma vida inteira de estudo e luta. O esforço será ainda mais difícil porque meus comentários são inevitavelmente reduzidos a um esqueleto de argumento, exemplo e refinamento. O ato de disponibilidade intelectual e moral que lhe peço exige, numa versão miniaturizada, todas as qualidades decisivas da mente científica: seu desapego, sua implacabilidade e sua magnanimidade.

O PROGRAMA BIOLÓGICO

Primeiro, considere o contexto das concepções biológicas na psiquiatria moderna. Apesar de todas as divergências entre as escolas teóricas, há um

Paixão

conjunto de ideias sobre a relação entre explicação biológica e psicológica compartilhadas por escolas de pensamento aparentemente incompatíveis. À medida que novas descobertas são feitas em patologia cerebral, neurofisiologia e psicofarmacologia, seu significado é mais ou menos assimilado a essa visão subjacente. Resumidamente, é assim: quanto melhor entendermos o substrato orgânico da doença mental, mais precisamente poderemos rastrear a relação entre eventos físicos específicos, digamos, na neurorregulação, e doenças mentais específicas já conhecidas por nós. Essa relação nos fornece a chave para a causação profunda da doença e para a terapia especificamente eficaz. Numa visão – uma à qual Freud sempre retornava –, relatos e terapias psicológicas são uma ação de contenção até o triunfo explicativo e terapêutico da bioquímica. Se esse dia já chegou ou não, é uma questão de opinião. Em outra visão, que os teóricos do comportamento e da aprendizagem frequentemente defenderam, há uma diferença fundamental entre doenças mentais baseadas biologicamente, como demência senil ou porfiria, às quais o modelo médico se aplica exclusivamente, e outras anomalias comportamentais, às quais não se aplica. Não apenas explicações biológicas, mas todas as explicações que envolvem o inconsciente podem ser irrelevantes para esses últimos transtornos.

Há dois aspectos desse estoque oculto de ideias que perturbam imediatamente o crítico menos cerimonioso. Um deles é a tendência de manter constantes as descrições diagnósticas. Isto é, supor que as explicações biológicas mostrem relações estáveis com categorias diagnósticas familiares, embora essas categorias tenham sido formuladas com objetivos e suposições teóricos totalmente diferentes. O outro fato estranho é o hábito de ver a interação das explicações biológicas e psicológicas de maneira excludente e reducionista. As pessoas esquecem que, mesmo na ciência física, a premissa da redução final de um nível de explicação a outro é menos fato sobre o mundo do que slogan programático. A premissa se torna ainda mais duvidosa quando a consciência está em questão. A variedade de possíveis maneiras pelas quais uma dinâmica psicológica poderia agir sobre uma condição biológica relativamente indeterminada, e mudá-la, é frequentemente menosprezada.

Um programa para a psiquiatria do futuro

Essas inquietações criam a oportunidade intelectual de sugerir que o progresso e as perspectivas da psiquiatria biológica podem ser reinterpretados a partir do ponto de vista de três ideias centrais. Juntas, essas concepções definiriam uma abordagem alternativa para o significado da explicação biológica na psiquiatria científica. Essa abordagem é, pelo menos, tão compatível com as evidências experimentais disponíveis quanto o reservatório de concepções assumidas que descrevi anteriormente, e muito mais clara, simples e frutífera.

A primeira ideia é a distinção entre diferentes níveis e sentidos em que os fenômenos biológicos podem estar ativos na doença mental. Muito da pesquisa psicofarmacológica recente – precisamente o tipo que parece revelar relações fixas entre deficiências orgânicas identificáveis e doenças mentais específicas – concentra-se em eventos que também podem ser interpretados de maneira restrita. Trata-se dos correlatos bioquímicos imediatos de uma síndrome, correlatos que já podem ser considerados efeitos, bem como causas, de um episódio psicológico. Esses eventos bioquímicos talvez sejam contrapartes tardias e superficiais de um processo mais básico pelo qual a pessoa, como organismo, se torna suscetível a uma cadeia de eventos psicológicos que levam às psicoses bem conhecidas. É notável que até mesmo muitas das doenças mentais com base orgânica estrita – como a pelagra psicótica estudada pelo psiquiatra espanhol Bartolomé Llopis – parecem manifestar, no decorrer de seu desenvolvimento, grande parte dos sintomas exibidos nas psicoses clássicas.

O significado dessa semelhança é camuflado por um preconceito não reconhecido e pseudocientífico. Esperamos que haja uma homologia imediata e bem definida entre as causas de um transtorno e sua manifestação na estrutura de conduta e cognição. Uma doença mental com base orgânica específica deve diferir claramente de uma em que fatores psicodinâmicos são primordiais. No entanto, o princípio da homologia só poderá ser aplicado num nível muito mais profundo do que suspeitamos. O paralelismo entre as psicoses de base orgânica e as outras psicoses sugere que o orgânico e o mental estão envolvidos um no outro num grau surpreendente, e de maneira que a redução do mental ao orgânico não pode fazer justiça.

Paixão

O mesmo grupo de experiências mentais sempre se nos apresenta como resultado de dois conjuntos de fatores: um físico; o outro, psicodinâmico. Qualquer transtorno ou terapia que comece com um desses fatores terá efeitos imediatos sobre o outro. Nos polos opostos do campo da patologia mental, um ou outro desses elementos pode até diminuir em importância. Mas, na ampla faixa intermediária, eles coexistem. Se o princípio da homologia ainda se aplica, ele deve valer para um nível mais profundo de causação, para o qual nossas concepções atuais do mental e do orgânico podem ser igualmente estranhas.

A importância dessa formulação é nos impedir de fingir entender o que, na verdade, ignoramos: a conexão final entre o orgânico e o mental. Isso nos permite reconhecer fatos notáveis, como as analogias sintomáticas entre psicoses de base orgânica e outros distúrbios mentais. Isso também evita que interpretemos mal o sucesso ocasional de uma abordagem física ou psicodinâmica como indicação da relação final entre o mental e o orgânico. Esse argumento tem uma implicação que deve ser destacada agora como a segunda ideia no programa biológico.

A implicação é que a concepção unitária da doença mental deve ser revivida e reconstruída. Entre as muitas suposições que os psiquiatras biológicos e freudianos compartilharam está o princípio de Kraepelin da especificidade das psicoses. Desde o final do século XIX, os defensores de uma visão unitária – como o próprio Llopis, Karl Menninger, ou Adolf Meyer em seus escritos posteriores – sempre foram relegados, nesse ponto, a uma posição marginal. Mas as coisas não são o que parecem: a posição antiunitária está perdendo terreno. A classificação diagnóstica se torna uma casca frágil à medida que é cada vez mais esvaziada de seu conteúdo teórico original para ser imunizada contra fatos desconcertantes. A seriedade com que o vocabulário diagnóstico ainda é considerado hoje inverte Kraepelin: o mestre nunca teria admitido que a classificação pudesse ser algo mais do que a simplificação de uma visão teórica específica, com seu ambiente de apoio em fatos interpretados.

O significado mais amplo da pesquisa biológica para a psiquiatria pode, paradoxalmente, ser a reivindicação do caráter unitário da vida mental e dos

Um programa para a psiquiatria do futuro

padrões recorrentes pelos quais ela se desfaz ou se regenera. Mas, para tornar a concepção unitária da doença mental parte de um programa unitário para a psiquiatria, é necessário dissociá-la do viés orgânico reducionista que teve durante seu apogeu no século XIX, e nunca perdeu completamente nas mãos de seus defensores posteriores. Esse viés era a suposição de que os correlatos biológicos a serem descobertos são causa suficiente de todas as principais doenças mentais.

Uma vez que tenhamos livrado a concepção da doença mental unitária de seu preconceito reducionista, podemos também dar a ela um significado mais sutil. Significa menos a crença num único transtorno mental do que a consciência de que quase todas as diferenças sintomáticas são instáveis, superficiais e circunstanciais. Elas revelam aspectos mais ou menos parciais e mais ou menos graves de temas que se repetem em todo o campo da patologia mental (mais tarde, oferecerei uma descrição resumida desses temas). Os processos físicos e psicodinâmicos que geram transtornos mentais alcançam uma definição sintomática provisória apenas num estágio avançado de seu desenvolvimento. Essa observação me leva à terceira ideia no programa biológico.

O estudo dos gatilhos, resíduos e contrapartes bioquímicos das doenças mentais não é substituto para a análise do mundo interno da imaginação e, acima de tudo, da imaginação da individualidade e de suas relações, cuja crise constitui o cerne do evento psicótico. A diferença interessante é aquela que separa pouquíssimas doenças, nas quais o defeito biológico quase automaticamente provoca a desintegração do campo imaginativo das relações e da individualidade, das muito mais comuns – talvez todas as psicoses clássicas –, nas quais os fatores orgânicos são mediados e redirecionados por um drama pessoal. É precisamente por causa dessa mediação e influência mútua que a desintegração da consciência provavelmente será mais parcial nas psicoses clássicas: nelas, a consciência se desfaz apenas em seu ponto mais fraco.

A partir disso, surge uma possibilidade teórica impressionante e contraintuitiva: assim como as teorias psicológicas descobrem fatos sobre o normal a partir do estudo do anômalo, podemos aprender sobre as doenças mentais mais comuns e menos orgânicas a partir das mais raras e diretamente

Paixão

orgânicas. Nessas doenças, os mecanismos biológicos são mais grosseiros e evidentes. Os transtornos de uma consciência em desequilíbrio aparecem mais claramente. É como se o organismo houvesse transformado o eu numa marionete e, como um marionetista demoníaco, o forçasse a encenar todo o roteiro de seu declínio.

Os três elementos do programa biológico têm relação íntima entre si. Na verdade, devidamente compreendidos, eles formam uma única visão. A primeira ideia – a concepção de uma sintomatologia unificada e uma dupla causa dos transtornos mentais – encontra desfecho na terceira ideia – o estudo do menos orgânico através do mais orgânico. O desenvolvimento ocorre por meio da mediação da segunda ideia – a rejeição da falsa determinação na classificação diagnóstica. Essa, por sua vez, é apenas um corolário da primeira ideia.

O PROGRAMA PSICOLÓGICO

O problema da indeterminação

Agora, permitam-me mudar, de repente, o foco da minha discussão para a crítica das explicações psicológicas em psiquiatria. O foco das minhas observações será o significado para a psiquiatria de seu encontro extraordinário com a teoria de Freud. Incorporada à corrente principal da ortodoxia, a doutrina herética começou a mudar e se dissolver de maneiras que permanecem incompreendidas. Uma reflexão sobre essa experiência pode revelar outro ponto de crescimento e oportunidade para a psiquiatria.

O grande escândalo no uso de modelos psicológicos – freudianos ou não – na psiquiatria contemporânea é o que chamei de sua indeterminação. Por indeterminação, refiro-me à superabundância de respostas plausíveis, mas apenas ambiguamente bem-sucedidas, para os mesmos problemas explicativos ou terapêuticos. Existem muitas explicações e tratamentos alternativos baseados em muitas imagens incompatíveis do que é, de fato, o caso. A variedade de interpretações significativas, por sua vez, pressiona as categorias diagnósticas. Isso as torna mais ou menos arbitrárias.

Um programa para a psiquiatria do futuro

Primeiro, há a indeterminação das histórias explicativas que podem ser contadas para e sobre um paciente em particular – e contadas de maneira que faça sentido não apenas para o psiquiatra ou psicanalista, mas também para o próprio paciente. O mesmo material biográfico pode ser interpretado retrospectivamente, e até ocasionalmente previsto, através de relatos que invoquem os conflitos edipianos freudianos, ou através de uma análise dos episódios de reforço que produziram um padrão rígido de inferência e hábito em relação a questões específicas de percepção e conduta, ou através de um conjunto maior de ideias morais sobre o crescimento do eu no campo de provas da vulnerabilidade a mágoas, perdas e decepções.

Depois, há a indeterminação das terapias. Estratégias de discurso e relacionamento baseadas em modelos psicodinâmicos muito diferentes, e incorporadas em estilos de prática muito distintos, muitas vezes se mostram surpreendentemente comparáveis em seu efeito ou falta de efeito.

Por fim, há a indeterminação nos referenciais empíricos das próprias teorias psicológicas subjacentes. É chocante, por exemplo, descobrir que muitas das proposições centrais da teoria do comportamento ou da aprendizagem e da psicologia freudiana podem ser mapeadas umas nas outras se o conteúdo dos processos de aprendizagem e mecanismos de reforço for definido de certas maneiras. É possível sugerir histórias persuasivas alternativas no discurso terapêutico sobre um episódio psicótico específico. É até possível considerar uma ampla gama de fatos mentais e atribuir-lhes, sistematicamente, explicações causais alternativas.

A extensão total dessa indeterminação multilateral é constantemente subestimada e reprimida na psiquiatria moderna. Há mais na repressão do que um compromisso acrítico com uma teoria específica; há também a insinuação de um dilema. Ou se faz vista grossa à indeterminação, ou – pelo menos, é o que parece – se é levado a um relativismo não qualificado, ficando-se apenas com o núcleo duro da explicação biológica.

O problema da indeterminação, no entanto, tem tido influência de longo alcance sobre o uso que a psiquiatria faz dos modelos psicológicos em geral e das ideias freudianas em particular. Compare, por exemplo, a análise de

Paixão

Freud sobre melancolia ou ansiedade com o tratamento superficialmente semelhante dessas experiências em livros didáticos e monografias influenciadas pelas ideias de Freud. Em seu sistema, esses afetos faziam parte de uma estrutura explicativa restrita: eram os resultados específicos de episódios específicos na história da repressão, conforme narrado em *Luto e melancolia* ou nas convoluções de seus escritos sobre ansiedade. Na psiquiatria neofreudiana, eles tendem, em vez disso, a se tornar afetos genéricos do ego.

Todo o esquema explicativo passou por uma mudança sutil, mas notável. O primeiro elemento-chave deste novo esquema teórico é a ideia da psique como sistema de equilíbrio envolvido em transações entre o estresse externo e as demandas instintivas ou inconscientes internas. O segundo elemento é a hipótese de que um defeito no desenvolvimento psicológico equivalha essencialmente a uma falha na plasticidade da psique – um padrão rotineiro de percepção e conduta em relação a uma fonte crucial de conflito, como dependência ou sexualidade. O terceiro elemento é a noção de que algum estresse interno ou externo adicional desmascara o padrão e perturba o equilíbrio. Ansiedade e depressão contam como sinais dessa pressão sobre os limites.

Essa imagem emergente difere muito da de Freud. Ela muda o sentido de todo o vocabulário freudiano. É uma resposta oblíqua ao problema da indeterminação. Por ser indireta, também é inadequada: não reconhece a profundidade de sua própria ruptura com as ideias a partir das quais cresceu, e desenvolve um sistema teórico e prático para enfrentar os constrangimentos da indeterminação.

Esse enfraquecimento na determinação das explicações psicodinâmicas, que a relativização das ideias de Freud exemplifica, tem uma consequência ainda mais dramática. Toda a concepção de psiquiatria psicodinâmica repousa na crença de um terreno intermediário estável entre distúrbios mentais com base orgânica e a experiência comum do sofrimento. O terreno intermediário é aquele estudado por pessoas que, embora possam não lidar com a química, afirmam recorrer à fabulosa autoridade da ciência em vez da geral sabedoria moral da humanidade. A ampliação dos modelos psicodinâmicos sob a pressão do problema da indeterminação e o avanço simultâneo da percepção sobre os fatores orgânicos na doença mental têm o efeito de enfraquecer a presença no terreno intermediário. Os praticantes de modelos psicodinâmicos, como os teóricos neofreudianos do eu, muitas vezes têm que lidar com pessoas cujas queixas de desespero, confusão e apatia parecem indistinguíveis do tema do *Émile*, de Rousseau, ou de outras mil meditações a respeito da formação do eu.

Os defensores de uma psiquiatria biológica e reducionista veem nessa situação a chance de dar o golpe final. Aqueles que resistem às suas afirmações em nome de uma psiquiatria psicodinâmica se apegam ao terreno intermediário com mais força ainda. Eles fazem isso contra probabilidades crescentes.

No entanto, ambos os grupos estão enganados. A destruição do terreno intermediário não produzirá as consequências que os reducionistas desejam e que seus inimigos temem. As razões para que seja assim só ficarão claras depois que meu argumento anterior sobre o mental e o orgânico for combinado com pontos de vista que irei desenvolver agora.

Indeterminação e o apelo a uma visão fundamental de paixão e imaginação

Para enfrentar o problema da indeterminação em sua total dimensão, considere outra questão ainda maior e mais especulativa: a natureza da paixão (afeto, emoção e mais), ou seja, a natureza da realidade com a qual a psiquiatria lida na medida em que é mais do que um ramo da biologia. Pois é assim que o pensamento se desenvolve: ele rompe a distinção entre o técnico e o filosófico para obter respiro parcial e temporário do efeito paralisante de suas próprias suposições.

Parece estranho, mas é verdade que, embora a psiquiatria seja sobre paixões humanas, ela não tem concepção de paixão alguma, exceto como derivado de alguma outra ideia formativa. Na verdade, como todo o pensamento moderno, a psiquiatria sempre dependeu, para sua imagem da paixão, de dois contrastes dominantes. Uma visão contrasta a paixão com a razão; outra,

Paixão

com a convenção social. Cada uma dessas tradições de pensamento sugere uma perspectiva diferente sobre o que, em última análise, a loucura significa. Num caso, é a paixão que foge ao controle, se rebela contra a razão e causa a perda do senso de realidade. No outro, é a emoção que se desprende de seus objetos normais na sociedade, se levanta contra as demandas de uma forma estabelecida de vida social e passa do desajuste ao completo antagonismo ou paralisia social. Em ambos os casos, a realidade paradigmática está em outro lugar que não seja na própria paixão – na razão ou na convenção social. A paixão, ou a loucura como rebelião da paixão, é a caixa preta que contém o que quer que se oponha a essas forças exemplares. Muitos dos ataques humanistas à psicologia e psiquiatria modernas podem, de fato, ser entendidos como uma polêmica meio consciente com essas imagens de paixão, cuja presença oculta e orientadora nas teorias dominantes têm sido corretamente intuída pelos críticos.

Não tentarei mostrar as muitas desvantagens que cada uma dessas concepções tem como ponto de partida para uma psiquiatria psicológica. Em vez disso, sugerirei a possibilidade de uma visão que coloca a paixão no centro, e que a descreve em relação a si mesma, em vez de uma realidade contrastante. Pelo menos, tal visão tem a virtude de fornecer uma perspectiva sobre toda a vivência da paixão que não prejulga sua relação com as reivindicações que a sociedade e a realidade externa fazem sobre a vontade e a imaginação.

Entre os elementos de uma explicação alternativa da paixão, poderiam estar os seguintes: o fundamento da paixão – a área da vida dentro da qual a paixão opera – é o campo da experiência em que as pessoas representam umas para as outras algo mais do que meios ou obstáculos à realização de fins práticos. A outra pessoa é cercada por uma aura, como se cada episódio de encontro passional levantasse, e respondesse provisoriamente, as seguintes questões básicas: Existe um lugar para mim no mundo, ou sou apenas um a mais? O que vai acontecer com a relação entre meu desejo pelos outros e a forma como eles me colocam em perigo? Qual é minha possível relação com minha própria identidade e caráter distintos? Devo considerar isso um destino? Posso rejeitá-lo, ou transformá-lo?

Um programa para a psiquiatria do futuro

Dentro dessa concepção, paixão significa tudo que está sob o uso atual dos termos "afeto" ou "emoção" na psiquiatria. Mas também significa muito mais: a realização de possíveis formas de experiência no contexto-chave do pessoal. A experiência da paixão está localizada no ponto em que as distinções entre desejo (querer algo da outra pessoa) e conhecimento (vê-la e a si mesmo de certa maneira) entram em colapso. Juntamente a experimentos coletivos na organização do trabalho e do poder, a experiência da paixão é o substrato a partir do qual imagens mais articuladas de sociedade são extraídas. É a forma líquida em que essas imagens se dissolvem em momentos de luta prática ou visionária intensificada.

Dois temas formativos percorrem as vicissitudes das paixões. Há o tema da associação humana: a luta para encontrar uma maneira de vivenciar o relacionamento com os outros como algo que confirma a pessoa em seu próprio ser, em vez de ataque direto à sua identidade distinta. Na verdade, todos os vícios descritos na doutrina moral clássica, começando pela experiência fundamental do ódio, podem ser entendidos como diferentes formas e graus de fracasso na busca da solução para o problema do desejo e do perigo. E, então, há o tema da identidade e do caráter: a capacidade de entrar em seu próprio caráter, reconhecendo-o, a qualquer momento, como versão parcial, provisória e transformável de si mesmo. O caráter não é algo frágil ou alienígena. Nem é um destino irrevogável que o governa por toda a vida.

Cada um desses temas se apresenta sob aspecto duplo. Trata-se de um problema de liberdade e vontade: o poder de estender progressivamente nosso senso íntimo de relacionamento e identidade, cujo colapso representa a experiência paradigmática de bloqueio e perda. Também é uma questão de realidade e imaginação: a capacidade de conceber a vida de relacionamentos e identidade como algo que, como a própria realidade física, é inteligível apenas na medida em que é capaz de mudar. A vivência da paixão equivale ao exercício contínuo da capacidade de imaginar identidade e associação, imaginando suas variações transformadoras. A luta pela realidade nunca pode ser separada da ideia e da experiência de transformação, particularmente da transformação dos fatos que definem a continuidade e a separação do eu.

Paixão

A ligação entre a desordem da paixão – identidade e relacionamento – e a desordem da percepção e cognição é um dos problemas mais sedutores da psiquiatria. O máximo que posso fazer aqui é indicar resumidamente como os dois conjuntos de problemas podem se encaixar dentro do tipo de teoria que aqui defendo. A subversão do entendimento, como a perturbação da paixão, apresenta variações num pequeno número de temas. Esses temas percorrem todo o campo da doença mental, seja qual for o papel relativo dos fatores psicodinâmicos e físicos. Mais uma vez, diferentes transtornos mostram diferentes faces. Mas, quanto mais profundamente penetramos no material clínico, mais claramente vemos que são faces da mesma coisa.

Uma maneira de caracterizar o princípio central na desorganização da percepção e do raciocínio é dizer que consiste num declínio da capacidade de distinguir semelhanças e diferenças. A perda cumulativa dessa capacidade priva o eu do poder de lidar de forma transformadora com o mundo, seja pelo pensamento ou pela ação. As coisas parecem simultaneamente fundidas e isoladas de maneiras que se afastam do raciocínio e da percepção comuns sem aumentar o poder reconstrutivo da imaginação.

O declínio da capacidade de compreender semelhanças e diferenças, afirmação e negação, está conectado de várias maneiras aos limites do entendimento e da experiência da possibilidade. A capacidade de identificar fatos e caracterizá-los como iguais ou diferentes sempre depende de uma percepção das possibilidades contrafactuais: saber o que aconteceria com as coisas sob diferentes circunstâncias de pressão indutora de mudança. A destruição da percepção da possibilidade contrafactual, por sua vez, sempre se conecta com o enfraquecimento da capacidade de uma pessoa de se imaginar numa relação prática e transformadora com o mundo a seu redor e, mais imediatamente, com as pessoas com as quais lida.

A crise no poder de estabelecer semelhanças e diferenças reconfirma a perda da liberdade. Ela o faz circunscrevendo o alcance da imaginação: a faculdade de conceber as coisas nem como rígidas nem como aleatoriamente mutáveis, mas como transformadas pelo conflito e pela contradição. Assim, os efeitos da crise são apenas superficialmente semelhantes aos da clarividência

Um programa para a psiquiatria do futuro

criativa em ciência, arte ou religião. Tal clarividência desorganiza visões convencionais de semelhança e diferença, expandindo o senso de possível transformação e o poder da mente de representar e promover a possibilidade.

O campo privilegiado para a experiência da possibilidade é precisamente o relacionamento dos indivíduos entre si e com seus caracteres; na vida interior da doença mental, as perturbações da paixão têm prioridade sobre os desarranjos da percepção e do conhecimento. A vivência da paixão é a escola da liberdade.

AS IMPLICAÇÕES DIAGNÓSTICAS E EXPLICATIVAS

Agora, uma imagem elementar de paixão e imaginação, como essa, não depende de um contraste subjacente com a razão ou convenção social. Além disso, ela pode ser desenvolvida num conjunto muito concreto de ideias sobre pontos determinantes específicos na vida mental. Tudo o que farei aqui é apontar as implicações que tal desenvolvimento pode ter para duas questões cruciais na psiquiatria psicológica: a base das categorias diagnósticas e os obstinados quebra-cabeças da indeterminação.

As psicoses clássicas ecoam as mudanças nos problemas de identidade ou caráter e relacionamento ou associação, conforme se apresentam à vontade e à imaginação. As categorias diagnósticas menos arbitrárias podem ser aquelas que abordam um aspecto específico da história central da paixão. Vários estados esquizoides e paranoicos e outros transtornos afetivos se concentram na falha simultânea de relacionamento e distanciamento; a histeria dissociativa, na resistência à aceitação da identidade contínua; e as tendências obsessivo-compulsivas, no oposto dessa resistência, que é a negação do experimento e plasticidade na vida do eu. As formas mais profundas de paranoia e esquizofrenia unem as falhas de relacionamento e identidade. Mas o fazem com uma diferença: no que estamos acostumados a descrever como paranoia, a vontade luta para habitar um mundo imaginativo no qual identidade e relacionamento são possíveis. Na esquizofrenia manifesta, esse mundo se reduziu a um estado de dissolução ainda mais terrível.

Paixão

Tal abordagem para as categorias diagnósticas leva a uma relativização múltipla. Ela apaga a rigidez das distinções entre as psicoses, entre as psicoses apenas mediamente orgânicas e as chamadas psiconeuroses e, principalmente, entre todos esses fenômenos mentais e a vida comum da paixão. Nossa percepção moral geral e nossas descobertas psiquiátricas são relevantes umas para as outras. Um dos objetivos de uma teoria das paixões deve ser construir a linguagem analítica básica que nos permita traduzir um desses conjuntos de ideias para o outro.

Essa teoria subjacente também teria implicações para o problema da indeterminação. Talvez haja uma saída do dilema entre visão única obstinada e agnosticismo desesperador em nossa atitude em relação às histórias e teorias da psiquiatria contemporânea. A hipótese é que, na medida em que essas visões conflitantes disponíveis forem corretas e eficazes, elas se revelarão casos especiais ou descrições parciais da explicação mais fundamental fornecida pela teoria das paixões. A única razão para divergências substanciais legítimas seria consequência da maneira especial em que os problemas de identidade e relacionamento se manifestam em cada sociedade ou período histórico. Por exemplo, a perspicácia da psicologia do desenvolvimento de Freud, nessa visão, tem a ver com a medida em que os psicodramas sexuais nos quais se fixa representam, em miniatura, a vivência da paixão. Os elementos menos bem-sucedidos na teoria de Freud resultam de sua visão equivocada de variações localizadas como temas mais profundos e de sua incapacidade de compreender até que ponto sua explicação está voltada para uma experiência historicamente limitada da vida social e familiar.

O trabalho da teoria nessa área deve ser mostrar como a visão mais geral da paixão gera explicações mais limitadas e concretas, que se aplicam na presença de condições limites bem definidas. Muitas propostas explicativas ou terapêuticas específicas seriam excluídas pela visão geral. Essa exclusão é o que, no final, tornaria a teoria testável.

A implicação terapêutica

A abordagem que esbocei tem implicação terapêutica geral: todas as formas de discurso e ação com o poder de fortalecer a vontade e a imaginação à medida que engajam os fatos centrais de identidade e relacionamentos podem ser formas eficazes de psicoterapia não farmacológica. A unificação da teoria pode ser diretamente proporcional à diversificação da terapia. As psicoterapias seriam bem-sucedidas na medida em que compartilhassem do poder da arte de emancipar a imaginação e a vontade.

Toda terapia não física com chances de êxito numa ampla gama de práticas psiquiátricas contém três elementos. O primeiro elemento é a realização de um conjunto maior de possibilidades na experiência de identidade e relacionamento e no campo vizinho da percepção e do raciocínio. Essa realização é possibilitada pela influência convergente de mais dois elementos. Um deles é a aceitação por parte do paciente de maior vulnerabilidade ao seu terapeuta. A confiança deve ser dada e conquistada. A ampliação da vivência de identidade e relacionamento deve ser prefigurada no ambiente terapêutico. O outro elemento adicional é uma história explicativa que permita ao paciente compreender a conexão entre sua condição atual de restrição limitada e o conjunto maior de possibilidades de paixão e percepção que a terapia psicodinâmica deseja lhe disponibilizar. Essa história pode – mas não precisa – ser apresentada na forma de um argumento biográfico sobre como surgiu a situação de restrição.

A técnica analítica freudiana pode então ser entendida como apenas um caso especial desse universo de terapias possíveis. Por realização, leia-se "elaboração"; por confiança, leia-se "transferência"; e por história explicativa leia-se "análise". Todos esses casos especiais apelarão para histórias baseadas em teorias psicodinâmicas, que são, elas mesmas, apenas casos especiais da descrição geral de paixão e percepção.

Os problemas teóricos e terapêuticos cruciais estão ocultos no último dos três elementos que listei. Uma suposição que está subjacente a quase todas as terapias psicológicas, incluindo a freudiana, é a existência de uma ligação estreita entre o sucesso de uma estratégia terapêutica e a verdade

Paixão

objetiva das histórias explicativas que ela utiliza. No entanto, essa suposição é manifestamente falsa, desde que definamos sucesso como a reabilitação do paciente ao funcionamento normal dentro de sua sociedade. A história com a melhor chance de sucesso, neste sentido, é aquela que combina verdade com mentira (todo psiquiatra agnóstico sabe disso quando fala de religião, mas se esquece disso quando fala de si mesmo). A verdade é a existência da conexão real entre as histórias que são contadas e a história geral da paixão e imaginação. A pura invenção não funcionará a menos que expresse, pelo menos metaforicamente, algo que, de fato, seja verdadeiro. A mentira é a passagem dessa clarividência verdadeira através de um prisma, que deixa de fora quaisquer que sejam as compreensões da história da paixão e percepção que seriam mais propensas a subverter a voluntariosa participação na sociedade e na cultura estabelecidas.

Vejamos um exemplo simplificado, que adota um foco mais restrito para elucidar melhor o argumento apresentado. Imagine uma sociedade em que as vidas pública e privada são sentidas como mais ou menos separadas de maneira acentuada e em que as experiências mais profundas são, para a maioria das pessoas, reservadas ao âmbito íntimo da experiência privada. Nessa sociedade, será conveniente que as histórias explicativas narrem psicodramas familiares e da infância. Essas histórias encorajarão o paciente a imaginar alternativas que facilitem sua inserção num mundo social que contrasta fortemente os âmbitos público e privado.

Agora, suponha uma terapia que rejeite o elemento de falsidade no amálgama de ideias explicativas. Ela ofereceria, deliberadamente, tipos alternativos de histórias explicativas (e não apenas histórias alternativas do mesmo tipo) para expor a qualidade necessariamente hipotética e parcial de cada uma. Ela relacionaria toda restrição psicológica concreta aos problemas mais básicos de identidade e relacionamento e à percepção de possibilidade contrafactual. Ela faria tudo isso de maneira que enfatizasse o caráter contingente e transformável das configurações sociais e culturais da experiência pessoal. Tal psicoterapia seria mais do que caso especial dentro de um universo de terapias possíveis; seria o próprio caso geral transformado numa

Um programa para a psiquiatria do futuro

abordagem terapêutica. Seu objetivo seria menos restaurar o paciente à presença efetiva dentro da ordem estabelecida do que ampliar seu campo de compreensão e experiência possíveis, ampliá-lo além do que sua sociedade e cultura poderiam facilmente tolerar.

Ganhar liberdade de discernimento e ação num contexto mais remoto, muitas vezes ao preço da inadequação num contexto imediato, é uma definição de gênio. A psicoterapia que adota essa liberdade como objetivo deseja curar o eu, fazendo-o compartilhar de alguma forma da obra do gênio. Mas esse não é o caminho para uma vida feliz, estável ou resignada. A verdade coloca as pessoas em apuros. O único problema prático com a autoilusão é que algumas pessoas não sabem quando parar. Para elas, há o *Manual Diagnóstico e Estatístico de Transtornos Mentais.**

A concepção de uma psicoterapia que se recusa a permanecer no âmbito do caso especial tem conexão próxima, embora oculta, com minhas observações anteriores sobre o mental e o orgânico. As histórias explicativas compatíveis com a fluidez das distinções nosológicas devem ser capazes de relacionar distúrbios mentais particulares à vida interior unificada da paixão e imaginação.

O projeto de tal psicoterapia também tem paralelismo importante com a ideia de mobilização política transformadora, embora não tenha direção política específica própria. Pois todo exercício de transformação política deve apelar às formas de associação humana que a ordem atual da sociedade exclui; deve construir movimentos e organizações que apresentem, em sua estrutura interna, uma imagem do futuro que ele pretende estabelecer.

---

* O *Diagnostic and Statistical Manual of Mental Disorders*, no original em inglês, é o manual utilizado por profissionais de saúde nos Estados Unidos, e em grande parte do mundo, como o guia de referência para o diagnóstico de transtornos mentais. (N. do T.)

Paixão

O que o psiquiatra deveria ser

Colocando minhas observações anteriores sobre a relação entre o orgânico e o mental ao lado da minha discussão posterior sobre o problema da indeterminação, é possível chegar a uma visão do que o psiquiatra deveria ser. Três conjuntos de interesses devem se unir para orientar sua atividade. Primeiro, ele deve ser uma pessoa comprometida em estudar e tratar os distúrbios da paixão e percepção como fenômenos da unitária vida interior. Esses distúrbios são definidos pelo efeito subversivo que exercem sobre a representação e realização de possibilidades – um critério com relação apenas oblíqua com a recuperação da adaptação e função normal. Dado esse ponto de vista, não existe distinção rígida entre a análise da consciência ordinária e a abordagem da patologia mental. O elemento de loucura no pensamento e conduta comuns consiste precisamente na restrição arbitrária da possível experiência e do possível discernimento, imposta por todo mundo social estável e por todo modo estabelecido de discurso. Em segundo lugar, o psiquiatra deve ser alguém interessado nos papéis relativos de fatores físicos e psicodinâmicos nos distúrbios mentais. Ele pode abordar a explicação e a terapia dando mais ênfase a um desses ângulos do que ao outro. Mas seria tolice confundir sucesso explicativo e terapêutico ocasional com revelação de verdade geral. Ele deve entender que a causalidade próxima pode assumir a forma de fatores paralelos que convergem em algum limite ainda indefinido. Terceiro, na medida em que é um cientista, ele deve definir como parte de sua preocupação trabalhar para a compreensão desse limite: descobrir como a vivência unitária da paixão e percepção chega a ser tão profundamente impressa no organismo que uma perturbação num dado nível produz normalmente repercussões em outro.

O PROGRAMA UNITÁRIO EM RESUMO

A estrutura geral do meu argumento deve, agora, estar clara. Existem dois elementos decisivos no programa que a psiquiatria científica deve realizar para se corrigir e avançar para além de sua hesitação atual entre sectarismo cegante e ecletismo atordoado.

Um programa para a psiquiatria do futuro

O aspecto biológico do programa exige a reorientação da teoria e pesquisa para além dos efeitos psicofarmacológicos imediatos. Ele propõe o renascimento e a reinterpretação da visão unitária das principais doenças mentais como reação em cadeia ou progressão de episódios interrompíveis que abrangem todo o universo da imaginação e vontade, identidade e relacionamento. Ele sugere o uso das doenças mentais mais estritamente orgânicas como material para estudar não apenas os mecanismos desencadeadores bioquímicos e correlatos, mas até mesmo o mundo imaginativo daquelas psicoses cuja relação com o organismo é mais recíproca e mediada.

O aspecto psicológico do programa é a confrontação aberta com o problema da indeterminação em todas as suas formas, a redefinição e revisão dos modelos psicológicos disponíveis como casos especiais de uma teoria mais geral das paixões; o uso dessa teoria para comparar a experiência interna das psicoses com as experiências comuns de identidade e relacionamento; e o abandono das tradições de pensamento sobre a mente que apelam para uma visão derivada e pouco desenvolvida da paixão, como contraponto ao entendimento racional ou convenção social.

Os aspectos biológicos e psicológicos do programa se confirmam mutuamente. Ambos pressupõem uma reconstrução de nossa compreensão da relação entre o orgânico e o mental e a recusa em reificar uma visão supersticiosa do método hipotético-dedutivo e imitar a organização interna de outras ciências, em outros âmbitos. Ambos trabalham em direção a uma imagem da profunda unidade dos fenômenos mentais como reino de transações entre mente e organismo, imaginação e vontade, paixão e imaginação, transações que abordam as condições fundamentais da personalidade. Sobre essas duas bases, uma nova geração de psiquiatras deve restabelecer os fundamentos da psiquiatria.

Deixe-me agora, resumidamente, colocar meu argumento em dois contextos mais amplos: um contexto de cultura e um contexto de política.

Paixão

OS CONTEXTOS DA CULTURA E DA POLÍTICA

Um dos eventos mais importantes na história da cultura moderna foi o desenvolvimento de uma visão revolucionária da natureza humana pelos grandes artistas, e especialmente pelos grandes escritores, do início do século xx. Comparada a essa visão modernista do eu, as imagens anteriores do homem parecem superficiais. O modernismo, no entanto, nos permite recuperar o significado mais profundo das percepções sobre a natureza humana que estão enraizadas nos ensinamentos das grandes religiões mundiais. As visões pré-modernistas do homem alternam-se tipicamente entre sentimentalismo e cinismo, entre as doutrinas moralizantes clássicas das virtudes e vícios e o contra-ataque cínico de um Maquiavel ou um Hobbes. Encontramos essa mistura entre sentimentalismo superficial e cinismo igualmente superficial reproduzida até mesmo na obra de um pensador tão radical quanto Marx. É uma combinação que, infelizmente, continua a sustentar grande parte da teoria social contemporânea.

As conquistas do modernismo cultural em sua investigação do eu incluem as três ideias a seguir. Primeiro, o modernismo descobriu que as paixões não têm uma estrutura natural de hierarquia e convenção social, ao contrário do que pregam as doutrinas morais e políticas da maioria das grandes civilizações. O mundo das relações pessoais contém, em forma indefinida, todos os esquemas possíveis de associação humana. Nele podemos sempre encontrar inspiração para resistir à reivindicação que cada sociedade faz tacitamente de ser natural, necessária ou melhor possível das relações humanas. Em segundo lugar, o modernismo insistiu na relatividade, ambivalência e dinamismo das paixões: a presença do amor no ódio e do ódio no amor, da virtude no vício e do vício na virtude, a qualidade experimental e surpreendente da vivência das paixões, forçando-nos, a cada momento, à transvaloração de nossas preconcepções morais, sem, necessariamente, nos levar ao agnosticismo moral. Terceiro, o modernismo enfatizou a lascívia e o desespero como paixões que não apenas enfraquecem laços e crenças específicos, mas que questionam as pretensões da cultura e da sociedade à autossuficiência e autoridade.

Um programa para a psiquiatria do futuro

Essa investigação modernista do eu não conseguiu, contudo, produzir a visão de uma sociedade reconstruída ou inspirar uma teoria social que pudesse igualar e desenvolver, na linguagem do pensamento argumentativo, as ideias disponíveis como literatura. Quando a crítica à sociedade burguesa se dividiu em duas metades separadas e incomunicáveis – esquerdismo e modernismo – ambas as partes sofreram. Elas perderam eficácia em sua prática, bem como a verdade em suas ideias. Na medida em que a psiquiatria cumprir o programa descrito aqui, estará ajudando a encontrar como teoria e ciência o que conhecemos apenas como arte; transformar o modernismo cultural em conquista teórica.

Há outro cenário em que a execução desse programa pode ser vislumbrada: no contexto da política.

Um fato inegável e inquietante sobre a psiquiatria moderna, e especialmente sobre a psicoterapia, é que ela prospera nos países ricos do mundo ocidental contemporâneo, onde a política é um exercício restrito de barganha e estagnação, onde a possibilidade de que a sociedade possa ser profundamente transformada por meio de ação coletiva é retratada como devaneio revolucionário, onde a revolução cultural permanente coexiste com o impasse político permanente, e onde os privilegiados se dedicam ao culto caro, egoísta e impotente da subjetividade. Nessas sociedades, grande parte da estrutura da vida social, efetivamente retirada do escopo da política democrática, é entregue a profissionais e tratada como questão de imperativos técnicos ou de conhecimento científico.

O esforço para expandir o escopo da política democrática, devolver à sociedade o conflito coletivo e a imaginação coletiva, deve abranger, nesses países, uma tentativa de desmistificar a *expertise* profissional. No caso das profissões da economia e do direito, isso significa mostrar como suas controvérsias fundamentais são as mesmas questões contestáveis sobre fatos e ideias que estão no cerne dos debates morais e políticos no mundo contemporâneo. No caso da psiquiatria, a implicação é mais sutil.

Estamos num ponto da história mundial onde tudo que é mais construtivo no pensamento político depende de tentativas de combinar esquemas políticos

Paixão

de vida social com visões de possibilidade associativa enraizadas nas experiências elementares da personalidade. O modo de pensamento responsável pela manutenção dessa ligação sempre foi algo análogo ao que conhecemos no Ocidente como humanismo clássico. No entanto, não podemos mais creditar essa sábia moralidade com autoridade política, dada seu taciturno e incontestável conservadorismo, seu caráter não empírico e não experimental e, sobretudo, sua visão superficial e rígida das paixões e de sua relação com a sociedade.

Faz parte da missão da psiquiatria nos forçar a reconhecer que o molde do humanismo clássico está quebrado para sempre, e nos ajudar a criar uma alternativa menos ilusória. Para fazer isso, a psiquiatria não precisa se comprometer com interesses políticos e morais que estão além de seu conhecimento. Ela deve cumprir um programa teórico que, como o descrito aqui, serve a seu desenvolvimento interno como ciência. Ao fazê-lo, terá que reconhecer – com todas as implicações que isso tem para o exercício prático da autoridade – que não há fronteiras claras e permanentes entre o discurso psiquiátrico e o não psiquiátrico.

A reconstrução da psiquiatria ao longo das linhas sugeridas exige familiaridade com vasta quantidade de material clínico, unida ao domínio das tradições mais diversas do pensamento social, a paciência astuta da incredulidade e descoberta científicas a serviço da clarividência visionária. Visto em seu contexto mais amplo de cultura e política, trata-se tanto de conquista científica intrincada quanto de elevada tarefa espiritual. Ela exige daqueles que a empreenderem ardor frio e astuto.

Para ajudá-la em seus trabalhos, a psiquiatria tem uma vantagem que a outras ciências falta. Seu destino e seus malogros como ciência andam em paralelo às experiências da pessoa viva com quem, na loucura ou na sanidade, ela lida. Todas as atividades humanas espelham umas às outras em seus elementos mais básicos: das atividades pelas quais as pessoas apoiam ou abandonam um mundo de identidade e relacionamento àquelas pelas quais inventam uma teoria ousada sobre esse mesmo mundo, recuperando como ciência o que primeiro experimentaram como vida.

Um programa para a psiquiatria do futuro

Chega um momento em que essa ciência se desmorona. Ela tem respostas demais ou de menos. Seus quebra-cabeças podem ser resolvidos de muitas maneiras alternativas, e nenhuma delas tem o poder de excluir as outras. Sua teoria e prática estão sujeitas a uma crescente onda de críticas externas. Nesse caso, proteger-se-á a ciência atrás de uma barricada, mantendo ansiosamente seus críticos à distância enquanto tenta esquecer sua própria fragilidade? Ou renunciará o que possui para recriá-lo, buscando instrução em toda parte e tranquilidade em lugar algum?

Chega um momento em que o agente começa a cambalear sob o peso de sua própria individualidade. O coração dilacerado e tenaz oscila entre o corpo que se entrega e a mente que resiste. Por fim, o agente tropeça e chora. Desistirá da esperança de estar com outras pessoas e, ao mesmo tempo, separada delas? Desistirá de ter um caráter que seja seu, mas incompleto e transformável? Ou se submeterá, repetidamente, a experimentos de vulnerabilidade à dor causada pelos outros e aos riscos da ação deliberada? Experimentos que fortalecem a vontade e a imaginação e renovam a vida de relacionamento e identidade.

Na prática da ciência, assim como no desafio do eu, não há resgate pela imunidade. A única maneira de salvar-se é salvar-se pela aceitação da vulnerabilidade.

Em www.leyabrasil.com.br você tem acesso a novidades e conteúdo exclusivo. Visite o site e faça seu cadastro!

A LeYa Brasil também está presente em:

facebook.com/leyabrasil

@leyabrasil

instagram.com/editoraleyabrasil

LeYa Brasil

Este livro foi composto nas fontes ABC Arizona Sans e Lyon Text, corpo 10pt, para a Editora LeYa Brasil.